U0870694

观念读本

ADMINISTRATION

行政

郑春燕 编

生活·讀書·新知 三联书店

Copyright © 2017 by SDX Joint Publishing Company.
All Rights Reserved.
本作品版权由生活 · 读书 · 新知三联书店所有。
未经许可，不得翻印。

图书在版编目（CIP）数据

行政 / 郑春燕编. —北京：生活 · 读书 · 新知三联书店，2017.1
（观念读本）
ISBN 978 – 7 – 108 – 05148 – 6

Ⅰ. ①行…　Ⅱ. ①郑…　Ⅲ. ①行政 – 研究
Ⅳ. ① D035

中国版本图书馆 CIP 数据核字（2014）第 230784 号

责任编辑　李　佳
装帧设计　康　健
责任印制　徐　方
出版发行　生活·讀書·新知 三联书店
（北京市东城区美术馆东街 22 号 100010）
网　　址　www.sdxjpc.com
经　　销　新华书店
印　　刷　北京隆昌伟业印刷有限公司
版　　次　2017 年 1 月北京第 1 版
2017 年 1 月北京第 1 次印刷
开　　本　635 毫米 × 965 毫米　1/16　印张 23
字　　数　316 千字
印　　数　0,001 – 6,000 册
定　　价　47.00 元
（印装查询：01064002715；邮购查询：01084010542）

总序

何怀宏

观念在一个急剧转型的社会中往往起着非常有力的，甚至时常是核心和引领的作用，尤其是一些基本的价值观念，而中国自近代以来，首先是思想观念，其次是社会制度出现了前所未有的激荡和巨变。思想和制度在中国将近两百年的历史中紧密连接，互相影响，古今纠缠，中西碰撞，有一些已凝结成形，还有一些则尚在未定之天。未定的需要审慎选择，而成形的也可能重启辩端。随着中国近年来经济和国家实力的快速发展，人们的心态和期望有了大幅的更新或提升，而曾经一度作为先导和共识的一些基本思想和理论或者趋于空洞化和分歧化，或者与真实的社会生活严重脱节，这就迫切需要我们比较全面地对中国百年来的思想观念予以重新认识和深入解释，以期中华的思想文化在引来活水和充分激荡之后有一较大的复兴。这套“观念读本”就是希望做一点这方面的准备工作。

追溯人类文明的历史，拥有语言形式的思想观念是人猿揖别的一个标志，各民族、各文明在自己的发展历程中都对丰富人类的精神宝库做出了自己的贡献，有必要互相参照。当世界进入“现代”之际，甚至在商品、资本的全球大规模流通之前，观念的流动其实就早已经开始，乃至后来引发了世界性的激荡。在这一“现代化”和“全球化”的发轫过程中，西方观念相比于其他文明的观念起了更重要的作用，而我们的母邦中国在最近一百多年中也发生了包括深刻的观念变革在内的一系列变革，故而我们对观念的关注的确是以近代以来舶来的西方观念为主，或更准确地说，是从中西古今思想观念互动的角度来观察西方观念。

对人的“思想”及其产品可分离出三个要素或过程：一是个人思想的主观过程，即思考、判断、分析、反省等；二是已经具有某种客观化形式以至载体的概念与理论；三是成为许多人头脑中的观念。我们这里所理解的“观念”是这样一些关键词，它已经不仅是思想家处理的“概念”，而且是社会上流行的、被许多人支持或反对的东西。对“概念”的处理是需要一些特殊能力或训练的，而“观念”则是人人拥有的，虽然不一定能清楚系统地表达，甚至有时不一定被自身明确地意识到，比方说，每个人都有自己的“人生观”“价值观”——不管有没有或有多大的独创性。这种“观念”的源头虽然还是“概念”或者说“思想”，但它已经不是一两个人的思想，而是千百万人的思想。这套读本要处理的“观念”就是这样一些共享而非独享的思想。

凯恩斯在《就业、利息和货币通论》一书中写道：“经济学家以及政治哲学家之思想，其力量之大，往往出乎常人意料。事实上统治世界者，就只是这些思想而已。许多实行者自以为不受任何学理之影响，却往往当了某个已故经济学家之奴隶。狂人执政，自以为得天启示，实则其狂想之来，乃得自若干年以前的某个学人。我很确信，既得利益之势力，未免被人过分夸大，实在远不如思想之逐渐侵蚀力之大。”

耐人寻味的是，凯恩斯作为一个主要研究经济或者说物质事物之运动的学者，却对思想观念的力量给予了如此之高的评价。当然，这可能是因为他生活在一个思想转型和社会剧变的历史时期。凯恩斯这里所强调的主要是观念对个人，哪怕是无意识地接受了某种观念的个人的影响，尤其是对政治家的影响；他还强调观念接受中的“时间”因素：观念从提出到接受可能是相当漫长的、隔代传递的一个过程。但无论如何，他还是倾向于思想观念支配着世界的观点。而韦伯的观点可能稍稍折中，他在《宗教与世界》中认为：“直接支配人类行为的是物质上与精神上的利益，而不是理念。但是由理念所创造出来的世界图像，常如铁道上的转辙器，决定了轨道的方向，在这轨道上，利益的动力推动着人类的行为。”也就是说，直接的还是“利益”决定着人们的行为，但是，人们如何理解“利益”，或者说，这轨道往什么方向去，却取决于人们的观念，尤其是人们的价值观，取决于他们认为什么是他们最重要的“利益”目标，什么是他们觉得最好的东西、最值得追求的东西。当然，这里对“利益”的理解就必须采取极其宽泛的观点，它不只是物质上、经济上的利益，甚至也包括精神上的“利益”。比方说，西方中世纪人们的主流价值观就并非追求俗世的好处，而是希冀彼岸的“永生”。但这样一来，“利益”与“观念”也就容易混淆不清。我们一般所说的“利益”，还是多指物质和经济上的利益。

影响人类行为、活动和历史的因素可以分为三类：一是自然环境，二是社会制度，三是思想文化。每类又可再分为两种。属于自然的两种：一是人类共居的地球；二是各民族、国家、群体所居的特定地理环境。属于制度的两种：一是经济制度，包括生产、生活、交换、分配等方式；二是政治制度，包括权力、法律、军事等机构。属于思想的两种：一是比较稳定外化，为一个群体共有的文化、风俗和心灵习性；二是比较个人化，经常处在争论和辩驳之中的思想、观念、主义和理论。那么，这三类，或者更往细处说，这六种哪一个对人类的活动和历史有更大的影响呢？或者用通俗的话来说，是地球或者地理环境，还是经济或者政治，抑或是人们的心灵习性或者思想理论更具有“决定性”呢？

“地球决定论”一般不会进入我们的视野，除非整个地球家园面临灾难乃至毁灭，但今天我们在一些生态哲学中已经依稀可以看到这样一种思想。一些面向人类比较广阔和长远的文明和民族进行观察和思考的人们，也曾提出过“地理环境决定论”的思想。在一个以经济为活动主线的时代，比较盛行的是“经济决定论”，而“政治决定论”乃至“军事决定论”则往往在传统书写的历史中占据主导地位。在一个变化激烈的时期，则不时还有“文化决定论”“国民性决定论”乃至“思想观念决定论”的出现。但在今天，我们也许首先要审慎地反思“决定”这一概念本身，因为“决定”的含义本身就难以“决定”。也许一切都有赖于具体情况具体分析，以及对范围、时段、条件的规定。不同的观察角度，会发现不同的决定因素，这样，客观上就呈现出一种多元的所谓“决定论”。

人们只有吃饭才能生存，才能从事其他活动，这诚然是颠扑不破的道理，但由此引出“经济决定一切”的结论却必须放到某些条件下才能有效。从更为根本和长远的观点看，地球千百万年来决定着人类生存和发展的基本可能性，地理环境则构成对一个民族的活动，包括经济活动在内的很难逾越的制约。人们如何生存、如何找饭吃要受这些基本条件的限制。而从更高的角度，或者虽然较短但可能更为关键的时段看，吃饭并非一切。政治常常更直接，更有力，并有它自己的逻辑杠杆。文化风俗和国民性常常造成一种政治经济改革的“路径依赖”。至于心态和观念，则无时无刻不在历史活动的主体——人——那里发生作用，尤其重要的是，它们往往在某些“转折”或“革命”时期起着关键的作用。如对于美国革命，白修德甚至认为，美国是由一个观念产生的国家，不是这个地方，而是这个观念缔造了美国政府，这个观念就是《独立宣言》中所揭示的平等、自由以及每个人追求自己所认为的幸福的权利。同样地，拿破仑也谈道，法国大革命是18世纪启蒙观念的结果。

还有一点值得注意的是，当我们说观念起了巨大的作用时，并不是说它起的都是好作用，或者说，起了作用的观念并非都是正确的。推介《进步的观念》一书的比尔德说：“世界在很大程度上由观念支配，既有正确的观念，也有错误的观念。英国的一位智者断言，观念对人类生活所具有的支配力量，与其中错误的程度恰好成正比。”而吊诡的是，过度引申和扩张的“单线进步观念”可能也恰好在某种程度上属于这样的观念：它最真实的成分往往不那么引人注意乃至显得苍白，而它最有力的部分却是不那么正确或周全的。

总之，我们不想夸大观念的力量，但观念的确还是起了巨大的作用，尤其在某些剧变时期：这时其他条件都没有什么明显的改变，但由于人们的想法变了，也就酿成了社会之变，虽然这里也可以进一步追溯说，人们的想法改变是其他条件变化累积的结果。

不过，对学者和思想者来说，可能还是会更关注思想观念，就像剑桥大学教授阿克顿 1895 年在其就职演说中所说的：“我们的职责是关注和指导观念的运动；观念不是公共事件的结果而是其原因。”但知识者自然有时也得警惕这种对思想观念的偏爱，警惕自己不要逾越某些界限。观念不仅在接受的个人那里常常是滞后的，它的社会结果是滞后的，对观念及其后果的认识也是滞后的。我们往往要通过一个观念的后果才能比较清楚地认识这观念。而除了时间的“中介”，我们还要注意作为人的“中介”，观念往往通过少数人，尤其是行动着的少数人而对多数人发生作用。指望由自身在当代即实现某种理想观念的“观念人”往往要在实践中碰壁。

所以，在这套观念读本中，我们将特别注重时间和时段，注重历史。我们将进行回顾。柏拉图说一个人的“学习就是回忆”，而一个民族的学习大概要更多地来自回顾，这种回顾也似乎更有可能，更有意义，也更容易着手。但我们将立足于现在来进行回顾，甚至观照未来进行回顾。我们是在一个历史剧变时期之后——但也可能还是在这之中——来进行回顾的。的确，我们只是从一个侧面，即从观念的历史来回顾，但我们也意识到观念在一个历史剧变时期的特殊的、重要的力量。

这套读本就是这样一种试图从观念回顾历史，而又从历史追溯观念的初步尝试。从“五四”时期的“德先生”（民主）、“赛先生”（科学），一直到最近中国共产党十八大报告所提出的二十四个字的“社会主义核心价值观”，其中如富强、民主、自由、平等、公正、法治等，都是一些长期感动或激荡过中华民族的声音。它们有些在这片古老辽阔的大地上掀起过风暴，有些则一直在对众多的人们产生一种“润物细无声”的影响。的确，这些观念的来源虽然可以追溯到久远之前，其思想萌芽或雏形也可以在几乎所有的民族和文明中发现，其意义有待于各民族和文明去补充、修正乃至更改和替代，但是，就像“现代性”是从西方发源一样，本套读本选择的这些颇具现代意义的观念，从源头上来说主要是西方的产品，或者西方人对之有过特别的解释。所以，我们先选择阅读这些观念在西方发展的历史，希望首先尽可能原原本本地厘清这些观念在西方的源流，尤其是那些对中国发生过较大影响的观念和文本。而今后如果可能，我们还希望能有一个更全面的观念的文库，包括中国人对这些观念的介绍和改造，乃至一些观念的新造。

中国自19世纪上半叶与西方大规模接触和冲撞以来，对于西方开始还只是注意“利器”和“长技”，继而则更注意制度，最后则相当强调观念与思想理论。20世纪初，尤其是1905年废除科举从而知识人失去体制依托之后，更是纷纷出洋寻求救国的新知识和自己的新出路，哪怕一时不容易去千山万水相阻隔的西洋，也赶到一衣带水的东瀛，因此中国人接触的许多西方观念都通过了“日译”的转手。目前我们所使用的大部分西方观念都是先通过日译，后通过不仅涉及名称更涉及思想内容的俄译。日译提供其名，俄译提供其实，日译阶段尚称多元，俄译阶段已趋一元。作为我们先辈的阅读者和翻译者常常不仅坐而言，而且起而行，不仅自己身体力行，而且动员他人和大众力行。

如上所述，“五四”时期，最著名的“观念先生”当推“德先生”和“赛先生”。很快这些观念又被“革命”“阶级”等观念遮蔽。今天人们又反省，还应该有“莫先生”（道德）、“洛先生”（法律）等，类似的重要观念还有多少自可商议，而一个毋庸置疑的事实是，西方观念大举登陆中国已逾百年，深刻地激荡了20世纪的中国。如果不参照西方的观念，一部中国近现代的历史将不知从何说起。这些观念已经深深地积淀在我们的日常生活和各种制度之中。与其他一些民族的观念改变世界的变革例证不同，这里的许多观念并非土生土长的，而是舶来的。今天，这些观念我们已经耳熟能详，有的甚至成为响亮的口号，但是，对于这些已经深深影响着我们生活的观念，我们是否真正了解或了解得足够透彻呢？我们是否真的对这些观念有足够清醒的认识和反省呢？不断兴起的一代代年轻人在享受或忍受这一原动力乃至主轴仍是来自西方的"现代性"或"全球化"的过程中，是否也愿意系统地思考一下打造这些动力和主轴的关键词呢？

总之，中国在近代以来发生了天翻地覆的变化，现在也许可以做一点回顾整理——回首一个多世纪以来我们对这些观念的认识和实践。我们必须离得足够远才能对观念的成果或后果看得比较清楚。而今天，当风暴的尘埃基本落定，我们也许的确有条件可以看得比较清楚了，是故首先有编辑本套读本之议，我们想从西方经典著作里重点选择这样一些主题词编辑成书：它们体现了在中国发生过巨大影响的西方文化的核心或重要价值，但在中国文化中迄今仍有所缺失或需要重新认识，或者本身具有某种普遍意义。

我们希望，未来全套读本包括的观念大致可分为三类：一类是具有实质价值意义的观念，如平等、自由、宪政、法治、民主等，它们相对来说是西方特有的观念；另一类观念是指称某一学科、理论的领域，或者实践、感受的范围，如科学、婚姻、性爱、幸福等，它们自然为各民族所有，但我们这里所关注的是西方人对之特殊的理解和特别的重视；最后还有一类初看不像观念，比如指称某一类人或某一地域的名词，例如知识分子、哲人等，这些名词在西方人那里实际也已经形成独特思想的范畴，常常表现为一种自我或他者的镜像。

另外，这套读本也可视为对一个翻译大国百年成果的回顾和利用。

最早的思想作品的系统“中译”，我们或可以严复的翻译为代表，称之为“严译”。但可能受文言的限制，严复的译名虽然“旬月踟蹰”，相当精审，却大都没能留传下来，而是被“日译”的名称所代替。今天我们不必恢复“严译”的名称与文字，但可以考虑恢复和发扬颇具远见卓识的本土“严译”的严谨态度，包括他在选文方面的精审。无论如何，我们希望这套读本努力从具有经典意义的著作中遴选阅读篇章。

经典中总是凝结了时间，时间使它更有味道，更加醇厚。时间是书籍最好的试金石，甚至是它的“克星”。许多出版物挨不过一年半载，甚至从出世时就无人问津。但经典不害怕时间，它是“陈年老酒”，而不是“明日黄花”。出生伊始，它和其他出版物差不多一样，有时无声无息，遭到冷遇，有时甚至被非议和攻击。当然，也有的一开始就受到好评，但这样的幸运儿并不多见，尤其是具有深刻思想性和超前性的著作。经典要依赖时间来和其他作品分出等级，经典本身也会被时间分出等级：有百年一遇的经典，也有千年一遇的经典。

经典会被一代代人重读，这样文化就有了传承。当然有些也是隔代遗传，甚至经过世纪尘封。但一般来说，还是需要每一代都有人真正喜欢它，哪怕只有很少的人喜欢它。有些经典的命运非常孤独，有些则好一些。经典是时间的造物。在时间中，它又有了自己的历史，一些读者会把自己的生命又加入进来。经典不怎么时髦，经典是安静的，它一旦出生，就不再说话了。经典等待着，它只能等待。它有时寂静无声，但并没有死去。它必须等到一个好的读者才能复活：这个读者有多好，它就能够复活得多好。

这是就经典本身以及文化的传承而言的，从我们个人而言，为什么要读经典？这也许是为了获得或者说加入更广大和更深刻的经验。因为我们每个人的外在和内在的直接经验都是有限的。我们还常常受到时代的限制，尤其是在一个快速变化、追新骛奇的时代。但还是有人会注意更深沉和更广大的东西。比如西方《伟大的书》的作者大卫·丹比就这样总结自己阅读经典的经验："我是在把自己暴露于某种比我的生活更广阔、更强大的东西之中，同时我也是在暴露我自己。"

所以，问我们为什么要读经典，尤其在一个印刷品泛滥的时代里，甚至可以简单地回答说："因为书太多了。"我们读不过来，所以我们不得不尽量读那些最好的书。当然，单纯反映时代的书也是不能不读的。我们要培养对时代的一种感觉，我们也自然而然关心切近的事，另外，我们的本性也自然而然地有喜欢轻松的一面。但我们还是应该努力"摸高"，我们还要通过一种更高的经验获得一种鉴别力和鉴赏力。就像歌德所说的："趣味是靠杰作来培养的……如果你通过阅读这些杰作打好了基础，你对其他作品就会有一个标准。"对于深入准确地理解观念来说更是如此，我们希望读者能够直接阅读阐述这些观念的最有力的原典，而不满足于二手的介绍。

即便强调经典的意义，我们也并不认为阅读经典就一定意味着总是要和艰涩打交道。我们这套读本的定位是希望具有中学及以上文化程度的读者就能基本看懂的、主要是面向大学生和文化人的通识读物，故选文不求思想艰深、学科专精或知识新锐，只求既具有经典意义而又比较好读的作品。在一般读者能读的前提下，我们遴选在西方思想中具有重要性或对社会有影响力的篇章。选文亦不限体裁，包括讲演、对话、书信、论文、论著节选、散文、随笔等，乃至很少量的能鲜明体现这一观念的小说或戏剧的节选。尽管如此，一番阅读的功夫和努力恐怕还是必不可少的。

我们还希望可以借此给读者提供一条通过阅读经典来把握观念的进路。阅读经典有各种方法和进路，我们可以从某个我们喜欢的作者切入，可以围绕着某个领域来阅读，也可以围绕着某个时代来阅读。我们还可以从观念着手，毕竟，所有的经典都是试图提出、阐述和传达某种观念的，而我们由观念入手，也可以集中注意经典中的基本观念，并巡视观念的历史，在一种交相辉映或互相辩驳中察看它们。但是，这套读本毕竟只是一个初步的编选，虽然我们努力挑选重要的观念和上乘的编者以保证质量和水准，但难免还是会有疏漏，会受编选者的视野以至个人见解的影响。但我们深信，它一定还是能够开启好学深思的读者进一步阅读完整的经典，系统把握那些深邃而有力的思想的道路。我还是相信我们的编者有精选的眼光，也相信我们的读者有深入的能力。

2015年4月改定于北京褐石

目录

编者序　行政的历史承担与未来

郑春燕

试图从本书中寻求“行政”确切定义的读者，不免会有些失望：书中选列的二十多位作者，虽从哲学、政治学、行政学、经济学、法学、历史学等各种角度界定或描绘行政，但展现的只是特定历史时期中应然的行政制度设计或实然的行政活动状态，未能提供经世不衰的行政概念。如若读者期盼的，是回溯行政产生的规范和事实根源，洞察各历史时期经典的行政论述，鸟瞰行政发展变迁的历程，并在此基础上反思当下中国行政肩负的特殊任务，追问中国行政改革未来的行进方向，也许本书呈现的脉络，恰可为读者提供辅助性的视角。

从古希腊始，行政机构的设置及相应官吏的选举，就是政治体制设计的重要环节。柏拉图在《理想国》中以艺术的手法，复现了苏格拉底对国家结构的讨论：国家由生产者、保卫者和执政者组成，后两者都是统治者。其中，执政者从受过良好教育的保卫者中选出，保卫者辅佐并服从执政者。但对于执政者与保卫者的具体职能，《理想国》中未作详细的描述。为此，本书舍弃了《理想国》，改选柏拉图的学生——亚里士多德的一部作品，作为古希腊行政文明的典范。

在《雅典政制》中，亚里士多德详细地描述了费利和拜里厄斯归来后，雅典第十一次宪法改革所确立的行政制度：当时几乎所有经常的行政官员，都由抽签任用；他们之间分工明确，雅典娜神庙司库官、公卖官、收款官、会计员、神庙缮修官、市场监督员、谷物看守人、港口监督人、警吏、街道建筑官、军事官等行政官员，各司其职，甚至已经设置了专门救济体力衰弱且财产微薄者的司库官。可见，行政维护公共秩序的基本职能在当时已经初具雏形，促进市场公正与社会平等的行政职能亦已崭露头角。但上述职能并非专属于行政机关，“议事会实际上又参与最大多数其他官职的行政”。

尽管大多数政治法律学说史家都不认为西塞罗的思想具有独到的贡献，但谁也不能否认，从古希腊时期到欧洲进入中世纪的阶段，他占据着承前启后的重要地位。在继承了亚里士多德的“三机能区别”理论的同时，西塞罗进一步设计出权力的均衡机制：执政机能虽为核心，却仍须受元老院和平民大会的约束，其中监察官可根据法律对执政官的公务做出判断，保民官可以支持公民和其他官吏不服从执政官。近代的权力制衡原则，可谓由此肇端。

从15世纪下半叶起，以意大利为发源地，欧洲进入了文艺复兴的全盛时期。在那个“需要巨人并产生巨人”的时代，涌现出了许多政治思想家。

马基雅维里被奉为“现代政治学之父”，他认为君主必须执行共和国的意志，必须服从“国家理由”或“国家理性”。就行政对主权意志的执行特征而言，马基雅维里笔下的君主，就是现代行政权的最早原型与化身。遗憾的是，由于他始终坚持“国君一体”，故未能提出独立的行政权。

这种缺陷在《利维坦》中得到了弥补。霍布斯不仅第一次提出了独立的行政权力理论，更为“行政吸纳政治”（虽然霍布斯本人从未使用过这个说法）奠立了严格的理论基础。这也是本书绕过《君主论》选择《利维坦》的原因之所在。“行政吸纳政治”，首先意味着主权者垄断全部的政治权力。与政治权力相伴随的，是主权者保障国家安全、维护社会稳定、保障人民通过合法劳动致富的职责，它由主权者的政务大臣代为履行。

具有悲剧色彩的是，英国人民坚定地抛弃了霍布斯的理论，将拥戴的鲜花撒向了洛克。洛克有关“民选议会掌握最高权力的政府，最适合保护资产阶级私有财产”的主张，迎合了英国1688年政变中阶级妥协的需要。执行权与对外权服从于立法权的制度设计，保障了新生的资产阶级始终掌握着国家的最高权力。当然，在特定情况下，为了社会的福利，洛克也认同，应该赋予握有执行权的人某些特权。特权理论被视为最早的关于行政裁量权与紧急状态权的权威论述。

洛克的政治思想很快风靡了欧洲大陆，孟德斯鸠就是最著名的追随者之一。他在洛克分权理念的基础上，明确提出了立法、行政、司法三权分立与制衡的理论：资产阶级取得立法权与财政控制权，而把行政权留给贵族阶级。然而，大多数法国资产阶级无意取消君主制度，法国贵族阶级资产阶级化的程度也远不及英国，孟德斯鸠改进英国政治妥协方案的意图最终落空。法国人民接受了卢梭绝对主权论的思想，建立了“立法权力属于人民”、行政官“负责执行法律并维护社会的以及政治的自由”的资产阶级专政国家。

值得庆幸的是，大洋彼岸美国制宪会议的与会者们，对孟德斯鸠的“三权分立”学说情有独钟。以汉密尔顿、杰伊、麦迪逊为代表的联邦党人，奉行严格的“三权分立”原则，参与制定了美国人民最引以为傲的“1787年宪法”。直到今天，这部宪法仍在发挥作用。

不同的理论根基，造就了相异的政治体制；类似的时代背景，却又促成了趋同的行政任务。有感于封建专制社会中王权对新生经济力量的打压，几乎所有的资产阶级启蒙思想家都将行政机关的主要职责界定为维护公共秩序。在其指导下，新兴的资本主义国家青睐于组建“守夜人”式的行政机关，警察和邮局成为当时行政机关的标志性形象。不仅如此，人们期待行政远离政党分赃，以更为科学的方式运作。古德诺将行政功能限定于“执行国家意志”的观点，赢得了广泛的市场，政治与行政从此分道扬镳。

这种状态一直持续到“一战”以后。在此期间，斯密有关自由放任的经济学主张，柏克对政府干预的保守主义立场，戴西秉持的严格法律保留姿态，从各个学科夯实了自由价值的土壤。限于篇幅，本书只选取了柏克的《论价格与政府干预》一文。

一切似乎都在遵循预定的轨迹发展。但是，1929 年爆发的经济危机，改变了历史行进的车轮。

传统的“萨伊定律”无法对危机做出正确的经济学解释。“繁荣正在街角的地方拐弯”只是“画饼”，失业工人更需要的是行政机关出台相关政策，现实地解决就业问题。资本主义社会处于风雨飘摇之中。

凯恩斯的《就业、利息和货币通论》正是在这种背景下登上了历史舞台。他试图从理论上分析决定国民收入的变量，并期望通过正确的国家政策控制这些变量，最终实现充分就业。他给出的方案是，在资本主义市场经济的运行过程中，添加对这一运行加以干预的财政和货币政策。行政不仅要扮演“夜警”角色，更要充当社会投资者。如此，方能维护资本主义的平稳发展。

实际上，在凯恩斯之前，法国近代著名法学家、“社会连带主义法学”的创始人狄骥，就曾对停留在国家防御、国内安全与秩序维护的行政职责提出过质疑。在他看来：“在整个世界范围内发生的经济与工业的深刻变迁逐渐创设出各种新的、政府所担负的义务”，国家必须为人们之间的相互依赖关系、经济利益的连带关系、不断加强的商业联系、智力成果与科学发现的广泛传播提供公共服务，“现代公法的基础不再是命令，而是组织”。

然而，反对的声音从未间断过。

当代新自由主义思潮的代表人物哈耶克，就是凯恩斯主义的坚定批判者。那本为他赢得世界性声誉的《通往奴役之路》，恰为抨击酝酿中的福利国家而作。他认为追求计划经济，其无意识的后果必然是极权主义，应该在重申古典自由主义的基础上，允许符合法治要求的政府行动。哈耶克的盟友、同为诺贝尔经济学奖金获得者的弗里德曼，也在为积极捍卫“最好的政府是管得最少的政府”振臂高呼。完全的自由放任固不可取，但国家只应在市场和价格制度的不足之处发挥作用。

文学作品中，亦不乏嘲讽极权统治与乌托邦的力作。苏联扎米亚京的《我们》、英国赫胥黎的《美丽新世界》、英国奥威尔的《一九八四》与《动物庄园》，都向我们展现了虚构的却不陌生的世界。与此相对，欧克肖特在《论保守》中展现的，恰是扮演仲裁人角色的统治者，“热情和计划性都不是政府的题中之意。政府不应为人民制订计划，更不能强制推行计划”。

理论上的辩驳、预言中的警示，却都不能遏制民众对经济危机的恐惧和对强势政府的向往。第一回合的较量，以凯恩斯主义的胜利暂时告一段落。

第二次世界大战之后的三十年至五十年间，几乎所有的西方国家都在不同程度上采纳了凯恩斯的政策主张。伯恩斯、佩尔塔森、克罗宁合著的《民治政府》，以美国总统职权不断扩大的历程印证了凯恩斯主义的实际影响力。倾向于干预行政的总统们，在竞选时喜欢引用罗斯福的名言：“我愿意人们这样说起我的第一届政府：在那里，自私和贪图权力的势力遇到了对手。我愿意让人们这样说起我的第二届政府：在那里，这些势力遇到了他们的主宰者。”

未曾料及，20 世纪 60 年代中期以后，失业问题再次加剧，通货膨胀重新抬头。与此同时，人们还须面对福利国家政策伴生的财政赤字、全球化带来的风险责任等一系列社会问题。在 20 世纪 30 年代与凯恩斯的论战中丧失一流经济学家地位的哈耶克，于 20 世纪 70 年代恢复甚至加倍收获了荣誉。与此同时，保守主义也在世界范围内赢得新生。方纳的《美国自由的故事》一书，记录了他们为“降低税收，减少政府管制，削减政府的社会（项目）开支，以刺激商业投资和恢复生产力”所做的努力。对国家干预主义的批评，使他们与新自由主义者站在了一起，尽管哈耶克认为："自由的捍卫者与真正的保守主义者之所以会共同反对那些发展趋势，乃是因为他们各自的理想都遭受到了同等程度的威胁，但是这里需要明确指出的是，他们的理想实际上并不相同。"

政治哲学的转向与现实的行政困境，冲击着法学、公共管理学等相关学科的既定研究框架。

当行政机关实施新的竞争规则，或者实施服务的合同出租，或者授予公用事业消费者新的法定权利时，公法必须反映国家形式的演变并对其做出回应。公法是"一种复杂的政治话语形态"，将法律和法律理论与相关学科——特别是政治学和公共行政进行整合，是《法律与行政》一书的立意所在。

公共管理学者与行政部门的工作人员，也在探寻着迎接挑战的良方。从20世纪80年代开始，围绕管理职能、管理方式、运行机制、自身管理等问题，西方国家掀起了一场规模空前的"政府再造"运动。美国著名公共管理学大师盖伊·彼得斯教授，从各国政府的革新主张和现有发达国家的政府改革实践中，梳理归纳出四种未来政府治理模式：市场式政府、参与式政府、弹性化政府、解制型政府。不论何种改革，都会产生架空政府、降低政府尤其是职业公务员的社会作用的相似后果。而在政府职能市场化的过程中，民营化无疑是引进市场激励、取代对经济主体随意政治干预的核心要素。委托授权、撤资和政府淡出，被视为行政机关卸下福利国家的沉重包袱，注入效率价值的必经环节。也正是在此意义上，萨瓦斯宣称："民营化就是新公共管理。"

自由国家→福利国家→预防国家，哈贝马斯对近代以来西方行政发展历程的精练概括，显示出哲学家的洞识与高度。当我们面对提供基本生活保障、准备基础设施、制订计划和预防风险的政治导控性行政任务时，对交往行动理论的关注，并不意味着无政府主义的选择。

然而，没有人敢断言，这就是行政必经的发展脉络。

尤其当我们将目光转向中国当下的行政改革时，相似的社会矛盾与共同的时代背景，并不能掩盖历史文化与社会结构上的差异。回顾十一届三中全会之后的社会主义市场经济体制选择，改革开放路线背后迫切的经济发展需要，迥异于西方资本主义国家成立初期有限政府隐含的私有财产保护目标。因此，社会主义市场经济体制虽意味着与全能计划经济模式的告别，但并不能等同于终结计划行政职能的宣言。尤其当中国经济在亚洲乃至全球的数次金融危机中平稳着陆，我国行政的宏观经济调控职能更是具备了自我证成的经典论据。但不可否认的是，随着社会主义市场经济建设的深入，厘清政府与市场、政府与社会的界限，防止政府过度干预市场、压制社会，已成为巩固改革开放成果的必要条件。在这一前提下，了解西方防止行政滥权的制度与实践，就有了跨越时空的现实意义。特别是，西方自 1929 年经济危机之后新兴的福利国家理念，以及因福利膨胀引发的新一轮公共行政改革，对于中国正在进行的“公共服务职能基本到位”和“推进政府向社会购买公共服务”的行政改革，颇有“前车可鉴”之功效。而高科技时代的基因与核能威胁、文化冲突激化下的恐怖袭击，更是全球化时代每一个国家直面的共同行政任务。在拓展风险社会所要求的种种预测、分析与应急举措方面，各国行政有着广阔的互动与合作空间。

是为序。

2014 年 4 月于之江

第一讲　论官吏的行政职责及津贴

[古希腊] 亚里士多德

亚里士多德（Aristotle，前384—前322），伟大的古典思想家。出生在古希腊北部，其父是马其顿国王的御医，亚里士多德从小就接受了医学教育。十七岁时到雅典进入柏拉图学园，追随柏拉图达二十年之久，广泛地学习了各种知识，并曾担任教师，撰写了一些著作。柏拉图去世后离开学园，到小亚细亚各国游历，曾在马其顿王腓力的宫廷担任亚历山大的教师八年，这期间进行了大量动物学研究。公元前335年，亚里士多德重返雅典，创立吕克昂学园，从事教学与研究十二三年，撰写了其最重要的著作。离开学园后次年即病逝。亚里士多德是古希腊最多产的学者，目前能看到的著作有四十七种，其中最为重要的是《形而上学》（*Metaphysica*）《尼各马可伦理学》（*Ethica Nicomacheia*）《政治学》（*Politica*）。亚里士多德是古希腊思想的集大成者，对后世也有极大影响。

【编者按：从古希腊始，行政机构的设置及相应官吏的选举，就是政治体制设计的重要环节。约公元前335年，亚里士多德在学生们的协助下，开始观察、分析作为古希腊政治重心的雅典政制。在经历了十一次宪法变更后，雅典确立了由抽签选举出大多数行政官员，分别承担维护公共秩序、实现市场公正、促进社会平等等基本职能的行政制度。当然，上述职能在当时并非专属于行政机关，“议事会实际上又参与最大多数其他官职的行政”。】

XLIII. 这就是关于公民登记和丁男的规定。所有经常的行政官员，除军事基金司库官、观剧基金管理官以及水井监督官外，都由抽签任用；这三个官吏则用举手选举，他们的任期从一次泛雅典娜节到下一次。[①]所有军事官吏也用举手选举。

议事会是抽签选举的，议员五百人，每一部落五十人。主席团职位由各部落轮流担任，其次序由抽签决定，前四部落每一部落任职三十六日，后六部落每一部落任职三十五日，因为他们的年历是按阴历计算的。[②]担任主席团的人首先从国家领出一笔钱，一起在圆顶厅[③]公餐，然后召开议事会和民众会，议事会实际上除假日外每日开会，民众会则在每一主席团任期内开会四次。主席团公布议事会应办公事的书面通告、日常事务程序以及开会的地点。他们并公布民众会会议的书面通告：有

① 即每四年一任；泛雅典娜大节和皮西节日一样，在第三个奥林匹克年举行。

② 每月29日或30日，全年354日，等于36×4+35×6。

③ 在阿勒俄琶菊斯东北，与议事厅邻近。

一次[1]是最高会议，会议对那些认为办事好的在职长官投票批准，并讨论粮食供应和国防问题；在这一天，凡要告密者可以提出，没收财产的目录要宣读，有关遗产和女继承人的申请名单也要宣布，以便使大家都能知道任何无人继承的这一类的财产。在第六届主席团任期中，除上列的事务外，他们又进行一次投票来决定是否要实行贝壳放逐法，来决定那些被控恶意告发者的先期对人密告是否要受理，其中或为公民，或为居住境内的异邦人，每方各以三案为限，并决定是否要对曾向人民提出诺言而没有实现的案件起诉。另一次会议是为请愿开的，在这次会议里，任何愿意的人都可以在放下一条请愿树枝[2]后，对民众会说出他所要说的事，不论是公事或是私事。另外两次会议讨论一切其他事件，在这些会议里，法律规定，讨论宗教问题三事，讨论接见使者和大使问题三事，还有世俗事件三事。有时他们并不举行先期投票而办起事来。第一个接见使者和大使的是主席团，公文由使者向主席团递交。

XLIV. 主席团有一个总主席，由抽签选出；他任职一日一夜，不得延长，也不得再度任职。他是保存国家金钱和档案的庙宇的锁钥保管者，国玺保管者，他必须和他所指定的主席团的三分之一一起留居于圆顶厅内。当主席团召开议事会或民众会时，这个总主席就以抽签选出主席九人，每部落一人，唯担任主席团的部落除外，在这九人中他又同样地选任一个总主席，而后把程序单交给他们；他们接受程序单后便检查议程，提出讨论事件，担任投票检查人，指挥一切其他事务，并有权解散会议。任何人不得在一年中担任两次总主席，但是他在每一届主席团期中可以担任一次主席。

他们又在民众会中举行司令官、骑兵司令和其他军官的选举，其方式以人民之意为依归；这些选举在第六届主席团后由任期中有吉兆的第

---

① 即每一普律塔涅斯任期中的一次。

② 一条用羊毛包扎的橄榄树枝，由请愿人带来，放在民众会的神坛上。

一次主席团举行之。[①] 这些事件也必须由议事会预先决定。

XLV. 议事会从前本有通过罚金、监禁和死刑判决案的最高权力。但是，有一次，议事会已经把吕锡马库斯交付公众的行刑吏了，他正在坐着等死的时候，阿罗珀刻村的优美里德斯却救了他，优美里德斯说，公民未经陪审法庭判决不得处死。到了陪审法庭举行审判的时候，吕锡马库斯却得免罪，于是他得到了"鼓槌下人"[②] 的绰号；人民因而剥夺议事会判处死刑、监禁和罚金的权力，定出法律：凡议事会所通过的罪和罚的判决案必须由法官送交陪审法庭，而陪审官的任何投票都应当具有最高权力。

官吏的审判，在大多数情形下，是由议事会来进行的，特别是对那些处理基金的官吏；可是，议事会的审判不是最后的，还可以向陪审法庭上诉。私人也有权利告发他所要告发的任何官吏的不法行为；但是，这些案件如果经议事会通过判决有罪，仍可以向陪审法庭上诉。

议事会并审查将于次年任职的议员的资格以及九执政官的资格。从前，议事会如认为他们不合格，本有加以拒绝的最高权力，但是现在他们可以向陪审法庭上诉。

所以，对于这些事情，议事会并不具有最高权力，但是，它给民众会准备决议案，而民众会并不能通过未经议事会准备和未经主席团事先以书面公布的任何法案；因为提出这样法案的人事实上将被起诉为不法行为而受罚金处分。

XLVI. 议事会又检查业已建造的三列桨船及其装备，以及海军碇泊所，并依民众会的投票决定建造和装备新的三列桨船或四列桨船，建造海军碇泊所；但船舶营造师则由民众会选举。如果卸任的议事会不能把这些工作完成，移交给新议事会，它的成员便不能领取他们的酬金，此

---

① 即第七任或更后的任期。雨、雷等皆为凶兆，但此种规定有实际价值，因会议是在露天市场举行。

② 即免于刑杖之人。

项酬金本是在下一届议事会上任时支付的。为着建造三列桨船，议事会选举它自己的成员十人为船舶建造者。它并监督一切公共建筑物，如果发现任何官员旷职，它就把他报告给民众会，如果判决有罪，就把他交给陪审法庭。

XLVII. 在大多数事情上，议事会又参与其他官职的行政。首先，雅典娜神庙司库官有十人，每部落一人，按“梭伦法律”（它现在还是有效的）规定，应在五百麦斗级中以抽签选出之，但事实上中签者即任职，即使他完全是一个穷人。他们在议事会参与下，保管雅典娜像和胜利神像[①]以及其他的纪念品和基金。

又有公卖官十人，每部落一人，以抽签选出之。他们在议事会参与下，在军事基金司库官和当选管理观剧基金者的合作下，出租一切公共包揽事业，出包矿坑和赋税，批准经议事会投票许可的人承包国家出租的矿坑，包括出租三年的采掘矿山和出租……年[②]的矿山租让权。他们又在议事会参与下拍卖阿勒俄琶菊斯所驱逐的人的和他人的财产，但拍卖须经九执政官批准。他们并给议事会草拟和准备一种写在白板[③]上的出包一年租税的表，其中说明承包者姓名和他应付的价额。他们制订十个分开的表，记着在每届主席团任期内需要付款的人，另一些分开的表，记着一年中必须付款三次的人，附以指明每一次付款的日期表，还有一些分开的表，记着在第九届主席团必须付款的人。他们又制订一个表，记载着在陪审法庭中注销[④]和拍卖的田地和房屋；因为这些拍卖也是这些官吏所应办的事。买房屋的人须在五年内付款，买田地的须在十年以内；他们在第九届主席团任期内付款。同时，三者执政官的出租领地事，也在白板上做一个表提出。这些领地租期也是十年，地租在第九届主席团任期内交付；所以在那一届主席团任期中

① 这是保存在帕特农神庙中的金像，可能本有十尊，但八尊在伯罗奔尼撒战争末熔以铸钱。
② 数字磨损一半，当是十年或三年。
③ 敷上白粉的木板，通告写在上面，很容易抹去。
④ 即登记没收。

有极大笔的收入。写着付款表的白板交给议事会，由一个事务员保存；当有人付款时，他就从柱上取下那些记着这个付款人和付款日期的板，交给收款官，把记载抹去，但是别的板分开保藏，务使在付款之前不至抹去。

XLVIII. 收款官十人，每部落一人，由抽签选出；他们管理这些板，并在议事会办公厅中在议事会参与下抹去还款的数目，而后把板交还给事务员；任何人拖延不付款，就记在板上，他就必须加倍付还拖欠之款，否则就要下狱；判处罚金和下狱的法律权力都属议事会。因此，在第一天，他们收进到期的款，就把这些款分配给各长官，到第二天，他们提出所分配款额的报告，写在一块木板上，在议事会办公厅中复算，如有人知道任何一个人，无论是官吏或是私人，弄错了分配之款，就向议事会提出，如果发现任何人犯了错误，就用投票决定处理。

议事会又从他们自己集团内抽签选出会计员十人，为每届主席团登记官吏的账目。他们又以抽签法选举查账员，每部落一人，同时又以抽签法选助理员，每个查账员有两个助理员，他们应依照每部落所由以命名的英雄名字分属于部落会议[①]，如果任何人为了私事或公事要对任何一个已在陪审法庭报告账目的官吏提起诉讼，他应在其报告账目之日起三天之内，把他自己的和被告人的名字，以及他控诉此人的罪名，加上他所认为适当的罚金数目，记在一片木板上，把它交给查账员；查账员接受它和读它之后，倘认为起诉可以成立，如系私人案件，即将此板交给乡村中为这一部落提出案件的陪审官，如系公众案件，即把它向司法执政官[②]登记。司法执政官如接受它，即再将此种账目向陪审法庭提出，而陪审官的判决便是最后决定。

XLIX. 议事会又检查骑兵的战马，任何拥有一匹良马的人如在恶劣

① 也就是说，每部落分派一个查账员和两个助理员，此种分派以部落所由命名的英雄名字表示之。

② 这是六个后辈执政官，亦即法官。

条件下保养它，议事会即处他以刍秣费的罚金，马如果不能保持马队的地位或不肯留在队里而前后跳动，议事会即在口边烙上一个车轮记号，这样的马，检查时就不通过。议事会又检查骑马的哨兵，看他是否合于议事会所考虑的哨兵的职务，任何被议事会投票否决的人即被革职。议事会又检查在骑兵等级内作战的步兵，任何被投票反对的，即停止支领他的薪饷。骑兵名册由民众会所选举的十个名册保管人来制订；他们把他们所登录的名字送给骑兵司令官和部落骑兵司令官；这些司令官接管名册，将它送给议事会，并公布上面写着骑兵名字的木板，他们把前曾登记而因体力不合，宣誓请求豁免骑兵军役的人除名，并召集新登记的人，允许任何以体力不合，或缺乏钱财而宣誓请求免役者除名，至于没有请求免役的人，则由议事会议员投票决定他们是否适合于骑兵军役；如果议员投票认为他们适合，就把他们登记在木板上，如果不合，就让他们除名。

从前，议事会又经常裁决雅典娜法衣[①]的式样，但是现在这归于抽签选举的陪审法庭来处理，因为议事会曾被认为决定不公。议事会又和军事基金管理员共同监督胜利神[②]像的建造以及泛雅典娜赛会的奖赏。

议事会又检查无力之人；因为有一个法律规定，凡财产不足三明那[③]而又以体力衰弱不能从事任何工作者，应由议事会审查，并由议事会从公众开支中供给他粮食津贴，每人每日以两个俄勃尔[④]为度。有一个为这些人专设的司库官，由抽签选出。

议事会实际上又参与大多数其他官职的行政。

L. 所以这些便是议事会所管理的事件。又有十个神庙缮修官，由抽签选举，他们向收款官领到三十明那来修理那些最必要修缮的神庙；又有十个城市监督，其中五人在拜里厄斯任职，五人在城内；他们监督

---

① 每一次泛雅典娜节日为雅典娜织造，并在行列中携带着。

② Níkη，胜利女神。

③ 一个明那约四镑。

④ 一个俄勃尔约三便士。

吹笛女子、竖琴女子和弦琴女子，禁止她们收费超过两个德拉克马。[①]如果有几个人要求同一女子，这些官就让他们抓阄，胜者雇她。他们又监视清道夫，不许他们在距离城墙十斯塔忒尔之内抛掷粪秽；他们又防止建筑房屋侵占道路，不许阳台突出于道路之上，防止建筑上头水道，水溢道路，以及朝向道路开窗；他们又将路毙者的尸体移去掩埋，这种事有公共奴隶办理。

LI. 市场监督亦由抽签选举，拜里厄斯五人，城市五人。法律指定他们监督一切商品，防止售卖掺杂的和伪造的货物。度量衡监督十人亦由抽签任用，城市五人，拜里厄斯五人，他们监督一切量器和衡器，为的是使卖者使用公正的量衡。

谷物看守人通常为十人，由抽签选举。拜里厄斯五人，城市五人，但现在则城市二十人，拜里厄斯十五人。他们的责任首先是监视未经磨制的谷物在市场上售价是否公平，其次是磨坊出售大麦粉之价是否符合大麦之价，以及烘面包之妇女出售面包之价，是否符合小麦之价，其重量是否符合官方的规定——因为法律规定面包应合标准重量。

港口监督十人，由抽签选举，其责任是监视港口市场，并命令商人要将到达粮市的海外输入谷物的三分之二运往城内。

LII. 警吏号为十一，以抽签法选出任用之，他们管理在狱的人，并将那些因为盗窃、绑架、行劫被捕而服罪者处以死刑，如他们不认罪，则将他们送往陪审法庭，如免罪则释放他们，如不得免，则予以执行；又将宣布为公共财产的田地房屋列表送与陪审法庭，将已被决定没收的交与公卖官；又应提出密告——有的密告由法官办理，但警吏亦有此职责。

案件提出五人，亦由抽签法选举，他们把要在一个月内审判的案件提出，每人兼管两个部落。这些案件包括因不付寡妇财产应得之份而起

① 一个德拉克马是一个明那的百分之一。

的控告，因收回一德拉克马利息[①]的借款诉讼，以及收回一方向另一方借来在市场经商的母金；还有暴行、友好社交借贷、合伙、奴隶、牲畜、三列桨船职务[②]和钱商案件等诉讼。因此，这些官吏要在一个月内把这些案件向法庭提出和裁判；但是，收款官在决定纳税农民所提出的或对他们提出的案件时，如款额在十德拉克马以下，有权立即处理，但过此额则应在一个月内送往陪审法庭。

LIII. 又有四十人之官[③]，亦以抽签选举，每部落四人，他们组成一种法庭，其他案件对之起诉；从前，他们本为三十人，巡回到每一村社，审判案件，但自从三十寡头政治以来，他们的人数增为四十人。他们对于不超过十德拉克马的诉讼有立即判决权，但超过此额的案件，他们就移交给公断人。公断人接管这些案件，如不能达到和解，即予以裁判，倘两方满意他们的裁判，服从裁判，讼案即告了结。但是如果两造之一向陪审法庭上诉，他们就把见证人的证据和答辩，以及有关的法律条文，分别放在原告和被告的证件箱里，把它们封好，并附以一份写在木板上的公断人的判决词，交与为被告部落提出案件的那四个法官。这些法官接受案件之后，即以之诉于陪审法庭，如在一千德拉克马之内，诉之于二百〇一陪审官的法庭，如超过此数，诉之于四百〇一陪审官的法庭。除公断人所交的放在证件箱中的法律、答辩或证据外，诉讼人不得另外放进别的东西。正如执政官和“名祖规则”中所见的那样，年满五十九岁的人可以担任公断人；因为部落所由命名的名祖共十个，而兵役年龄所用的年名凡四十二个[④]，从前，丁男当登入兵籍之时，通常刻在白板上面，其上则写着他们应征之年的执政官[⑤]以及前一年公断人所

① 一明那月息一德拉克马，即年息 12%。

② 即是三列桨船船长在其任职年满时，因其继任者不来接代而对之控诉，要求收回费用的案件。

③ 可能希腊文应改为“四十”（译者按：τετταράκοντα，the Forty，即乡村巡回法官）。

④ 阿提卡英雄百人，其中十人的名字作为部落名，其余九十人中，四十二个名字冠在现役公民的连续年次之上，军役自十八岁至五十九岁，六十岁为公断人。每年终结时，现在到六十岁之人的名祖就转给刚好十八岁的人。

⑤ 此为九执政官之最高的一个，他的名字作为年号，所以称为名祖（’Επώνυμος）。

用的名祖，但是这些名字现在都刻在铜柱上，铜柱立在议事会大厅之前，在名祖表的旁边。四十人之官采取最后一个的名祖，把公断案件分配给属他这一年的人，并用抽签指定每个人所应公断的案件；每个人必须完成分配给他的案件的公断任务，因为法律规定，任何人达到公断人年龄而不为公断人者将失去公民权，除非他在这一年担任某种官职或在国外，只有这些理由方可豁免。任何人如被公断人处理不公，可向公断人[①]起诉，法律规定公断人有罪者应受剥夺公民权之处罚；但公断人亦有上诉权。名祖又被用以规定兵役；当遣派达到一定年龄的兵士出征之时，就发表公告，用最初到最后的执政官名字和名祖的名字来表示，说明应当服役的年次。

LIV. 以下的官吏，亦以抽签法选出：五个街道建筑官，他们的职务是使用由公共奴隶担当的工人来修理道路；十个会计员和十个他们的助手，所有卸任官吏都要把账目对他们报告。因为这些人是核算负责账目官吏的报告并将核算结果提交陪审法庭的仅有的一些官员。如果官吏被他们证明曾经侵吞公款，陪审官判决他侵吞公款，那么罚金将是他犯罪数目的十倍；如果他们证明有人受贿，而经陪审官判决，那么他们就估计受贿的价值，在这情形下，罚金也是数目的十倍；但是，如果他们发现他有行政恶劣的罪，他们就估计损失，其应付罚金，如在第九届主席团任期前交纳，只以损失的数目为限，否则加倍。但，十倍于总额的罚金是不再加倍的。

又有一个官吏，称为主席团书记，亦以抽签任用，他负责管理文书，保管已经通过的法令，并监督抄写一切其他文书，他并列席议事会。以前，这个官吏是用举手选举的，而且通常是选任最著名而可靠的人，因为这个官吏的名字是刻在同盟记录、任命领事[②]和授予公民权的纪念碑上面的；但是现在它已成为一种抽签选举的官职。又有一个监督

① διαιτητάS（公断人）大概是 δικαστάS（陪审法庭）之误。

② 指定给他国公民的一种荣誉职，他在那里代表雅典的利益。

法律的官吏，亦以抽签选举，他也列席议事会，而且有一切法律的抄本。民众会并以举手选举一个书记，专在民众会和议事会中宣读文书；他除了作为一个宣读员之外，没有别的职务。

民众会又以抽签选举出十个祭祀官吏，称为赎罪监，他们奉献神谕规定的祭祀，并和占卜者合作，在需要征兆时，等候着吉兆。它又以抽签选举其他的十人，称为常年司祭，他们进行某些祭祀，并管理所有的四周年节①，唯泛雅典娜节除外。有一个四周年祭是提洛节(那里也有六周年节②)，其次是布洛罗尼亚节，其三是赫剌克利亚节，其四是厄柳西尼亚节，其五是泛雅典娜节，泛雅典娜节不和上述任何一个节日同年举行。现在已经又加上一个赫斐斯特的节日，它是在塞斐索丰为执政官时建立的。

民众会又以抽签选举一个萨拉密斯执政官和一个拜里厄斯的市长，他们在这两地主持狄俄泥索斯③节并指定合唱队队长，在萨拉密斯，执政官的名字记在一个碑铭里。

LV. 因此，这些官职皆由抽签选出，而有权处理上述一切事件。至于命名为九执政官的官吏，当初实行的他们的任用方式，上文已经说过；但是，现在六个司法执政官以及他们的书记均由抽签选举，而执政官④、王者执政官和军事执政官则由每一部落轮流，亦以抽签选出。这些官吏的资格，除书记外，首先在五百人议会中审查，书记和其他官吏一样（所有用抽签选举的和用举手选举的，在任职之前，其资格皆须先经审查)，只在陪审法庭中审查，而九执政官则先在议事会中审查，而后再在陪审法庭中审查。以前，任何官吏未经议事会通过，不得任职，但现在可向陪审法庭进行上诉，而资格的最后决定亦以陪审法庭为断。审查资格所提出的问题，首先是，“您的父亲是谁，他属于

① 每四年或六年举行一次。在希腊文，这叫做“五周年”“七周年”。

② 原文和事实都极不确定。

③ τάΔιογνσ Lατὰ χατ'ἀγρονS，即在十二月里举行的一个节日。

④ 即名祖执政官。

哪一个村社，您父亲的父亲是谁，您的母亲是谁，她的父亲是谁，他属哪一村社？”而后问他是否有一个家庭阿波罗和住宅宙斯[1]以及这些神座在哪里；而后问他是否有家族坟墓以及这些坟墓何在；而后问他待父母好不好，他纳税了没有，他已服了兵役没有。在这些问题提出之后，官吏就说：“把证明您这些事实的证人请来。”当他提出他的证人时，官吏又问：“有谁要控告这人吗？”如果有任何原告人出来，他就可以发言，而受审者亦有机会答辩，然后官吏把这个问题放在议事会中举手表决，或在陪审法庭中投票表决；但如果没有人要控告他，官吏就立即付诸投票；以前，通常只有一个人投进他的投票球，但是现在所有的人都必须对受审查人投票决定可否，为的是任何奸猾之人即使幸免他的控告者的控诉[2]，他还可能被陪审官取消资格。当事情经过这样审查之后，受审人就走向那块宰牲祭供的石头（公断人在提出他们决定之前亦在此宣誓，被召来作证的人亦在此宣誓他们没有什么证据可提），登上这块石头，宣誓说，他们将公正地和依法地从政，而绝不以他们的职务接受礼物，如果他们接受任何东西，他们就要立一金像。宣誓之后，他们由这块石头下来，到卫城去，在那里又这样的宣誓，以后他们才就职。

LVI. 执政官、王者执政官和军事执政官，各有两个助理员，由他们自己选择，这些人的资格在其任职之前由陪审法庭审查，当他们卸任时，并须做报告。

当上任之时，执政官首先立即发表声明，一切人应继续执掌在他上任前他们所执掌的那些掌有物和权力，直到他任终为止。于是他任命三个雅典最富有的人为悲剧合唱队长；以前通常他还任命五个喜剧的合唱队长，但是这些人现在已由部落选出。然后他接见各部落所任命的狄俄泥索斯节日成年人竞赛和儿童竞赛的以及喜剧的合唱队长和塔格里亚节

① 雅典家庭的神。

② 即贿赂控诉人不控诉他。

日[①]成年人和儿童竞赛的合唱队长（狄俄泥索斯节每部落一人，塔格里亚节每两部落一人，两部落轮流供应他们），处理他们以交换财产取得替代的要求[②]，或以从前已经实行过公共服务为理由，而提出他们豁免的要求，或则因为已经实行其他的服务与豁免时期尚未终止而提请豁免，或则因为还没有达到法定年龄（一个担任儿童合唱队长的人必须年龄在四十以上）。他又任命提洛的合唱队长和运送青年的三十桨船的一个游行队长[③]。他监督游行队，其一是为纪念阿斯克列皮马斯[④]而举行的，那时入社者家居终夕，其一是在狄俄泥索斯大节时举行的，在这大节里他和节日监督共同行动；这些监督以前是十人，由民众会举手选举，他们用他们自己的钱来供给游行队的经费，但是他们现在是用抽签选举的，每部落一人，且给以一百明那以为筹备费；他又监督塔格里亚节游行队，以及庆祝救主宙斯节的游行队。他又是狄俄泥索斯节和塔格里亚节竞赛的管理人。因此，这些便是他所监督的节日。以下的刑事和民事案件是向他提出的，在初审之后，他把这些案件送往陪审法庭：虐待父母案（这样的案件，任何愿意的人都可以担任原告，而不至于遭受罚金）；虐待孤儿案（此案之成立要靠孤儿的保护人）；虐待女继承人案（此案之成立要靠保护人或女继承人同居之亲属）；损害孤儿财产案（此案之成立也要靠保护人）；心神失常之控告，即一个人控告另一个人当其精神失常时损害其财产；指定清算人案，即一个人不愿与人合伙管理财产；保护责任之建立案；对于竞争要求保护责任之决定案；关于货物或证件之提出案；保管人之登记案；对于财产和对于女继承人之要求案。他又监督孤儿和女继承人以及夫死之后宣称有子的妇人，他有绝对权力处罚侵犯他们的罪人，或把罪人送往陪审法庭。他将孤儿和女继承人的

---

① 五月中的一个节日，此节日有循环合唱队和游行队竞赛。

② 一个公民被指定担负这些花费的任何一种公职时，都可以请求说，另有人更有能力胜任此职，但这个请求人只有用与被要求者交换财产的办法，才能免去担任此职。

③ 关于提洛节日，合唱队儿童由雅典出发。

④ Asclepius，医神。

房屋出租直到他们十四岁为止，并收取租金[①]，他勒令那些断绝赡养的保护人维持小孩的生活。

LVII. 这些便是执政官所管理的事情。王者执政官所管理的首先是秘密祭，他和那些由民众会举手选举的监督人合作，其中两人由全体公民中选出，一人由攸摩尔辟代家族，一人由刻律刻斯家族[②]中选出。其次是螺奈亚的狄俄泥索斯祭[③]；这个节日包括一次游行和一次竞赛，前者由王者执政官和监督人联合指挥，后者由王者执政官组织。他又主持所有传炬竞走的比赛；实际上，他又是一切祖先祭祀的指挥者。他主管审判不敬神罪状和争执继承僧职的法庭。他宣判各氏族间和各僧侣间一切特权的争执。所有杀人案件也归他审理，而不准参加例常祭典的宣告，也由他宣布。故意杀人和伤人的审判是在阿勒俄琶菊斯进行的，而毒杀和放火杀人案亦然；因为只有这些案件才由议事会审讯，至于非故意杀人，以及谋杀和杀害奴隶或异邦居民或外国人案，则在帕拉狄温[④]法庭审判；凡承认杀人而宣告此为合法行为者（例如他杀了一个在奸淫中的人），或在战争中或竞技中误杀一公民同胞者，都在得尔菲尼温审判；但是，当一个人犯了一种准许赔偿的罪，正在流放避难时，又被控杀人或伤人的罪者，要在佛勒阿托斯界内[⑤]受审，并在一只泊近海岸的船上答辩。这些案件，除在阿勒俄琶菊斯审理的以外，都由抽签选出的厄斐泰[⑥]审判。案件由王者执政官提出，法庭设在圣界之内露天的地方，当王者执政官审理一个案件时，他脱去他的王冠。被告人在所有其余的

---

① 刻泥嗡译为“抵押”（Takes mortgages on them）。——译者注

② 攸摩尔辟代和刻律刻斯为雅典两个古代僧侣家族。

③ 一月末在卫城东南的利谟奈举行。阿提卡的第七月，伽墨利温（一月至二月），在旧爱奥尼亚语中称为螺奈温。

④ 这个神庙以及得尔菲尼温可能都在卫城东南。

⑤ 在仄阿（Zea）港附近。这个名祖的英雄无疑是虚构的，此地实际上是以一个井（fpέαρ）而得名。如被告人登陆，他将因以前的案件而被捕。

⑥ ἐfέται（Ephetae），古时阿勒俄琶菊斯派出审理案件的审判官的名称，凡五十一人；自阿勒俄琶菊斯于公元前五世纪中叶改组，ἐfέται 已失其意义，或许名称仍存，而实际上审判者已为陪审官。——译者注

时间都不得进入圣地，法律甚至不许他涉足市场，但在审讯时，他可进入圣界内，进行他的申辩。如王者执政官不知谁是真正的犯罪者，他仍对“罪人”提起诉讼；王者执政官和部落王还审判无生物和动物被控杀人的案件。

LVIII. 军事执政官奉祀女猎神阿耳忒密斯和厄泥阿利宇斯[①]，并办理纪念战争死者的丧礼竞技，祭祀哈尔摩狄乌斯和阿里斯托革同之灵。只有涉及普通和特权异邦人以及外国代表的私人法律案件才归他审理；他有接受案件表的职责，并将它分作十份，抽签分派每一份给每一个部落，然后给公断人指定每一部落的陪审法官。他自己提出涉及异邦人的案件，如犯有背弃他们的保护人[②]或没有保护人而行动的罪状，如关于财产和女继承人的事件；以及所有其他诉讼，其属于公民者，由执政官提出，属于异邦人者，由军事执政官提出。

（选自亚里士多德《雅典政制》，日知、力野译）

① 战神之一。

② 异邦人（Metoikos，和特权异邦人 isoteleis 不同，后者和公民同等纳税和服兵役）必须在一个公民保护下登记，异邦人的诉讼如属重要的，必须得到这个公民许可。

第二讲　论官吏的行政职责与制约机制

[古罗马] 西塞罗

马库斯·图利乌斯·西塞罗（Marcus Tullius Cicero，前106—前43），罗马最杰出的演说家、教育家，古典共和思想最优秀的代表，罗马文学黄金时代的天才作家。

【编者按：在西塞罗眼中，“官吏是会说话的法律”，公民应该服从官吏并对他们尽责。官吏有类型之分，较次要的官吏办理元老院决定的任何事情，属于典型意义的行政官员。在关注立法、行政、司法三机能的同时，西塞罗更多地着墨于权力均衡机制：执政机能虽为核心，却仍须受元老院和平民大会的约束，其中监察官可根据法律对执政官的公务作出判断，保民官可以支持公民和其他官吏不服从执政官。近代的权力制衡原则，可谓由此肇端。】

一、**马库斯**（以下简称“马”）：如同前面我所做的，我将再次以那神圣的人物为榜样，也许，我对他的赞美比我应当对他的赞美更为频繁，这正是我感到的对他的钦佩。

阿提库斯（以下简称“阿”）：你当然是在说柏拉图了。

马：不会是其他人的，阿提库斯。

阿：肯定地说，对于他，你永远不存在赞誉过高或过于频繁的问题；因为即使我的一些朋友[①]，他们拒绝对自己朋友之外的任何人赞美，可他们还是允许我对他尽情热爱。

马：他们在这一点上确实很正确。因为还有什么更适合像你这样一个人的高尚趣味呢？你无论在生活上还是在语言上都已取得了——在我看来——最难得的高贵与精致的结合。

阿：我实在是非常高兴打断你的话，因为你给了我如此好的一个评

① 伊壁鸠鲁学派。

价。但请你像你开始时那样继续讲下去。

马：那么，首先让我们用对其特点恰如其分的赞美性语言谈谈法律本身。

阿：当然可以，就像你在宗教法律中所做的那样。

马：那么，你们知道，官吏的职能是治理，并发布正义、有益且符合法律的指令。由于法律治理着官吏，因此官吏治理着人民，而且可以确切地说，官吏是会说话的法律，而法律是沉默的官吏。此外，没有什么比治理更与正义的诸原则和大自然的诸要求（当我这样表述时，我希望人们理解我是在说自然法）如此完全一致；如果没有治理，一个家庭、一个城市、一个民族、整个人类、有形的自然界以及宇宙自身都不可能存在。因为宇宙服从神；海洋和大地服从宇宙，而人类生活服从至高无上的自然法的法令。

二、但是，还是回到更接近我们并更为我们所了解的问题上来：一切古代民族都一度为君主统治。这种权威最初是委托给那些在正义和智慧上杰出的人们的，我们自己国家君主存在的时期就明显是这种情况。后来，王位传给君主的后代，在当今的诸王国中仍是这个习惯。现在那些不赞成君主制的人所期望的，并非不服从任何人，而是不总是服从同一个人。但是，既然我们是在为各自由民族提供一个法律体系，并且也曾经在我们早先的六卷著作[①]中提出过我们所理解的理想国家，我们现在就要提出适合在那些著作中描述过的、我们认为最佳的那种国家的法律。因此，我们必须有官吏，因为没有他们的深谋远虑和细心照看，一个国家就不能存在。事实上，一个共和国的全部特点都是由其对官吏的安排所决定的。我们不仅必须告诉官吏他们的管理权限；我们还必须告知公民在什么程度上他们有义务服从官吏。因为实行有效统治的人昔日必定曾服从过他人，而尽责服从的人看来在以后的什么时候也适合担任统治者。因此一个服从者应当期望在未来成为统治者，而那实行统治的

① 即《国家篇》。

人也应当记住不久他还必须服从人。我们还必须像卡隆德斯在他的法律中所做的那样，不仅规定公民应对官吏服从和尽责，而且要规定他们热爱和尊敬官吏。事实上，我所敬爱的柏拉图就曾认为，那些反抗他们的官吏的人，其行为就像提坦反对众神那样，应当归为提坦的同伙。

在确立了这些事实之后，我们现在应着手陈述法律自身，如果这项计划得到你们赞同的话。

阿：我不仅非常同意这一点，而且同意你处理的全部次序。

三、**马：**指令应是正义的，公民们应尽责地并毫无怨言地服从它们。对于不服从的或有罪过的公民，官吏应使用强制手段，处以罚金、监禁或鞭挞，除非是同等的或更高的权力机关，或者是人民，禁止采用这种强制手段；该公民应有权向它们申诉。官吏宣布判决后，无论是死刑或罚金，都应当在人民面前举行审判，最终决定罚金或其他惩罚。对于战地统帅发布的命令不得上诉；官吏在战争期间的指令应为有效且具有约束力的。

应当有较次要的官吏，执掌部分权力，他们将被分配承担专门职能。在军队中，他们统率其部属，并且是其部属的保民官；在城市里他们是公款的管理人①；他们负责禁闭罪犯；他们实施极刑②；他们铸造铜钱、银钱和金钱③；他们决断诉讼④；他们办理元老院所决定的任何事情。

应当有市政官，他是城市、市场以及习惯性娱乐的管理者。这一行政职务应成为他们进入更高职务的第一步。

监察官制订公民名册，记录公民的年龄、家族以及奴隶和其他财产。他们负责城内的神殿、街道和沟渠，负责公共财政和税收。他们将公民划分为部落，并根据财产、年龄和地位作出其他划分。他们为骑兵和步兵招募新兵；他们禁止独身；他们规范人民的道德；他们不允许任何有

---

① 即高级财政官。

② 即掌司法的执政。

③ 即掌国库铸币的执政。

④ 即掌诉讼侦讯的执政。

不诚实行为的人留在元老院。他们的数量为两人，任职五年。其他官吏任职一年。监察官职位永远不得空缺。

司法管理者被称为大法官，他决定或指示民事案件的判决；他是市民法的监护人。享有同等权力的大法官的数量由元老院的法令或人民的指令确定。

应有两位拥有王权的官吏。因为他们实施领导、作出判决并进行协商，根据这些职能，他们被称为总督、法官和执政。①在战场上，他们掌握最高军事权力；他们不隶属任何人；民族安全是他们的最高法律。

不得有人再次担任同一职务，除了间隔十年之后。他们应遵守由界定年龄的法律所确定的年龄限制。②

但是，当重大战争或内战发生时，如果元老院作出决定，一个人将在不超过六个月的时间内掌握通常属于两位执政的权力。在根据吉兆任命之后，他就将是该民族的主官。③他应有一位统率骑兵的助理，④其官阶应等同于司法管理者的官阶。⑤

但是，当既无执政官也无人民主官时，不应有其他官吏，并且权力应当由元老院执掌，元老院应任命它的一位成员⑥按照习惯的方式主持执政官的选举。

当元老院如此颁令或人民如此指令时，拥有或不拥有绝对权力(imperium)⑦的官吏，以及诸使节应离开这个城市；他们应公正地进行

---

① 看来，在罗马共和国早期，执政官曾被称为 Praetor（Prae-itor）和 iudex，这明显是分别指他的军事权和民政权。据传说，这两个名称比执政官（consul）更为古老，“执政”一词是古人从 consulere 引申出来的；默姆森认为是由 cum 和 salire 构成的，意思相当于同僚（collega）。

② Leges annales 确定了可以就任各种公职的最小年龄。

③ 即独裁官。

④ 即骑兵官。

⑤ 即大法官。

⑥ 即摄政官。

⑦ Imperium 是该国的全部权力，起初由国王拥有，并由共和国高级官吏行使。Potestas 是一个概括的词，用于指官吏的普通权力；在此用来指不拥有全权的官员，诸如大法官。Legati 是大使，也是担任军队统帅或地方总督的拥有全权之官员的助理。

正当的战争；他们应拯救同盟者；他们应约束自己和自己的下属；他们应增加这个民族的声誉；他们应光荣地返回家园。[1]

不得有人为照顾其个人事务而被任命为使节。

由平民选举的、保护平民不遭受暴力的十位官吏是平民的保民官。他们的禁令和在他们主持下由平民通过的决定具有约束力。他们的人身不可侵犯。他们不得使平民得不到保民官的保护。

所有官吏拥有进行占卜的权利，以及司法的权力。元老院由曾担任过官吏的人组成。它的法令有约束力。但如果与元老院主持官员同等的或更高的权力机关否决了元老院的法令，该法令也仍然应当写出来并加以保存。

元老这一等级不应有任何耻辱，应当成为其他公民的榜样。

当这个民族的选举、司法和立法法规以投票完成时，投票对高等公民不应有所隐瞒，而对普通人应是自由的。

四、除常规官吏进行管理外，如果还需要任何额外的管理，应由人民选举官员来完成这些活动，并赋予他们进行这类管理的权威。

执政官、大法官、人民主官、骑兵主官以及由元老院任命的进行执政选举的官员有权主持人民集会和元老院。由平民挑选的保民官有主持元老院的权利，并裁判为平民所必要的任何事务。

在人民集会和元老院中应保持节制。

元老不出席元老院会议应有原因或应受谴责。元老轮流作长度适中的发言。元老应熟悉公共事务。

在人民集会上不得使用暴力。同等的或更高的权威有更大的权力。[2]但主持的官吏应对任何可能发生的骚乱负责。对否决坏议案者应视为服务出色的公民。

主持的官吏应观察各种预兆并服从国家占卜官。他们负责将法案

① 从这里开始，西塞罗对其法律的评论得以保存下来。

② 即那具有与主持集会的官员同等或更高法律权威的官员应有权否决公共集会上采取的立法。

在阅读之后归档于国库档案馆。他们每次只应将一个问题交由人民表决。他们应把有待解决的问题告知人民，并允许其他官吏和公民私人告知人民。

不得提出个人例外的法律。其刑罚是死刑或剥夺公民权的案件只能在最大集会上由监察官从公民之中吸收的人来进行审判。

无论在候选期间、任期内或卸任后，任何官吏都不得给予或接受礼物。

对任何违反这些法律的罪行的惩罚都应与该罪行相当。

监察官负责法律的正式文本。官吏离职时，他们应将其公职行为交给监察官裁断，但不得因此获得起诉豁免。

该法律已经宣读完毕："解散，我将命令散发选票。"①

五、**昆图斯**（以下简称"昆"）：我亲爱的兄弟，以多么简洁的形式，你就将你关于官吏的一整套规定放在了我们面前！但是，它们实际上与我们自己国家的法律相同，尽管你提出了一些创新。

马：你很正确，昆图斯。因为我们国家是一个均衡类型的国家，在我所提到的论文中，西庇阿就曾赞美它并给予了最高的赞同，如果没有这些关于官吏的规定，就不可能构成这样一个国家。因为，你们必须懂得，一个政府是由其官吏以及那些指导政府事务的人组成的，并且国家的不同类型是通过它们国家的官吏构成来辨认的。由于我们自己的祖先设计了最明智、最公平的均衡体制，我也就没有什么可创新的了，或最多也只有少量我认为应引入我们制度的创新。

阿：现在你是否可以谈谈你的理由：为什么认为这些有关官吏的规定是最好的？——就像在我的提议和请求下，你论及宗教法律时所做的那样。

马：我将按你的要求去做，阿提库斯，依据那最博学的希腊作家的研究和讨论来处理这整个主题。我还将像我以前那样涉猎一下我们的法律。

---

① 这是对主持公共集会的官员的正式宣言的引用。

阿：这正是我盼望的讨论问题的方法。

马：但是，在我先前的著作中，我已对这一主题的一般性问题涉及很多，因为那为探讨理想国家的本质所必需；但在这个官吏问题上，有一些要点曾首先为泰奥弗拉斯托斯，其后又为斯多葛派的第欧根尼[①]更精确地研究过。

六、**阿**：你真的打算说，甚至斯多葛派也讨论过这些问题吗？

马：他们中没有任何人讨论过，只是我刚才提到的那位哲学家除外，而且在他之后，还有出色的和非常博学的帕奈提奥斯。因为，尽管那些老一代的斯多葛派学者也讨论了国家，也有敏锐的洞见，但他们的讨论是纯理论的，并且，他们不想像我一样对各民族和公民们有用。由柏拉图领导的另一个学派[②]提供了我们目前的大部分材料。在他之后，亚里士多德和柏拉图的另一位学生——本都的海拉克利德斯[③]通过讨论阐明了关于国家构成的整个主题。并且，如同你们所知道的那样，亚里士多德的门生泰奥弗拉斯托斯就专长于这类问题。狄凯阿科斯[④]，亚里士多德的另一个门生，也没有忽略这一思考和研究的园地。后来泰奥弗拉斯托斯的一个追随者，我先前曾提到的法莱雷奥斯的德米特里[⑤]，他十分成功地将知识带出树荫下的凉亭和学者的隐居处，他不仅将知识带进阳光和灰尘之中，而且甚至带进这场争论的最前线和中心。我们可以提出许多只有中等知识的伟大现实政治家的名字，提出许多非常博学但在实际政治上经验不多的人的名字；但是除此人之外，还能马上发现谁在这两个职业上都是如此杰出，以至于无论在追求知识上还是在实际治理一个国家上都位于最前列呢？

---

① 我们有泰奥弗拉斯托斯（Περὶ Νόμων）和第欧根尼（Νόμοι）的法律论文集的记录。

② 在此学院派和逍遥学派被归为一类。

③ 现存有他的一部（或多部）著作 *Περὶ Πολιτειών* 的残篇。

④ 他的关于斯巴达的混合政制的著作（*Τριπολιτικός*）失传了。关于狄凯阿科斯和泰奥弗拉斯托斯的争论，见 Cicero，*Ep.ad Att.* II，16，3。

⑤ 在第欧根尼·莱厄提乌斯的著作（V，5，80）中，可以见到德米特里全部政治著作的清单，其中包括一本法律论文集（*Περὶ Νόμων*）。

阿：我认为，这样的人可以找到；事实上，我想他会是我们三人中的一个！但是，请你继续你刚才说的话。

七、**马：**随后，这些哲学家考虑了对国家来说是否最好只有一个行政长官，其他的每一个人都服从他。我理解，在赶走国王之后，这曾被我们的祖先认为是最好的方案。但既然先前得到赞同的君主制后来又被否决了，尽管主要并非是王位的而是国王的过错，那么如果由一个行政长官来统治所有其他人，这就似乎是所废除的仅仅是国王这个名字，而这个制度仍然存在。因此，泰奥彭波斯建立与斯巴达国王相对立的五人行政长官制，在我们之中建立与执政官相对立的保民官，这并非没有好的理由。因为执政官拥有让除保民官外的所有其他官员服从的法定权力，而保民官是在执政官之后建立的，为的是防止先前发生过的事再度发生。因为存在一个不隶属于执政官命令的官员是削弱执政官权力的第一步，而第二步则是，这同一官吏还支持其他人——公民个人和官吏——不服从执政官。

昆：你刚才提到的情况实在是很大的不幸。因为，正是设置了这个官职才造成了贵族政治影响力的衰落和大众权力的增长。

马：你错了，昆图斯。执政官的权力，当它独自突出时，这在人民看来是太傲慢也太暴虐了，这难道不是不可避免的吗？但一种适度并明智的权力限制从那时起就产生了[①]……

……如果一个人不能区分有用和无用，他将怎么能够保护同盟者呢？……

……运用［该法律于其他情况］；该法律裁决所有的情况。

八、他们将光荣地返回家园。因为善良正直的官员从敌人或同盟者那里除了光荣外不应将任何其他东西带回家园。

---

① 我们的文本在此有很大的空白，在空白的最后我们发现西塞罗对他的法律的评论还只是在进行中。下面的残篇以及手稿中继续评论的言辞，看来似乎是他对 sociis parcunto 和 populi sui gloriam augento 的评论（第 9 节）的一部分。

此外，这立刻就很明显，没有什么比为公共事务以外的目的而任命某使节更丢脸的了。我对那些作为使节外出接收遗产或强制执行合同的人——无论是现在或是昔日——的行为不想说什么，因为那也许是由于人的本质上有弱点。但我只问一点：有什么能比这样一个事实更为耻辱的呢？——一个任职使节的元老没有官方义务、没有指示，也没有任何公务可照看。事实上，如果不是因为一位不负责任的保民官说情的话，当年我任执政时，我本来是可以经元老院全体会议的同意而废除这种使馆的——尽管有这样一个事实，即习惯给予了元老院有价值的特权；但是，我确实限制了这种任命的任期为一年，而以前一直没有限期。因此，这种耻辱仍然存在，只是时间范围有了限制。

但现在，如果你们乐意，就请让我们离开行省回城去吧。

阿：我们当然都非常高兴这样做，但那些仍在行省的人却根本不会高兴！

马：但是，昆图斯，如果他们将服从这些法律的话，那么，对于他们来说，就没有什么比这城市和他们自己的家园更可爱的了，也没有什么比行省看来是更劳累和更使人厌倦的了。

但下面的法律——确立了如同在我们国家存在的那种平民的保民官权力的法律——不需要讨论。

昆：但是，我亲爱的兄弟，我确实想问问你对这种权力的看法。因为在我看来，这是一个有害的东西，它产生于国内的冲突，并趋于引发国内的冲突。如果我们抓住这个问题，回忆其源头，我们就会看到它是在这座城市的一部分被武力占领和包围后，在我们的公民中有党派纠纷的过程中孕育的。随之，它很快被废除了[1]，如同“十二铜表法”规定的应杀死严重畸形的婴儿那样[2]，在这之后，这一制度却又由于某种原因很

① 在十人团时期（见《国家篇》Ⅱ，61—63），那时既没有执政官也没有保民官。

② 只能遗弃畸形男孩，传统上把这一限制归于罗慕洛斯（Dionys. *Halic*. Ⅱ，15；Seneca, *Dial*. Ⅲ，15, 2）。

快复活了，而这次再生比起此前来更为骇人和可怕。

九、什么样的罪行它没有犯下！它的第一个法令——显示了其骇人本质的法令——就是剥夺元老们的一切特权，它到处让最低等的人与最高等的人平等，并造成完全的混乱和无序。但是，即使在摧毁了贵族权力之后，它也从来没有安静下来。因此，除了盖尤斯·弗拉米尼乌斯和其他一些人的情况（那些是很早以前发生的，所以似乎有些过时了）以外，保民官提比略·格拉古给最佳公民们留下了什么权力呢？然而，甚至在格拉古之前五年，保民官盖尤斯·居涅提乌斯①，这个人类中最卑劣可耻的人，就干下了一件破天荒的事，他将德西穆斯·布鲁图斯执政官和普布利乌斯·西庇阿执政官关进了监狱，而他们都是伟人啊！更有甚者，难道不是盖尤斯·格拉古的下台并把匕首扔进论坛，公民可以用刀子互相厮杀②（这是格拉古对自己的所作所为进行的描述），因此引出了——通过这个保民官的职位——这个国家的完全的革命吗？难道还要我继续提出萨图宁、苏尔皮西乌斯以及所有其他保民官吗？不利用刀剑这个共和国就无法保卫她自己不受这些人的伤害。但是，为什么我要引证古代的那些影响他人的例子，而不引证我们亲身经历的新近的例子呢？那些曾如此肆无忌惮或如此针对个人地敌视我们以至于阴谋削弱我们地位的人，谁不是磨快了一些保民官的匕首对准了我们？当邪恶者和堕落者在任何家庭，甚至任何家族中也找不到这样的工具时，在那些共和国的黑暗日子里，他们实际上认为有必要把这些家族都投入混乱之中。③而对我们来说，这是一个令人骄傲的区别，它将带给我们不朽的名声，这就是，没有一位保民官会为任何奖赏所诱惑而反对我们，除了那位永远无权成为保民官的人之外。但是，他又造成了多么大的毁灭，这样的毁灭肯定也只有为一个

① 于公元前183年。

② 这里似乎是在说，是格拉古的革命性提议引起了激烈的党派之争。

③ 这里说的是克洛狄乌斯，一个贵族，他诱使一个平民收养他，这样他就可能变得有资格担任保民官，以便攻击西塞罗。

疯狂暴徒煽动起来的可恶的毫无理性和充满绝望的野兽才可能造成！因此，我真心同意在这一问题上苏拉的法律，它剥夺了保民官们作恶的权力，而只留给他们发放救济的权力；至于我们的朋友庞培，尽管在所有其他问题上我总是给予他慷慨的、事实上也是最高的评价，但对他对待保民官权力的态度，我无话可说，因为我不想批评他，而且我也无法赞扬他。[①]

十、**马：**你对保民官职位的毛病看得非常清楚，昆图斯，但在批评任何制度时，对其长处完全不提，只列数其短处，挑剔其缺点，这是不公正的。如果你使用这样的方法，收集某些我不愿提其名的执政官的恶劣行径，那么，甚至对执政官职位也可以强烈谴责。事实上，我承认保民官的权力本身中就有恶的因素；但当这一官职建立起来时，我们不可能只得到我们所期望的善而没有你所提到的恶。“保民官的权力太大了。”你说。谁能否认这一点呢？但人民自身的权力更为残酷，也更为凶暴；与没有领导控制它相比，这种权力有时因为有领导控制而在实践上会更为温和些。因为，一个领导人会意识到这一点，他是在冒险行动，而人民的冲动完全意识不到任何风险。“但是，”你会反对说，“保民官有时会煽动人民。”是的，但他们也经常使人民安静下来。因为，什么样的保民官团会如此疯狂，以致他们十个人当中没有一个人还保持着一点清醒？提比略·格拉古不仅不理睬另外一个保民官的否决，甚至剥夺了他的权力[②]，正是这个事实造成了格拉古的倒台，这是为什么？难道推翻他的不正是他自己的行为——当他的同僚行使否决权反对他时，他将同僚赶下了台——而是其他什么人的行为吗？

但请想一想我们祖先在处理这个问题上的智慧。当元老院授予平

---

① 苏拉的法律，公元前 81 年通过，这些法禁止保民官在平民大会上提出法律，并把他们排除在外，使其不能晋升而不能担任国家的一些更高职务。公元前 75 年开始撤销这些法律，并开始恢复保民官的全部权力，一直到公元前 70 年庞培任执政官时才完成。

② 马库斯·屋大维，提比略的同事和政敌，公元前 133 年提比略策动人民非法剥夺了屋大维的保民官职务。

民这一权力时[①]，冲突停止了，起义结束了，妥协的办法找到了，从而使那些下层人相信他们被给予了与贵族的平等；这样的妥协是这个国家的唯一解救办法。“但我们有过两个格拉古。”你会说。是的，此外，你还可以提出更多的人；因为当选出一个十人团后，你就会发现任何时期都有些保民官的行为有害，并且也许发现更多的保民官不负责任并对善缺乏影响力；而与此同时，元老院的命令不会受到妒忌，并且普通人也不会为争取他们的权利而作殊死的斗争。因此，很明显，要么君主制从来就不应当废除，要么就是要给予普通人民真正的自由，而不是虚假的自由。但现在是以这样一种方式给予这个自由的；以至于人民受到许多出色规定的引诱而服从贵族的权力。

十一、但是，我亲爱的杰出的兄弟，谈到我自己的情况——它不得不与保民官的权力相联系——它使我没有任何理由抱怨反对保民官职位自身。因为并非普通群众受人怂恿妒忌我的位置；恰恰相反，是监狱的门被人打开，奴隶被征募来反我，并使用军事力量相威胁。当时我不得不与之斗争的并非是那个恶棍[②]，而是这个国家生活中一次最严重的危机；如果我不迁就这场危机，我的国家就不可能得到我更长时间的服务。而结果证明我是对的；因为在那里有谁——不仅仅在自由的公民中，而且在那些应获得自由的奴隶中——不为我的安全而努力？但是，如果我为共和国的安全履行服务的结果不曾获得一致同意；如果一群疯狂暴民已受挑动而憎恨我并导致了我被放逐；如果保民官的权力曾挑动人民来反对我，就像当年格拉古挑动人民反对莱奈斯那样[③]，像萨图宁反对梅特卢斯那样[④]，我亲爱的兄弟，即使那样，我也仍然会熬过来的，我

---

① 传说保民官建立于公元前 494 年，在平民第一次退到圣山之后（Livy，II，33；《国家篇》II，58）。

② 即克洛狄乌斯。

③ 盖尤斯·格拉古任保民官时于公元前 123 年放逐了普布利乌斯·波皮里乌斯·莱奈斯。

④ 努米底亚的昆图斯·卡西利乌斯·梅特卢斯曾拒绝元老们的要求，不愿宣誓遵守卢修斯·萨图宁的土地法，因此而自我流放（公元前 100 年）。

也会得到那些雅典哲学家们的慰问，他们的工作就是提供这类安慰；但更多的是会得到雅典的那些杰出公民的安慰，这些人在他们被放逐时宁可放弃那不知感恩的城市也不允许它继续其不公的行为。[①]

你说你不能在此问题上完全同意庞培；但在我看来，你并没有对这一点给予足够的考虑，即他必须决定的，不仅是什么为理想中之最佳，而且是什么为实践之必需。因为他意识到这个公职是我们共和国不可缺少的；因为当我们的人民对它还没有任何经验时已是如此急于寻求它，而现在他们已经了解了它，又怎么可能放弃呢？对一个明智的公民来说，在处理一种其本身并非邪恶、因人民珍视而无法反对的制度时，其义务是不要交由一位民众领袖来保护该制度，那样将必然产生恶劣后果。

（选自西塞罗《国家篇　法律篇》，沈叔平、苏力译）

① 西塞罗显然是指诸如阿里斯提德斯、地米斯托克利和西门等领袖的被放逐（参看《国家篇》Ⅰ，5）。

第三讲　论主权者的职责与政务大臣

[英] 霍布斯

托马斯·霍布斯（Thomas Hobbes，1588—1679），英国理性主义传统的奠基人，近代第一个在自然法基础上系统地发展了国家契约学说的资产阶级启蒙思想家。

【编者按：霍布斯认为，若没有一种共同权力让大家慑服，人们便会处于所谓的战争状态之下。于是，人们通过契约的方式，转让自然权利于某一人或由多人组成的集体。主权者由此诞生，并垄断了全部的政治权力。与权力相伴随的，是主权者保障国家安全、维护社会稳定、保障人民通过合法劳动致富的职责，它由主权者的政务大臣代为履行。各大臣均有具体的职司，在授权的范围内以主权者的名义管理政务。】

论主权者的政务大臣

在上一章中，我已经讨论了国家中（与人体）类同的部分，本章所要谈的是官能部分，也就是政务大臣。

政务大臣是主权者（不论是君主还是议会）用于任何事务并在该事务中有权代表国家人格的人。具有主权的人或会议都代表着两重人格，用更普通的话来说便是具有两重身份，一重是自然的身份，另一重是政治的身份。由于君主不但具有国家的人格，而且具有自然人的人格；一个主权会议也不但具有国家人格，而且具有会议的人格；所以以自然身份充当臣仆的人便不是政务大臣，只有管理公共事务的人才是政务大臣。因此在贵族或民主国家中，议会的门房、卫兵以及其他只为与会者方便而侍候议会的职员便都不是政务大臣。在君主国家中，王室的庶务官、侍从、府库官以及任何其他官员也不是政务大臣。

政务大臣中有些被委派的职责是全国或某一地区的全面政务。关于全国方面的，如幼主监护人或摄政王可能受前一国王之托，在幼主年幼时掌管整个国家的全部政务。在这种情形下，每一个臣民对于他以国王的名义发布、并且和他的主权不相冲突的法令与命令都有义务服从。关于某一地区或行省方面，君主或主权会议可能将该地区的全面事务委派给一个省长、巡抚、政务官或总督管理。在这种情形下，该行省的每一个人对于他以主权者的名义施行、并且和主权者的权利不相冲突的一切事情也要受到拘束。这种监护人、总督和省长所具有的权利只是随主权的意志决定的权利。如果没有明晰而确切的文字声明主权者有意将主权转让给他，那么他所接受的任何委派便都不能解释为这种转让。这种政务大臣有类于使人类天生躯体的各种肢体得以运动的神经与肌腱。

其他的大臣都各有专门职掌，也就是在国内外掌管某种特殊事务的。在国内方面首先要举出的是掌管国家经济事务的大臣。凡属有权管理贡物、捐税、地租、罚金或任何公共收入等有关钱财的征收、发放与账目登记的人都是政务大臣。其所以是大臣，因为他们是为国家代表者服务的，并且不能做出违抗他的命令或没有他的权力为根据的事情；其所以是政务大臣，因为他们是在他的政治身份方面服务的。

其次，具有军事方面的权力，掌管兵器、堡垒、港口和指挥、征募士兵或为士兵发付薪饷，以及从海路或陆路备办任何军需物资的人都是政务大臣。凡属没有统辖权的军人，虽然也是为国家战斗，却并不因此而代表国家的人格，因为没有可以代表国家的人格的对象。每一个具有统辖权的人则仅能对他所统辖的人代表国家的人格。

有权教导或使他人教导人民认识其对主权者的义务，教导他们有关什么是正义和什么是不义的知识，因而使他们彼此之间能更加虔诚地、和平地生活并抵御共同敌人的人，也是政务大臣。他们之所以是大臣，因为这些事情不是根据他们自己的权力施行的，而是根据旁人的权力施行的；其所以是政务大臣，则是因为他们所做的（或应做的）事情只是根据主权者的权力。唯有君主或主权议会才能直接从上帝那里获得权力教化启导人民；除主权者以外没有人能纯然地凭神宠获得权力，也就是只从神而不从其他人的恩宠中获得权力；所有其他人都是从神和他们自己的主权者的恩眷中获得他们的权力的；比如在一个君主国中这话便是蒙神与王之宠或蒙天与王的意旨。

职掌司法的人也是政务大臣。因为他们在裁判席上所代表的是主权者的人格，他们的判决就是主权者的判决。由于正像前面所说的，全部司法权在本质上都属于主权范围，所以一切其他的法官都只是具有主权的某一人或某些人的大臣。由于争讼有事实的与法理的两种，所以审判便有些是关于事实的，有些是关于法理的；于是在同一争讼中就可能有两个法官——一个审定事实，另一个决断法理。

审判者与被审判者两造之间在这两种争讼中可能发生争执。由于双方都是主权者的臣民，所以根据公道之理，这种争执应当由双方同意的人加以审判，因为任何人都不能在自己的案件中充当法官。但主权者已经是双方都同意担任审判者的人，因而他要不是亲自听审并决断这一案件，便是指定双方都同意的人来当法官。这样说来，这种协议便被认为可以用不同的方式在他们之中取得：第一，如果准许被告对由于利益关系而使他发生怀疑的法官表示异议（原告方面实际上已经选定了自己的法官），那么他没有表示异议的法官就是他所同意的法官。其次，他如果向另一法官上诉，便不能更进一步再去上诉，因为他的上诉就是他自己的选择。第三，如果他向主权者本身上诉，并由主权者本身或双方同意的代表人判决，这一判决就是最后的，因为被告是由他自己的法官审判的，也就是由他自己审判的。

讨论了这些公正和合理的司法性质以后，我不禁要指出英格兰原先的民诉法庭与公诉法庭的绝佳组织[①]。我所谓的民诉指的是原告被告双方都是臣民的诉讼，而公诉（也称王室诉讼）的原告是主权者。因为人分两个阶级，一个是贵族阶级，另一个是平民阶级。贵族原先具有特权在一切死罪审判中只用贵族当审判者，而且是有多少贵族出席就用多少人

① 1873年“司法法案”通过后改制。——译者注

当审判者。这种情形从来就被认为是一种特权，所以他们的审判者便只是他们自己所希望的审判者。至于臣民则人人在所有的争讼中（贵族的民事争讼也是这样）都由争讼所在地区的人担任审判者，对于这些人他可以提出异议；直到最后，当十二个没有提出异议的人被同意时，再由这十二个人加以审判。他既然具有自己选定的法官，就不可能提出任何理由说这一裁决不应当算为最后的。这些从主权者方面获得权力以教导人民或为人民审判案件的政务官吏作为国家的成员说来，可以恰当地比之于人身上的喉舌。

从主权者方面取得权力以执行已作出的判决，为主权者发布命令、镇压骚乱、逮捕并拘禁歹徒以及掌管其他保安职务的人，也全都是政务大臣。因为他们根据这种权力所作出的每一种行为都是国家的行为，他们的作用可以比之于天生人体上的双手。

在外国的政务大臣是对外国代表本国主权者的人格的人，举凡根据公共权力并因公务而派出的大使、信使、代理人、使者都属于这一类。

但在纷乱的国家中仅仅根据某一私党的权力派出的人，虽然得到外国的接待，也仍然既不是国家的政务大臣也不是国家的私臣，因为他们的一切行为都不是国家授权的。同样的道理，国王派出进行吊唁、庆贺或协助礼仪的使节所根据的权力虽然是公方权力，但由于事情是私人事务，属于主权者自然人身份，所以便是私臣。同时，一个人如果被秘密地派往他国，以探索他们的意见或实力时，虽然所根据的权力和所办事务都是公方的，但由于除了他自己的人格以外对方并不会承认他所代表的任何其他人格，所以他便只是一个私臣，但他却是国家的大臣，可以比之于自然人体上的眼睛。被派收受人民的请愿书或其他诉状的人则可以说是公众的耳朵；他们也是政务大臣，在其职位上代表主权者。

参议人员或国家的参议会如果被认为不具有司法裁判权或管辖权，而只在被征询时为主权者提出意见，或在不被征询时向主权者提供意见，都不是掌管公务的人。因为意见只是向主权者提出的，主权者的人格当本人在场时不可能由另一人向他本人代表。但参议人员组成的团体从来都具有某些其他权力，要不是司法裁判权，便是直接的行政权。比方说在一个君主国中，他们的职务是代表君主向政务大臣传达君命，在民主国家中，参议会或元老院则是作为参议机构将其讨论结果提交给人民。但当他们任命法官、听审案件、接待使节时，则是以人民的大臣的资格来进行这些工作。在贵族政体中，国家的参议院本身就是主权议会，除对本身以外不向任何其他方面提供意见。

论主权代表者的职责

主权者不论是君主还是一个会议，其职责都取决于人们赋予主权时所要达到的目的，那便是为人民求得安全。这一点根据自然法他有义务要实现，并向制定自然法的上帝负责，而且只向上帝负责。但这儿所谓的安全还不单纯是指保全性命，而且也包括每个人通过合法的劳动、在不危害国家的条件下可以获得的生活上的一切其他的满足。

为了实现这一点，应当做到：除了个人提出控诉时对他加以保护使之不受侵害以外，不只是个别地加以照管，而是要在具有原理和实例的公开教导中包含一种总的安排，以及制定和实行个人可以适用于其本身情形的良法。

由于前面第十八章中所举的主权的基本权利一旦失去时，国家就会因此而解体，每一个人便都会回到和每一个其他人作战的状况，并遭受其灾难，这是今生可能发生的最大弊害，所以主权者就有职责要保持这些权利的完整。这样说来，第一，如果将其中任何一种让渡给别人或加以放弃，都是和他的义务相违背的。因为放弃手段的人就放弃了目的，而放弃手段的人是主权者时，他就是承认自己服从于世俗法，并且放弃了最高司法权，作战媾和权，审定国家的需要之权，根据自己的良知决定征兵、征税之时间及数量之权，任命战时与平时的官员与大臣之权，指定宣教者之权，同时也就放弃了审定符合或违反人民的防卫、和平与权益的各种学说的权力。第二，让人民不了解或错误地了解他这些基本权利的根据与理由，都是违反他的义务的。因为这样人们就容易受诱骗，并在国家需要运用他们的时候被引诱去反抗他。

这些权利的根据很需要经常确实地教示给人民，因为它们不能靠任何世俗法或刑罚之威来加以维持。理由是：禁止叛乱（对主权者的基本权利的一切反抗都是叛乱）的世俗法，作为世俗法而言，要不是根据禁止背信弃义的自然法，是不具有任何拘束力的。而这种自然拘束力，如果人们不懂得的话，他们就不可能懂得主权者所制定的任何法律权利。至于惩罚，他们就会完全把它当成一种敌对行为；当他们认为自己具有足够的力量时，就会力图以敌对行为来规避这种敌对行为。

我曾听人家说，正义不过是一句空话，没有实际内容。凡是一个人可以用武力或行动取得的东西（不论是在战争状况中，或是在一个国家中），都是属于他的，这一点我已经证明是错误的。正像这种说法一样，有人也认为，那些使主权具有绝对性的基本权利是既没有根据，也没有理性原则加以支持的。因为如果要有的话，就一定能在某个地方找到。然而我们却看到，截至目前，这些权力在任何国家都既没有得到承认，也没有受到诘难。在这个问题上，他们的论点是很糟的，就像美洲的野蛮人认为盖一幢不到材料坏时不致坍塌的房屋是没有根据的，或违反理性原理一样，原因是他们还没见到过任何建筑得那样好的房屋。时间和劳动每一天都在产生新的知识。良好的建筑艺术是从理性的原理中得来的，而这些原理则是勤勉的人们在人类开始笨拙地进行建筑以后很久，才从长期研究材料的性质以及形状与比例的各种效果的过程中观察到的。同样的情形，在人类开始建立不完善和容易回到混乱状况的国家以后很久，才可能通过勤勉的思考发现使国家的结构除开受外在暴力的作用以外永远存在的理性原理。这就是我在本书中所提出的那些理性原理。至于这些原理究竟是不是会被那些有权运用的人看到，或者是不是会被他们忽视，目前不是我个人的兴趣所在。但即使我这些原理不是理性原理，我也确信它们是根据《圣经》的权威而得来的原理。这一点，当我谈到摩西所治理的犹太人（神与之立约的特殊选民）的上帝王国时，将要加以说明。

但人们又说，这些原理纵使是正确的，可是一般人却没有足够的能力加以理解。如果一个王国中的富人和有势力的臣民，或是被认为是有学问的人同样无力理解的话，我就感到高兴了。其实所有的人都知道，这类理论的障碍与其说是来自内容的艰深，不如说是来自学习者缺乏兴趣。有权势的人对于任何建立权力以约束其情感的事物都不能消化；有学问的人则不能接受任何揭露其错误、因而降低其威信的事。至于一般人的脑子，则除非是由于依靠有势力的人因而受到影响或是由于那些博学之士用自己的看法玷污了他们的心灵，否则便像一张白纸、适于接受公共当局打算印在上面的任何东西。难道整个民族都可以使之接受基督教的伟大奥理吗（这是超乎理性之上的）？难道千千万万的人都可以使之相信同一个身躯可以同时在无数地方存在吗（这是违反理性的）？那么人们通过受到法律保障的宣讲和教导，难道就不能使十分合乎理性的事情为人接受吗？因此我的结论便是：当主权者的权力完整时，除开他们自己或他委托治理国家的人有过失以外，教导人民认识这些根本权利（即自然的基本性法律）并没有什么困难。因此，他便有义务让他们受到这样的教导，这不仅是他的义务，而且也是他的利益所在；同时这也是一种安全保障，可以防止叛乱对他的自然人身所带来的危险。

现在让我们来谈谈具体做法：第一，应当教导人民不要爱好自己在邻邦中所见到的任何政府形式更甚于自己的政府形式。同时也不要因为看到统治形式和自己不同的国家目前繁荣昌盛，因而见异思迁。因为在贵族或民主议会统治下的人民的繁荣，并不是来自贵族政体或民主政体，而是来自臣民的服从与协调。君主国家中人民之所以繁荣昌盛也并不是因为只有一个人有权统治他们，而是由于他们服从这一个人。任何一种国家，人民要是不服从、因而不协调的话，他们非但不能繁荣，而且不久就会解体。不服从而光要改革国家的人将会发现他们这样一来就把国家毁了，正像寓言中庇流斯[1]的几个傻瓜女儿一样，她们由于想使衰老的父亲恢复青春，而听了米底亚的话，把他切成碎片和在灵芝草中煮，结果却没有使他变成一个新人。这种要求变革的愿望就等于是破坏上帝的第一诫命，上帝在这诫命中说：不可奉其他国家的神为神。在另一个谈到君主的地方则说君主就是神。

其次，要教导人民，任何其他臣民以及主权会议以外的任何会议无论其地位怎样高，也无论其在国内怎样显赫，当他们在各人的职位上代表主权者时，都不要因为慕其德而以尊主权者之礼尊敬他们或以服从主权者的方式服从于他们。同时，除开他们从主权当局方面传达的影响以外，也不要受他们任何影响。因为以爱民为其本分的主权者对人民都是心存嫉妒的；当博得众望的人以谀辞引诱他们背离对主权者的效忠时，没有不感到难受的：这种引诱的事往往不但是秘密地进行，而且还公开地进行，乃至使他们在教士之前合法地婚合，并在大街上予以公布。这可以恰当地比之于违反十诫中的第二诫[2]。

第三，由于上一条，还应当教导他们，使之认识到主权代表者不论是一个人还是一个会议，如果加以非议、议论或抗拒其权力；或是以任何不尊敬的方式称其名，使之在臣民中遭到轻视，因而使臣民松懈国家安危所系的服从关系时，将是怎样大的一种过错。这一道理在第三诫令中以类似的方式指出了[3]。

第四，如果不从日常劳动中拨出一定的时间以便听取指定的人员进行讲解，就不可能教导臣民认识这个道理，即使教导了也记不住；过了一个世代之后，也不可能知道主权操在谁手中。因之就必须规定出这样的时间让他们集合在一起，在祈祷和礼拜万王之王——上帝以后，就听人讲解他们的义务，听人宣读和解释与他们全体普遍有关的成文法，并

① 希腊神话中阿奇里斯的父亲。当他和特提斯结婚的时候，诸神都送了礼，唯有伊莉斯（纷争之神）送来的是纷争的苹果，造成了特洛伊之战。——译者注

② 按即不可造偶像之诫。——译者注

③ 按即不可妄称上帝之名之诫。——译者注

让他们记住为他们制定法律的当局。为了这一目的，犹太人将每个第七天都规定为安息日，在这一天宣读和讲解法律。并在庄严的仪式中，让他们记住，他们的王是在六天之内创造世界的上帝，他在第七天休息。由于他们在第七天停止劳动，所以把他们从埃及的奴役和痛苦的劳动中救出来的上帝便是他们的王，并让他们在庆贺上帝之后有时间以合法的娱乐方式自行欢乐。所以第一块刻十诫的板上全部刻的是上帝不但作为神而言、而且是他作为立约特别成为犹太民族的王而言所拥有的全部绝对权力。这种情形就提示给那些通过臣民的同意获得主权的人，让他们看到应当教导给臣民的是什么样的原则。

由于子女最初的教导要依靠父母的照管，所以当他在父母的教养下时便应当服从父母。不但如此，就是在以后，感激之情也要求他们在外表上以崇敬的方式感谢其所受的教益。

为了这一目的就应教导人民，原先每一个人的父亲也是他的主权者，对他操有生杀之权。建立了国家之后，这些家庭中的父亲就放弃了这种绝对权力，却绝没有打算失去由于教养而应得的孝敬，因为放弃这种权力对于主权的建立并不必要；同时，往后从子女身上所得到的利益如果只是从旁人身上所得到的那一些，一个人也就没有理由要有儿女并尽心去教养抚育他们了。这一点和第五诫命[①]是相符的。

同时，每一个主权者都应当让臣民学习到正义之德。这种美德在于不夺他人之所有。也就是说，让人民受到教导，不以暴力或欺诈手段夺取根据主权当局的规定应属旁人的任何东西。在保有所有权的一切事物中，人们最为珍视的是自己的生命和肢体，在大多数人身上其次就是有关夫妇之爱的一切，再其次就是财货和生活手段。由此看来，就应当教导人民不要因为报私仇而互相对人身施用暴力，不要破坏夫妇的贞德，不要巧取豪夺地互相夺取财物。为了这一目的，还必须向人民说明因贿

① 按第五诫命为：“当照耶和华你神吩咐的孝敬父母，使你得福，并使你的日子在耶和华你神所赐给的土地上得以长久。”——译者注

赂法官或证人所造成的不公正判决会带来什么恶果，这样做就会使所有权的区别被抹杀，正义也就会成为空谈了。这一切都在第六、第七、第八和第九诫命中提出[①]。

最后不但要教导人民认识，不但不义的行为，而且连不义的打算和企图，纵使由于偶然原因受阻而没有实现，也是不义。这就是第十诫命和全部第二法版的宗旨，这一切已经归结为一条互爱的诫命：——“爱邻如爱己”。正如同第一法版已总结为“爱上帝”这一诫命[②]一样，写法版时犹太人刚接受上帝做他们的王。

关于人民接受这种教导的方法与途径的问题，我们应当研究一下，这样多违反人类和平而所根据的原理又脆弱而错误的看法究竟是通过什么方法在人民之中扎下了这样深的根的。这儿所说的看法，就是我在前一章所举出的那些看法：——（1）人们可以不根据法律本身，而根据自己的良知意识，也就是根据自己的评断，来判断事物合法与否；（2）臣民除非事先自行判断国家的命令是合法的，否则服从就是犯罪；（3）他们对于财物的所有权能排斥国家对这些财物的主权；（4）臣民杀戮他们称之为暴君的人是合法的；（5）主权可以分割等等。这一切都是通过以下的方式灌输给人民的：一方面有些人出于必要或贪财而专心致志于自己的行业和劳动，另一方面有些人由于奢侈怠惰而耽于声色之乐（这两种人占去了人类的绝大部分），使他们不能深思；而深思则不但对于学习自然正义的真理必不可缺的，而且对于学习所有其他各门学问的真理说来都是必不可缺的。于是他们关于义务的概念便主要是从讲坛上的神职人员方面得来的，还有一部分则是从那些口若悬河、说话头头是道、在法律与良知意识方面看来学问比自己高明的邻人或熟人那里得来的。

---

① 第六、七、八、九四诫为“不可杀人”“不可奸淫”“不可偷盗”和“不可作假证陷害别人”。——译者注

② 第十诫命为：“不可贪恋别人的房屋，也不可贪恋别人的妻子、仆婢、牛驴并他人一切所有的。”据《圣经》记载，上帝用指头将十诫写在两块石版上，交由摩西传示以色列人民，前四条论敬神之道，后六条论人伦之道。——译者注

至于神职人员与其他夸耀学识之徒的知识则是从各大学、各法律学校以及这些学校与大学中知名人士所出版的书籍中得来的。因此，我们便可以显然看出，对人民的教育完全取决于正确地教育大学中的青年。但有人也许会问：我们英国的大学难道不已经渊博到足以担当这一任务了吗？你难道要来教导这些大学吗？这真是难以答复的问题。然而关于第一个问题我可以毫不犹豫地答复说：直到亨利八世王朝结束时为止，支持着教皇的权力以反对国家权力的始终主要是各大学。许多教士以及许多在大学中受过教育的法律家和其他人所操的反对君主主权的说法就充分地说明了这样一个事实，即各大学虽然没有创立这些错误教义，但也不曾懂得怎样去培植正确的教义。在这种意见的矛盾中，有一个事实是极其肯定的，即他们没有得到充分的教导。因此，如果他们直到现在还保留着一点当初自己曾受其熏陶的反对世俗权力的那种淡薄的酒味，那就不足为奇了。至于第二个问题，我既没有必要、也不宜于置可否。因为任何人看到我现在所做的事情以后，就很容易看出我所想的是什么了。

人民的安全还要求具有主权的个人或会议对所有各等级的人平等施法。也就是说，要使受到侵害的人无论富贵贫贱都能得到纠正，从而使贵者在对贱者施用暴力、破坏名誉或进行任何侵害时，其免于刑律的希望不大于贱者对贵者的同类行为。这里面就包含着公道的道理。而公道作为自然法的戒条来说，上自主权者，下至最卑贱的臣民，都同样必须服从。所有违犯法律的行为都是侵犯国家的行为，但其中有些同时还侵犯到私人。纯粹关乎国家的，可以予以宽宥而无害于公道，因为每一个人都可以根据自己的裁量宽宥对自己所做出的行为，但对私人的侵犯如果不得到受害者的同意，或进行合理的赔偿，按公道之理说来就不能予以宽宥。

臣民地位的不平等，是由于主权者的规定而来的，所以在主权者面前，也就是在法庭上不能存在，正如同君主与臣民的贵贱之分在万王之王——上帝面前不能存在一样。贵者的尊荣地位之所以有价值，就在于他们能施济贱者，否则就毫无价值了。他们所做的暴行、压迫和伤害并不能因为他们地位的尊贵而得到宽宥，反倒是要因此而加重罪行，因为他们最没有必要犯下这些罪行。偏袒贵者将会以如下的方式造成后果：豁免将滋生骄横，骄横又滋生仇恨，仇恨则使人不顾国家的毁灭，力图推翻一切压迫人和侮辱人的贵族作风。

公平征税也属于平等正义的范围，税收的公平则不依赖于财富的平等，而依赖于每人由于受到保卫而对国家所负债务的平等。人们光是从事劳动以维持自己的生计还不够，有必要时还要从事战斗以保卫自己的劳动。他们要不像犹太人从巴比伦被掳回来以后重建神殿[①]那样一手持剑、一手兴修，就必须雇用旁人为他们战斗。因为主权者向人民征收的税不过是公家给予保卫平民各安生业的戴甲者的薪饷。鉴于每一个人由此所得到的利益是得以安生，而生命则无分贫富一律珍视；所以贫者对于保卫他的生命的人所负的债责便和富人所负于这种保卫者的相等。只是富者另外还雇用贫者，所以便不但由于自己，而且也由于更多的其他人而负有债务。考虑到这一点之后，就可以说税收的平等与其说是要取决于消费者的财富均等，倒不如说是要取决于消费本身的均等。因为如果一个人劳动多，而又为了节约劳动成果，消费得很少，另一个人则生活懒惰、赚得少而却把得到的一切全都花光，而他们从国家方面所得到的保护又谁也不比谁多；试问：对前者征税多而对后者征税少又有什么道理呢？但如果税收按消费品摊派，每一个人便都要按自己所耗用的东西平等地捐纳，国家也就不会由于私人的奢靡浪费而蒙受损失了。

许多人由于不可避免的偶然事故而无法依靠劳动维持生活，我们不应当任其由私人慈善事业救济，而应当根据自然需要的要求，由国家法律规定供养。因为正如同一个人忍心抛弃那些无能为力的弱者不管是忍心一样，国家的主权者让他们仰赖于这种靠不住的慈善事业朝不保夕地

---

① 据《圣经》记载，巴比伦王尼布里尼撒曾将犹太王耶哥尼雅和百姓掳去。中间一段时期遭难时曾被本族的末底改和以斯帖所救，逃回后曾修复所罗门王所建的殿以谢神恩。——译者注

生活也是忍心的。

至于身强力壮的人情形就不同了。必须强迫他们工作，为了防止他们拿找不到职业作为借口起见，就应当制定鼓励诸如航海、农业、渔业等技术以及各种需要劳动力的制造业的法律。人数日益增加的强壮贫民群众可以让他们迁移到居民不足的地方去；然而到那里之后，他们不应消灭当地所见到的人，而只能让他们紧靠在一起居住，不让他们占老宽的地方和见到什么就拿走什么，而要通过技艺与劳动栽培每一小块土地，依时按节地得到自己的生活资料。当全世界都人口过剩时，最后的办法就是战争，战争的结果不是胜利便是死亡，可以对每一个人作出安排。

主权者还应当注意制定良法。但什么是良法呢？我所谓的良法不是公正的法律，因为任何法律都不可能是不公正的。法律是主权当局制定的，而当局所作所为的一切都得到了人民中每一个人的担保和承认。人人都愿意如此的事情就没有人能说其是不公正的。国家的法律正像游戏的规则一样，参加的人全都同意的事情对他们每一个人说来都不是不公正的。良法就是为人民的利益所需而又清晰明确的法律。

法律，作为得到批准的法规，其用处不在于约束人民不做任何自愿行为，而只是指导和维护他们，使之在这种行为中不要由于自己的鲁莽愿望、草率从事或行为不慎而伤害了自己。正如同栽篱笆不是为了阻挡行人，而只是为了使他们往路上走一样。没有必要的法律由于不包含法律的真正目的，所以便不是良法。一条法律如果是为了主权者的利益，虽然对人民说来没有必要，可以被认为是良法，但实际上并不是这样。因为主权者的利益和人民的利益是不能分开的。臣民弱的主权者也弱，而主权者缺乏根据自己的意志统治臣民的权力时，臣民便是软弱的。没有必要的法律不是良法，而只是聚敛钱财的陷阱；这种法在主权者的权利得到承认的地方是多余的，在没有得到承认的地方则又不足以保护臣民。

法律是否明确与其说在于法律本身的词句，还不如说是在于将制定法律的动机与原因予以公布，也就是向人民说明立法者的意图。这种意图被人知道以后，法律的词句少倒比词句多更易于了解。因为一切的词句都可能发生歧义，所以增加法律本身的词句就是增加歧义。此外，用词过当以后，似乎就意味着谁要是能规避词句，谁就能逍遥于法律之外。这就是造成许多不必要的诉讼的原因。当我想到古代的法律多么简洁、后来怎样愈变愈长时，就仿佛是看到执笔作法的人和包揽词讼的人互相斗法，前者想办法要限制后者，而后者则想办法要逃避前者的限制，得胜的是包揽词讼的人。因此，立法者（每一个国家中的最高代表者，不论是一个人还是一个会议）就都有职责要清楚地说明法律是为了什么而制定的，条文本身要尽量简洁，用字要尽量恰当而又意义明确。

正确地执行赏罚也是主权者的职责，由于惩罚的目的不是报复或发泄怒气，而是纠正犯法者或效尤者，所以最严厉的刑法便要施用于最危害公众的罪行上。这些罪行有的是出自对已成立的政府心怀恶意的，而不是由于藐视法律的，有的是在群众中引起公愤的，以及有的是不加惩罚似乎就会被认为是得到了承认的（诸如当权者的儿子、仆役和宠幸所犯的罪行）等。因为公愤不但会使人们起而反对不义行为的作案者和主使人，而且连一切可能保护他们的权力当局都包括在内，比如像塔昆[①]那样，由于一个儿子的横霸行为而国亡身逐，不复见容于罗马。但由于人性的弱点而造成的罪行，诸如由于严重的挑衅激怒、巨大的恐惧或迫切的需要所造成的罪行，以及由于不知道某事是不是严重罪行而犯下的罪等等，则在许多情况下可以从宽处理而不致危害国家。在凡是可以实行宽大的地方实行宽大，也是自然法的要求。对于暴动的罪魁和教唆者施加惩罚而不惩罚那些被骗上当的可怜人，可以诛一儆百，使国家受益。对人民严厉就是惩罚他们的无知，而这种无知却有大部分要归罪于主权

---

① 指高傲者塔昆，罗马传说中的塔昆王室中的一个国王。即位后马上废除宪法中的改革，压迫平民，大兴土木。在其王朝内常出现流血事件和暴力行动。他的儿子强奸已婚女子列克莉霞，使其自杀，引起一场反抗，使塔昆全家被逐。后虽曾数度企图复辟，均未成功，高傲者本人死于库米地区。——译者注

者，其过失在于没有使人民更好地受到教导。

同样的道理，主权者也有责任和义务使奖赏永远有益于国家，这就是奖赏的目的和用处。他如果能做到以下各项便也就达成了这一目的：那便是尽量少费国币而使有功于国的人得到最好的报酬，从而使其他人因此而受到鼓励，一方面尽忠效力于国，同时又研究技艺，以便更好地为国效劳。但他如果用利禄贿买深孚众望而有野心的臣民，使其保持沉默，不在人民心目中留下印象，则根本没有奖赏的性质，因为奖赏不是为危害而设的，乃是为过去的功劳而设的；同时这也不是感激的表示，而是恐惧的象征；它不会造福公众，而只会危害于人民。像这样和野心斗法，就像赫丘里斯和多首水怪海德拉[①]斗法一样，每斩掉一个头就长出三个来。因为在相同的情况下，当一个众望所归的人的顽固态度被奖赏绥靖平息了时，就会有更多的人起而效尤，做出同样的坏事来，希图得到同样的好处。不轨之谋也像各种制造品一样，有销路时就会增加。有时内战虽然可以通过这种方式延缓，但危机会愈来愈大，公众也更加肯定地会遭到毁灭。因此，受托保障公共安全的主权者如果奖赏那些以危害国家和平作为手段来谋求显贵的人，而不在危险小的时候防患于初起，一直到时间愈拖愈长，危险愈来愈大时再加以阻遏，便是违反了自己的义务。

主权者另有一项任务是甄选良好的参议人员。我所谓的参议人员是指他在国政方面咨询所及的人。因为参议一词是从 Considiun 一词蜕变而来的，意义很广泛，包括所有聚议一堂；其中不但有研究未来事项的，而且也有评议往事和现存法律的人们所组成的会议。我在这儿所说的只是第一种意义下的人。在这种意义上，民主国家和贵族国家都没有选择参议意见这回事，因为咨询者就是被咨询者中的一部分。因此，甄

① 希腊神话中的九头水蛇，为奥林匹亚神泰平和伊琪德纳所生，后为大力士赫丘里斯所杀，成为其十二功绩之一。赫丘里斯为宙斯神与人间女子阿克绵妮所生，十二功绩为宙斯原配妻之一伊利斯修斯所要求，不成时不允许赫丘里斯生存。——译者注

选参议人员的问题只有君主国家才有。在君主国家中，主权者如果不在每一方面都甄选最能干的人，便是没有尽其应尽之责。所谓最能干的参议员就是那些从提供坏意见中受益的希望最小，而在有助于和平与保卫国家的事业方面所具知识又最丰富的人。至于谁有希望从公众骚乱中获得利益，则是很难知道的事情。但有些迹象是正当嫌疑的根据，如那些家财不敷其日常习惯花销的人在人民发出无理或无可挽救的怨言时出来加以慰藉；这种迹象知道情况的人很容易就能看出来，但要知道谁对公共事物知识最丰富就更难了。能知道这种人的人，恰好是在很大程度上不需要他们的那些人。因为要知道谁通晓一门艺术的法则，就必须对这门艺术具有大量高深的知识，因为任何人除非是自己首先得到教导认识了旁人的法则的真义，是不能确知这种真义的。但对任何一门艺术具有知识的最好标志就是经常和它打交道并不断从中获得良好的效果。优良的意见不是碰运气来的，也不是祖传的；因为希望富贵者在国政方面提出良好意见就和希望他们在测绘堡垒的尺寸大小方面提出好意见一样是没有理由的事；除非我们认为研究政治学和研究几何学一样，不要什么方法，只要在旁边看看就行了；可是事实却不是这样。这两门学问中政治学更难研究。我们这些欧洲国家把世袭最高参议会职位当成某些人的权利。这是古日耳曼人进行征服时传下来的办法，在这些征服过程中有许多独裁的王侯联合起来征服其他民族；当时要是没有一些特权作为标志使他们的后裔将来与臣民的后裔有所区别，他们就不肯联合起来。这种特权和主权是不相容的，看来是由于主权者的支持才让他们保持下来；但他们如果是把这种特权作为自己的权利来力求的话，就必然会要逐步地予以放弃，最后除开他们的才能自然带来的尊荣地位以外再没有其他地位。

参议人员在任何事务中不论怎样能干，向每一个人单独提供意见与这种意见的理由，比聚议一堂、用讲演的方式提出好处更要大些；同时，事先经过考虑也比突然谈论好。这一方面是因为像这样他们就有更多的时间来通盘考虑行为的后果，另一方面也因为他们由于意见分歧所产生的嫉妒、竞争或其他激情而陷人矛盾的情形较少。

至于与其他国家无关、而只与臣民根据单纯对内的法律享受安乐与福利有关的事情，则最好的意见应从来自各省人民的一般材料和申诉中取得。他们对自己的需要认识得最清楚，所以他们的要求如果没有破坏基本的主权权利之处时，就应当认真听取。因为正像我在前面经常提出的一样，没有这些基本权利，国家就根本不能存在。

一个军队的统帅如果不孚众望，在部队中就不能得到应有的爱戴和敬畏，于是执行职务时也就得不到好成就。因此，他必须勤勉、勇敢、和蔼、宽宏而又有幸运，使人认为他才能高而又爱士卒。这就是人望，它将在士兵之中滋生博得统帅的宠信的欲望和勇气；在有必要严惩叛乱和忽职的士兵时，也可以保护将军的威严。但如果不注意统帅的忠诚，这种爱士卒之情对主权者说来便是危险的，当主权操在不得人心的会议手中时尤其如此。所以人民的安全便要求主权者授予军权的人一方面应当是一个良好的指挥者，同时也应当是忠心赤胆的臣民。

但当主权者本身深孚众望的时候，也就是受到人民敬爱的时候，臣民的人望便不会造成任何危险。因为士兵从来不会那样普遍地不公平，以至于在自己非但爱戴主权者的为人，而且也爱他的事业时，仍然和自己的统帅站在一道来反对主权者，纵使是他们爱戴统帅也不会如此。因此，在任何时候以暴力推翻了合法主权者的权力的人，当他们没有能在他的地位上站稳脚跟以前，往往要煞费周章地事先正名分，以便使人民不耻于接受他们。对主权拥有人所共知的权利本身就是一种众望所归的尊荣地位，拥有这种权利的人只要让人们看到他能果断地治理自己的家务，就可以使人民归心，而本身不需要其他什么东西。在敌人方面则只要他能击溃其军队，就可以使之归顺；因为人类中最大量和最活跃的部分，对于现状从来是不十分满足的。

至于一个主权者对另一个主权者的职责，则包含在一般所谓的万民法之中。这种职责在这儿完全无须加以讨论，因为万民法与自然法乃是同一个东西。每一个主权者在保障臣民的安全方面所具有的权力，和任何个人在保障自己的人身安全方面所能具有的权力是相同的。对不处于世俗政府之下的人在其相互关系上应行和不应行的事物作出规定的那种法律，对国家的规定也相同（也就是说对主权君主和主权议会的良知意识的规定和对上面那种人的规定是一样的）。因为除开在良知意识中以外就没有其他的自然法法庭存在，这儿是上帝而不是人所统治的地方。上帝作为自然的创造者，其约束全人类的法律便是自然法，同一上帝作为万王之王而言，这种法律便是一般的法律。

（选自霍布斯《利维坦》，黎思复、黎廷弼译）

第四讲　论执行权与特权

[英] 洛克

约翰·洛克（John Locke，1632—1704），英国哲学家和政治学家，他建立了古典的英国经验主义。他的政治学著作奠定了现代民主的基础，其代表作《政府论两篇》中的下篇被公认为是自由主义的经典著作。

【编者按：和霍布斯的观点不同，洛克笔下的自然状态并非“放任的状态”，只是缺乏公共的裁判者。社会契约的缔结，非但没有出让个人的自然权利，相反，是为了寻求国家和政府对个人财产的更好保护。因此，在洛克的政治体制设计框架内，立法权是国家的最高权力，它神圣不可变更；行政权只是执行“被制定和继续有效的法律”的经常性权力。当然，在特定情况下，为了社会的福利，洛克也认同此点，即应该赋予握有执行权的人某些特权。】

论国家的立法权、执行权和对外权

立法权是指享有权利来指导如何运用国家的力量以保障这个社会及其成员的权力。由于那些必须经常加以执行和它们的效力总是持续不断的法律，可以在短期间内制定，因此，立法机关既不是经常有工作可做，就没有必要经常存在。并且如果同一批人同时拥有制定和执行法律的权力，这就会给人们的弱点以绝大诱惑，使他们动辄要攫取权力，借以使他们自己免于服从他们所制定的法律，并且在制定和执行法律时，使法律适合于他们自己的私人利益，因而他们就与社会的其余成员有不相同的利益，违反了社会和政府的目的。因此，在组织完善的国家中，全体的福利受到应得的注意，其立法权属于若干个人，他们定期集会，掌握有由他们或联同其他人制定法律的权力，当法律制定以后，他们重新分散，自己也受他们所制定的法律的支配；这是对他们的一种新的和切身的约束，使他们于制定法律时注意为公众谋福利。

但是，由于那些一时和在短期内制定的法律，具有经常持续的效力，并且需要经常加以执行和注意，因此就需要有一个经常存在的权力，负责执行被制定和继续有效的法律；所以立法权和执行权往往是分立的。

每个国家还有另一种权力，可以称之为自然的权力，因为它与加入社会以前人人基于自然所享有的权力相当。因为在一个国家中，以成员彼此之间的关系而论，虽仍是不同的个人，并以这种地位受社会的法律的统治，但是，以他们同其余的人类的关系而论，他们构成一个整体，这个整体如同它的每个成员在以前那样，仍同其余的人类处在自然状态中。因此，社会的任何成员与社会以外的其他人之间的纠纷，是由公众来解决的；而对于他们整体的一员所造成的损害，使全体都与要求赔偿有关。所以，从这方面考虑，整个社会在与其他一切国家或这个社会以外的人们的关系上，是处在自然状态的一个整体。

因此，这里包括战争与和平、联合与联盟以及同国外的一切人士和社会进行一切事务的权力；如果愿意的话，可以称之为对外权。只要对这事能够理解，我对于名称并无成见。

执行权和对外权这两种权力，虽然本身确是有区别的，但是前者包括在社会内部对其一切成员执行社会的国内法，而后者是指对外处理有关公共的安全和利益的事项，其中包括一切可以得到的利益或受到的损害在内，但是这两种权力几乎总是联合在一起的。这种对外权行使得适当与否，对于国家虽有重大影响，但是比起执行权来，远不能为早先规定的、经常有效的明文法所指导，所以有必要由掌握这种权力的人们凭他们的深谋远虑，为了公共福利来行使这种权力。至于涉及臣民彼此之间的关系的法律，它们既是为了指导他们的行动，就很可以预为制定。但是对于外国人应该怎样做，既然在很大程度上要看外国人的行动以及企图和兴趣的变动而定，就必须大部分交由赋有这种权力的人们的智谋来决定，凭他们的才能所及为国家谋利益。

虽然，正如我所说的，每个社会的执行权和对外权本身确是有区别的，但是它们很难分开和同时由不同的人所掌握；因为两者的行使既然都需要社会的力量，那么把国家的力量交给不同的和互不隶属的人们，几乎是不现实的；而如果执行权和对外权掌握在可以各自行动的人的手里，这就会使公共的力量处在不同的支配之下，迟早总会导致纷乱和灾祸。

论国家权力的统属

在一个建立在自己的基础之上并按照自己的性质，即为了保护社会而行动的有组织的国家中，虽然只能有一个最高权力即立法权，其余一切权力都是而且必须处于从属地位，但是立法权既然只是为了某种目的而行使的一种受委托的权力，当人民发现立法行为与他们的委托相抵触时，人民仍然享有最高的权力来罢免或更换立法机关；这是因为，受委托来达到一种目的的权力既然为那个目的所限制，当这一目的显然被忽略或遭受打击时，委托必然被取消，权力又回到当初授权的人们手中，他们可以重新把它授予他们认为最有利于他们的安全和保障的人。因此，社会始终保留着一种最高权力，以保卫自己不受任何团体，即使是他们的立法者的攻击和谋算；有时候他们由于愚蠢或恶意是会对人民的权利和财产有所企图和进行这些企图的。因为任何人或人们的社会并无权力把对自己的保护或与此相应的保护手段交给另一个人，听凭他的绝对意志和专断统辖权的支配。当任何人想要使他们处于这种奴役状况时，他们总是有权来保护他们没有权力放弃的东西，并驱除那些侵犯这个根本的、神圣的和不可变更的自卫法的人们，而他们是为了自卫才加入社会的。所以可以说，共同体在这方面总是最高的权力，但是这并不能在任何政体下都被认为是这样，因为人民的这种最高权力非至政府解体时不能产生。

在一切场合，只要政府存在，立法权就是最高的权力，因为谁能够对另一个人制定法律就必须是在他之上。而且，立法权之所以是社会的立法权，既然是因为它有权为社会的一切部分和每个成员制定法律，制定他们行动的准则，并在法律被违反时授权加以执行，那么立法权就必须是最高的权力，社会的任何成员或社会的任何部分所有的一切权力，都是从它获得和隶属于它的。

在有些国家中，立法机关不是常设的，执行权属于单独一个人，他也参与立法。在这种场合，广义说来，他也可被称为至高无上的权力者。这并不是因为他本身握有一切最高的制定法律的权力，而是因为他握有最高的执行权，所有下级官吏都从他那里得到各别的或至少其最大部分的从属性权力；而且在他上面既无立法机关，就没有不得他的同意而制定的法律，而且不可能期望他同意受制于立法机关的其他部分，所以在这个意义上说他是至高无上，是十分恰当的。可是，必须注意的是，宣誓效忠虽是向他作出的，却不是对他作为最高的立法者，而是对他作为同别人以联合权力所制定的法律的最高的执行者而作出的。至于效忠，它只是根据法律的服从，如果他自己违犯法律，他就没有要人服从的权利，而且他之所以能够要求别人服从，不外因为他是赋有法律权力的公仆，因而他应该被看作是国家的象征、表象或代表，依照国家的法律所表示的社会意志而行动。所以他没有意志、没有权力，有的只是法律的意志、法律的权力。但是，当他不担任这种代表，离开公共意志而凭他私人意志行动时，他便降低自己的地位，只成为一个有权要人服从的没有权力、没有意志的个人，因为社会成员除服从社会的公共意志而外，并无其他服从的义务。

如果执行权不是属于同时参与立法的人，而归属任何其他地方，它显然是受立法机关的统属并对立法机关负责的，而且立法机关可以随意加以调动和更换。因此，免于隶属别人的不是最高的执行权，而只有当最高执行权属于参与立法权的人的场合才是这样。他既参与立法，则除他所参加和同意的立法机关以外，他并不从属于其他更高的立法机关和对之负责。所以，只有他自己认为适当时才从属于人，但是这种场合可以断定是极少的。至于一个国家的其他辅助性的和从属性的权力，我们不必谈及，因为它们随着各国习惯和组织的不同而互有差别，要把它们一一细述是不可能的。有关这方面，我们只就本文所需要的加以指出，即它们除了基于明文特许和委任而获得的权威之外，没有别的权威，而且它们都对国家中的其他某种权力负责。

立法机关没有经常存在的必要，而且经常存在也是不方便的；但执行机关的经常存在却是绝对必要的，因为并不经常需要制定新的法律，而执行所制定的法律却是经常需要的。当立法机关把执行他们所制定的法律的权力交给别人之后，他们认为有必要时仍有权加以收回或处罚任何违法的不良行政。对外权的情况也是这样，它和执行权同是辅助和隶属于立法权的，而立法权，正如前述，在一个有组织的国家中，是最高的权力。在这场合，立法机关还应当包含几个人（因为，如果它是单独一个人，它就不得不经常存在，因而它作为最高权力，自然就同时拥有立法权和最高执行权），他们可以根据他们原来的组织法所规定的或在他们休会时所指定的时间，或当两者都未指定任何时间或并未规定其他方法召集他们时，在他们认为合适的时间集会和行使他们的立法权。因为，既然最高的权力是由人民授予他们的，它就是经常由他们掌握的，他们可以在他们认为合适的时间行使这一权力，除非他们根据原来的组织法，只能在一定期间行使权力，或者根据他们最高权力的一种行为，已经决定休会到某一个时候，而当这一时间到来时，他们有权再行集会和行使职权。

如果立法机关或它的任何部分是由人民选出的代表组成，他们在一定期间充当代表，期满后仍恢复臣民的普通地位，而除非重新当选，就不能参与立法机关，那么，这种选举权也必须由人民在指定时间或当他们被召集参加选举立法机关时行使。在后一场合，召集立法机关的权力通常属于执行机关，在时间上受两项之一的限制：或者是原来的组织法规定立法机关每隔一定期间集会和行使职权，这样的话，执行权只是从行政上发出指令，要求依照正当形式进行选举和集会；或者是根据情况或公众的要求需要修改旧法律或制定新法律，或有必要消除或防止加于人民或威胁人民的任何障碍时，由执行权审慎决定通过举行新的选举来召集他们。

也许有人提出这样的问题：执行权既握有国家的实力，如果它利用这种力量来阻碍立法机关根据原来的组织法或公众要求进行集会和行使职权，这又怎么办呢？我可以说，滥用职权并违反对他的委托而施强力于人民，这是与人民为敌，人民有权恢复立法机关，使它重新行使权力。因为，人民设置一个立法机关，其目的在于使立法机关在一定的时间或在有需要时行使制定法律的权力，如果他们为强力所阻，以致不能行使这一对社会如此必要的、关系到人民的安全和保护的权力，人民便有权用强力来加以扫除。在一切情况和条件下，对于滥用职权的强力的真正纠正办法，就是用强力对付强力。越权使用强力，常使使用强力的人处于战争状态而成为侵略者，因而必须把他当作侵略者来对待。

召集和解散立法机关的权力虽然属于执行机关，却并不使执行机关高于立法机关，而只是因为人类事务变幻无常，不能适用一成不变的规定，为了人民的安全而给以的一种委托。因为，最初创建政府的人不可能有先见之明，充分料到未来的事件，能为未来长时期内的立法机关集会的召开和开会期限预定出适当的期间，完全适合于国家的一切急需，因此，对于这种缺陷的最好的补救办法是把这事委托给一个经常存在和负责照管公众福利的人，由他来审慎地作出决定。立法机关的经常集会和没有必要的长时间持续的集会对于人民不能不说是一个负担，有时还会引起更危险的不利情况；不过，事情的急剧转变有时又会需要他们的及时助力。延期召集会议也许会使公众受到危险，有时他们的任务很重，有限的开会时期难以保证完成他们的工作，结果使公众得不到只能靠他们的深思熟虑才能得到的好处。那么在这场合，除了把这事委托给一些经常在职和熟悉国家情况的人们来审慎地作出决定，利用这种特权为公众谋福利之外，还有什么办法可以避免使社会由于立法机关召集会议和行使职权有一定期间，随时随地遭到临时发生的这样或那样事情的危险呢？这事如果不授权给一个本来接受委托为同一目的而执行法律的人，还能授权给谁呢？因此，假如原来的组织法对于立法机关召集会议的时间和开会期限没有加以规定，那么这事就自然落在执行机关的手中，但这并不是一种随心所欲的专断权力，而是负有这一委托，即必须根据当时情势和事态变迁的要求，只是为了公共福利来行使这一权力。究竟是立法机关有确定的召集期间好，还是授权君主随时召集立法机关好，或者还是两者混用好，我不想在这里加以探讨。我只想指出，纵然执行权拥有召开和解散立法机关会议的特权，但是它并不因此高于立法机关。

尘世的事物总是不断地发生变迁，没有一件事物能长期处在同一状态中。因此人民、财富、贸易、权力等状况随时发生变迁；繁盛的大城市冷落衰败，迟早变为被人忽视的穷乡僻壤，而其他人迹不到的地方却发展成为富庶的和居民众多的发达地区。不过，事物并不经常是平均地变迁的，某些习惯和权利纵然已无存在的理由，却由于私人的利害关系往往把它们保存下来。因此往往发生这样的事，在有些政府中，立法机关的一部分是由人民选出的代表组成的，日子久了之后，这种代表的分配变成很不平均，与当初分配代表的理由很不相称。当我们看到有些地方仅有城市的名称，所遗留的只是废墟，在那里最多只能找到个别的羊栏和个别的牧羊人[①]，而它们还同人口稠密和财富丰裕的郡那样，选出相同数目的代表出席庞大的立法者议会，我们就明白，沿袭业已失去存在理由的习惯会造成怎样大的谬误了。外人对此将为之瞠目，谁也不能不承认这是需要纠正的，虽然大多数人认为难以找到纠正的办法，因为立法机关的组织法既是社会的原始的和最高的行为，先于社会中的一切明文法而存在，并完全依赖于人民，下级的权力就不能予以变更。因此，当立法机关一旦组成，既然只要政府

① 洛克在这里所指的是英国历史上的所谓“腐烂的城镇”(rotten boroughs)。由于工业发展的结果，英国兴起了一批新的工业城市，人口分布情况的变化使得有些旧的城镇只剩下极少数的居民，但是根据原先的规定，它们还继续产生代表出席议会的下议院。——译者注

还继续存在，人民在上述的这种政府中并不享有行为的权力，这种障碍便被认为是无法克服的。

Salus populi suprema lex［人民的福利是最高的法律］，的确是公正的和根本的准则，谁真诚地加以遵守谁就不会犯严重的错误。因此，如果拥有召集立法机关的权力的执行机关，遵照代表分配的真正比例而不是遵照它的形式，根据真正的理性而不是根据旧的习惯来规定各地有权被选为议员的代表的数目，这种权利不以人民怎样结成选区就能主张，而是以其对公众的贡献为比例，那么这种做法就不能被认为是建立了一个新的立法机关，而只是恢复了原有的真正的立法机关，纠正了由于日久而不知不觉地和不可避免地引起的不正常情况。因为，人民的利益和本意既然需要有公平和平等的代表制，谁使它更接近于这一目的，谁便是政府的真正朋友和建立者，不会得不到社会的同意和赞许。所谓特权，不外是授予君主的一种权力，在某些场合，由于发生了不能预见的和不稳定的情况，以致确定的和不可变更的法律不能运用自如时，君主有权为公众谋福利罢了。凡是显然为人民谋福利以及把政府建立在它的真正基础之上的任何行为，都是而且永远是正当的特权。建立新的选区并从而分配新的代表的权力是带有这样一个假定的，即分配代表的规定迟早会发生变更，以前没有推选代表权利的那些地方可以享有推选代表的正当权利；基于同样的理由，以前享有推选代表权利的地方可以失去这种权利，并且对于这样的权利来说变得无足轻重。使政府受到损害的，并不是变质或衰败可能引起的现状的变更，而是政府的摧残或压迫人民的倾向，以及扶植一部分人或一个党派使之有别于其余的人民，形成突出的和不平等的地位的这种做法。无论做什么事情，只要它被认为是以公正和持久的办法作出的有利于社会和一般人民的行为，一经作出，就总是理直气壮的。如果人民以公正的和真正平等的办法来选举他们的代表，适合于政府的原来组织，那么这无疑地就是允许并要他们这样做的社会 的意志和行为。

论特权

在立法权和执行权分属于不同人的场合（一切有节制的君主国家和组织良好的政府中都是如此），为着社会的福利，有几项事情应当交由握有执行权的人来裁处。因为，立法者既然不能预见并以法律规定一切有利于社会的事情，那么拥有执行权的法律执行者，在国内法没有作出规定的许多场合，便根据一般的自然法享有利用自然法为社会谋福利的权利，直至立法机关能够方便地集会来加以规定为止。有许多事情非法律所能规定，这些事情必须交由握有执行权的人自由裁量，由他根据公众福利和利益的要求来处理。其实，在某种场合，法律本身应该让位于执行权，或不如说让位于这一自然和政府的根本法，即应当尽可能地保护社会的一切成员。因为世间常能发生许多偶然的事情，遇到这些场合，严格和呆板地执行法律反会有害（例如，邻居失火，不把一家无辜的人的房屋拆掉来阻止火势蔓延），而一个人的一桩值得嘉奖和宽恕的行动，由于法律不加区别，反而可能受法律的制裁，因此统治者在某些场合应当有权减轻法律的严峻性和赦免某些罪犯；因为政府的目的既然是尽可能地保护所有的人，只要能够证明无害于无辜者，即使有罪的人也可以得到饶恕。

这种并无法律规定、有时甚至违反法律而依照自由裁处来为公众谋福利的行动的权力，就被称为特权。因为在有些政府中，制定法律的权力不是经常存在的，而且对于执行所需的快速来说，它的成员过于众多，因此它的行动也过于缓慢；另外，对于一切与公众有关的偶然事故和紧急事情，都不可能预见，因而法律也不可能都加以规定，而且，如果所制定的法律对于一切符合规定的情况或所有的人都严峻不苟地加以执行，也不可能不造成损害；所以，对于法律所没有规定的许多特殊事情，要留给执行权以相当范围的自由来加以处理。

这种权力，当它为社会的福利并符合于政府所受的委托和它的目的而被运用时，便是真正的特权，绝对不会受到质难。因为，如果特权是在相当程度上为了它的本来的目的，即为了人民的福利而被运用，而不是明显地与这一目的相抵触时，人民很少会或决不会在细节上从事苛求或斤斤计较，他们不致对特权进行考查。但是，如果执行权和人民之间对于被主张为特权的权力发生不同意见，行使这种特权的倾向究竟是有利还是有害于人民，便可很容易地决定这一问题。

不难设想，在政府建立的初期，国家在人数上与家族没有多大差别，在法律的数目上也与家族没有多大不同；既然统治者像他们的父亲那样为了他们的幸福而看护他们，政府的统治就差不多是全凭特权进行的。少数既定的法律就够用了，其余概由统治者的裁量和审慎来应付。但是，当暗弱的君主由于过错或为谄谀所迷惑，为他们私人的目的而不是为公共福利而利用这种权力的时候，人民就不得不以明文的法律就他们认为不利于他们的各个方面对特权加以规定。因此，对于某些情况，人民认为有明文限制特权的必要，这些特权是他们和他们的祖先曾广泛地留给君主，凭他的智慧专门用于正当的方面，即用于为人民谋福利的方面的。

因此，如果有人说，人民以明文法把特权的任何部分加以限定，就是侵犯特权，这是对于政府的一种很谬误的见解。因为，人民这样做并没有剥夺君主的任何应享的权利，而只是宣告：他们所曾不加限定地交给他或他的祖先的权力，是以他们的福利为目的，当他用于别的方面时，就不是他们的本意。因为，既然政府的目的是为社会谋福利，那么只要是为了这个目的而作的任何变革，就不能算是对任何人的侵犯，因为政府中的任何人都无权背离这个目的。而只有那些不利于或阻碍公众福利的变革才算是侵犯。那些作相反主张的人们似乎认为，君主的利益和社会的福利是截然不同的和分开的，君主不是为此而设的；这就是在君主制政府中所发生的几乎所有的弊害和混乱的根源。果真是这样的话，受他统治的人民就不是一批为了他们相互间的福利而加入社会的理性动物；他们奉立统治者来统治他们，不是为了保卫和促进这种福利，而是被看作一群处在一个主人统辖下的低级动物，主人为了自己的快乐或利益而养活他们和使用他们。如果人类是那样的缺乏理性和不明事理，居然以这种条件加入社会，那么特权的确会像某些人所主张的那样，成为一种贻害人民的专断权力了。

但是，既然我们不能设想一个理性的动物，当他自由时，会为了戕害自己而让自己受制于另一个人（固然，当他有一个善良贤明的统治者时，他也许不以为在一切场合对他的权力加以明确的限制是必要的或有益的），特权就只能是人民之许可他们的统治者们，在法律没有规定的场合，按照他们的自由抉择来办理一些事情，甚至有时与法律的明文相抵触，来为公众谋福利；以及人民之默认这种做法。因为，一个贤明的君主不想辜负人民给他的委托，又关心人民的福利，就不会嫌有太多的特权，即造福人民的权力。反之，一个脆弱昏暴的君主，常常会主张享有他的前人所曾运用过的未经法律规定他凭其职位理应掌握的特权，其目的在于随意加以行使，以获得或形成有别于公众福利的利益，这样，他就使人民不得不重申他们的权利和限制这种权力，而这种权力的行使，如果是为了促进他们的福利，他们本来是会愿意默认的。

因此，只要读一下英国的历史便会看到，我们的最贤明善良的君主享有的特权最大，这是因为人民注意到了他们的行动的整个倾向是为公众谋福利，因而并不计较他的没有法律根据的、为此目的而作出的一切行动，即使由于人类的任何弱点或过失（因为君主也是人，是与别人一样生成的），以致与这个目的稍有出入，但只要他们的行动的主要趋向显然只是关怀公众，而不是其他的话，也是这样。所以，既然人民有理由认为应该欢迎这些君主在没有法律规定或与法律的明文相抵触的场合有所作为，他们就对君主所做的一切加以默认，并且没有丝毫怨言地让他们随意扩大他们的特权。他们正确地断定，君主在这里不会做危害他们的法律的事，因为他们的行动是与一切法律的基础和目的，即公共福利相符的。

诚然，这种神一般的君主，根据专制君主制是最好的政体这一论点，应该享有专断的权力，正如上帝也是用专断权力来统治宇宙一样，因为这种君主是具有上帝的智慧和善良品德的。根据这一点就形成了这样的说法：贤君的统治，对于他的人民的权利来说，经常会导致最大的危险；因为，如果他们的后继者以不同的思想管理政府，就会援引贤君的行动为先例，作为他们的特权的标准，仿佛从前只为人民谋福利而做的事情，在他们就成为他们随心所欲地危害人民的权利，这就往往引起纷争，有时甚至扰乱公共秩序，直到人民能恢复他们原来的权利，并宣布这从来就不是真正的特权为止，因为社会中的任何人从来都不可能有贻害人民的权利；虽然很可能并且合理的是，人民不去限制那些并未逾越公共福利的界限的君主或统治者的特权；因为特权不外是在没有规定的情况下谋求公共福利的权力而已。

在英国召集议会的权力，包括确定召开议会的确切日期、地点和期限在内，诚然是国王的一种特权，但是仍然负有这样的委托，即必须根据时代的要求和各种不同情形的需要，为国家的福利而行使这一权力；因为，既然不可能预知何时何地召集议会总是最为适宜，就交由执行权来选择，以便有可能最符合于公共福利和最适合于议会的目的。

一个有关特权的老问题会被提出来，即：谁来判定这个权力是否使用得当呢？我的回答是：在赋有特权的经常存在的执行权和一个由执行权来决定召集的立法机关之间，世界上不可能有裁判者；同样地，如果执行机关或立法机关在掌握权力后，企图或实行奴役人民或摧残人民，在立法机关和人民之间也不可能有裁判者。在这种场合，如同在世界上没有裁判者的其他一切场合一样，人民没有别的补救办法，只有诉诸上天；因为，统治者们在作这样的企图时，行使着一种人民从未授予他们的权力（绝不能设想人民会同意由任何人为了贻害他们而统治他们），去做他们没有权利做的事情。如果人民的集体或任何个人被剥夺了权利，或处在不根据权利而行使的权力的支配之下，而在人世间又无可告诉，那么每逢他们处理这个十分重要的案件时，就有权诉诸上天。因此，在这种场合，虽然人民不能成为裁判者而根据社会的组织法拥有较高的权力来对这案件作出决定和作有效的宣判，但是，在人世间无可告诉的场合，他们基于一种先于人类一切明文法而存在并驾乎其上的法律，为自己保留有属于一切人类的最后决定权：决定是否有正当理由可以诉诸上天。这种决定权他们是不能放弃的，因为屈身服从另一个人使其有毁灭自己的权利，是超出人类的权力以外的，并且上帝和自然也从来不许可一个人自暴自弃，以致忽视对自身的保护；既然他不能剥夺自己的生命，他也就不能授予另一个人以剥夺他的生命的权力。人们不要以为这样就会埋下永远引起纷乱的祸根，因为这种决定权，非到弊害大到为大多数人都已感觉到和无法忍耐，而且认为有加以纠正的必要时，是不会行使的。这是执行权或贤明的君主应该永远提防的事情，这是一切事情中他们最需要避免的事情，也是一切事情中最危险的。

（选自洛克《政府论》，叶启芳、瞿菊农译）

第五讲　希腊、罗马和英格兰政制中的行政权

[法] 孟德斯鸠

孟德斯鸠（Charles de Secondat，Baron de Montesquieu，1689—1755），法国启蒙思想家，社会学家，西方国家学说和法学理论的奠基人，参与撰写《百科全书》。《论法的精神》是其最著名的著作。

【编者按：借助于描绘希腊、罗马尤其是英国的政制，孟德斯鸠清晰地表达了有关立法、行政、司法三权分立并相互制衡的政体理念。任何两种或两种以上的权力集中于同一人或同一机关之手，都将产生摧毁自由的可怕后果。依据行政权，他们可以"媾和或宣战，派遣或接受使节，维护公共秩序，防御侵略"。行政权的行使，总是以需要迅速处理的事情为对象。】

英格兰政制

每一个国家有三种权力：（一）立法权力；（二）有关国际法事项的行政权力；（三）有关民政法规事项的行政权力。

依据第一种权力，国王或执政官制定临时的或永久的法律，并修正或废止已制定的法律。依据第二种权力，他们媾和或宣战，派遣或接受使节，维护公共安全，防御侵略。依据第三种权力，他们惩罚犯罪或裁决私人讼争。我们将称后者为司法权力，而第二种权力则简称为国家的行政权力。

一个公民的政治自由是一种心境的平安状态。这种心境的平安是从人人都认为他本身是安全的这个看法产生的。要享有这种自由[①]，就必须建立一种政府，在它的统治下一个公民不惧怕另一个公民。

当立法权和行政权集中在同一个人或同一个机关之手，自由便不复

① 在英国要是一个人的敌人就像他的头发那么多的话，也不会发生什么事故；这就是不得了的事，因为精神健康与身体健康是同样必要的（《英格兰札记》）。

存在了；因为人们将要害怕这个国王或议会制定暴虐的法律，并暴虐地执行这些法律。

如果司法权不同立法权和行政权分立，自由也就不存在了。如果司法权同立法权合而为一，则将对公民的生命和自由施行专断的权力，因为法官就是立法者。如果司法权同行政权合而为一，法官便将握有压迫者的力量。

如果同一个人或是由重要人物、贵族或平民组成的同一个机关行使这三种权力，即制定法律权、执行公共决议权和裁判私人犯罪或争讼权，则一切便都完了。

欧洲大多数王国是政体宽和的，因为享有前两种权力的国王把第三种权力留给他的臣民去行使。在土耳其，这三种权力集中于苏丹一人身上，所以可怖的暴政统治着一切。

在意大利各共和国，三种权力合并在一起，所以自由反比我们的君主国还少。因此，为自保起见，这些国家的政府也需要采用像土耳其政府所采用的那种残暴的手段，国家检察官[①]以及密告者随时可以投进密告书的狮子口，这二者的设置就是证明。

试看这些共和国的公民是处在何等境遇中！同一个机关，既是法律执行者，又享有立法者的全部权力。它可以用它的“一般的意志”去蹂躏全国；因为它还有司法权，它又可以用它的“个别的意志”去毁灭每一个公民。

在那里，一切权力合而为一，虽然没有专制君主的外观，但人们却时时感到君主专制的存在。

因此，企图实行专制的君主总是首先独揽各种职权；欧洲就有一些国王独揽国家的一切要职。

我肯定地认为，意大利各共和国的纯粹世袭的贵族政治，并不完全与亚洲的专制主义相同。在这些共和国中，官吏数目众多，有时候就使

---

① 在威尼斯。

政治宽和些；所有的贵族也不老是同意相同的计划；而且在那里，因设有各种机关，宽严可以相济。因此，在威尼斯立法权属于大议会[①]，行政权属于常务会，司法权属于四十人会。但是，缺点在于：这些不同机关都是由同一阶层的官吏组成的，这几乎就形成一个同一的权力。

司法权不应给予永久性的元老院，而应由选自人民阶层中的人员，在每年一定的时间内，依照法律规定的方式来行使[②]；由他们组成一个法院，它的存续期间要看需要而定。

这样，人人畏惧的司法权，既不为某一特定阶级或某一特定职业所专有，就仿佛看不见、不存在了。法官不经常出现在人们的眼前；人们所畏惧的是官职，而不是官吏了。

即使在控告重罪的场合，也应允许罪犯依据法律选择法官；或者至少允许他要求许多法官回避，结果所剩余的审案的法官就像都是由他选择的了。

其他的两种权力则可以赋予一些官吏或永久性的团体，因为这二者的行使都不以任何私人为对象；一种权力不过是国家的一般意志，另一种权力不过是这种意志的执行而已。

但是，法院虽不应固定，然而判例则应该固定，以便做到裁判只能是法律条文的准确解释。如果裁判只是法官的私人意见的话，则人民生活在社会中将不能确切地知道他所承担的义务。

法官还应与被告人处于同等的地位，或是说，法官应该是被告人的同辈，这样，被告人才不觉得他是落到倾向于用暴戾手段对待他的人们的手里。

如果立法机关让行政机关有权利把能够为自己的善良行为提出保证的公民投进监狱的话，自由就不再存在了；但是，如果他们犯了法律所规定的重罪，需要立刻加以逮捕并追究刑事责任时，则不在此限。在这

① 甲本作“议会”。

② 例如在雅典。

种场合，他们只是受法律力量的支配，所以仍旧是真正自由的。

但是，如果立法机关认为由于某种危害国家的阴谋或通敌情事，国家已处于危险境地的时候，它可以在短促的、一定的期间内，授权行政机关，逮捕有犯罪嫌疑的公民；这些人暂时失去了自由，正是为了保持他们的自由于永远。

这是补救拉栖代孟民选长官的虐政和同样专制的威尼斯国家审理官的缺陷的唯一的合理方策。

在一个自由的国家里，每个人都被认为具有自由的精神，都应该由自己来统治自己，所以立法权应该由人民集体享有。然而这在大国是不可能的，在小国也有许多不便，因此人民必须通过他们的代表来做一切他们自己所不能做的事情。

人们对自己的城市的需要比对其他城市的需要，了解得更是清楚；对邻居的才能比对其他同胞的才能，判断起来要正确得多。所以，立法机关的成员不应广泛地从全国人口中选举；而应在每一个主要地域由居民选举代表一人。

代表的最大好处，在于他们有能力讨论事情。人民是完全不适宜于讨论事情的。这是民主政治的重大困难之一。

已接受选民一般指示的代表不必在每一件事情上再接受特别的指示，像在德意志议会中所实行的那样。事事请示选民，固然会使代表们的发言更能表达国家的声音；但是，这将产生无限的拖延，并使每一个代表都成为其他代表的主人，而且在最紧急的时机，全国的力量可能为一人的任性所阻遏。

悉尼先生说得好，议员们如果是代表人民的一个团体——如在荷兰——的话，他们应对选民负责；如果是代表市邑——如在英国——的话，则是另一回事。

各地区的公民在选举代表时都应该有投票权。但那些社会地位过于卑微，以致被认为没有自己意志的人则除外。

古代的大多数共和国有一个重大的弊病，就是人民有权利通过积极的、在某种程度上需要予以执行的决议。这是人民完全不能胜任的事情。他们参与政府应当只是选举代表而已，这是十分适合他们的能力的。因为，准确了解别人有多少才能的人虽然为数不多，但是每一个人都能够在大体上知道他所选举的人是否比其他大多数人更为通达事理。

代表机关不是为了通过积极性的决议而选出的，因为这是它所做不好的事；代表机关是为着制定法律或监督它所制定的法律的执行而选出的。这是它能够做得很好的事，而且只有它能够做得好。

在一个国家里，总是有一些人以出身、财富或荣誉著称；不过，如果他们和平民混杂在一起，并且和其他的人一样只有一个投票权，公共的自由将成为对他们的奴役，而且他们不会有保卫这种自由的任何兴趣，因为大多数的决议将会是和他们作对的。所以，他们参与立法的程度应该和他们在国家中所享有的其他利益成正比例。如果他们组成一个团体，有权制止平民的侵犯，正如平民有权制止他们的侵犯一样，这点将能够实现。

因此，贵族团体和由选举产生的代表平民的团体应同时拥有立法权。二者有各自的议会、各自的考虑，也各有自己的见解和利益。

在上述三权中，司法权在某种意义上可以说是不存在的。所余的只有二权了；这二权需要一种权力加以调节，使它们趋于宽和，而立法团体由贵族组成的部分是极适合于产生这种效果的。

贵族的团体应该是世袭的。首先因为它在性质上就是如此。其次，是因为它有强烈的愿望要保持它的特权。这些特权本身就是人们所憎恶的，如果在一个自由国家里，一定会时常处于危险之中。

不过，一种世袭的权力很容易被用来追求私利而忘记平民的利益，所以在人们最想贬损这一权力的事项上，例如关于征收银钱的法案之类，这个世袭权力在立法上应该只有反对权，而不应该有创制权。

我所谓创制权，是指自己制定法令或修改别人所制定的法令的权利。我所谓反对权，是指取消别人所作决议的权利；这是罗马护民官的权力。虽然有否决权的人也就可能有批准权，但是，这种批准只是他不行使否决权的一种表示而已，是从否决权引申出来的。

行政权应该掌握在国王手中，因为政府的这一部门几乎时时需要急速的行动，所以由一个人管理比由几个人管理好些；反之，属于立法权力的事项由许多人处理则比由一个人处理要好些。

如果没有国王，而把行政权赋予一些由立法机关产生的人的话，自由便不再存在了；因为这两种权力便将合而为一，这些相同的人有时候同时掌握这两种权力，而且无论何时都能够同时掌握它们。

如果立法机关长期不集会，自由便不复存在。因为下列二事之一必将发生。一个是，不再有立法机关的决议，以致国家陷于无政府状态；另一个是，这些决议将由行政机关来做，而行政权将要变成专制的。

立法机关时时集会也不必要。这不但对代表不便，而且将过度地占据行政者的时间与精神。行政者将不关心行政而只考虑如何防护它的特权和它所具有的行政权力。

此外，如果立法机关不断地集会的话，那么我们只能用新议员去补死去的议员的缺而已；在这种情形下，如果立法机关一旦腐化，那就不可救药了。倘若立法机关可以改选，则对本届立法机关有意见的人便可有理由寄希望于下一届。反之，倘若同一个立法机关永存不变，则人民一旦看见它腐化了，便不再寄任何希望于它所制定的法律；人民或者将愤怒起来，或者是对它漠然不顾了。

立法机关不应自己召集开会。因为一个团体只有在开了会之后才能被认为具有意志；而且，如果它不是全体都参加会议的话，便有参加会议的一部分和未参加会议的一部分，就说不清哪一部分真正是立法机关了。又如果立法机关有自己闭会的权利的话，它就可能永不闭会。在它想侵犯行政权的时候，这是一件危险的事。此外，立法机关集会的时间，有适宜的，也有不适宜的，所以，行政权应根据它所了解的情况规定会议的召集时间和期限。

如果行政权没有制止立法机关越权行为的权利，立法机关将要变成专制；因为它会把它所能想象到的一切权力都授予自己，而把其余二权毁灭。

但是，立法权不应该对等地有钳制行政权的权力。因为行政权在本质上是有范围的，所以用不到再对它加上什么限制；而且，行政权的行使总是以需要迅速处理的事情为对象。罗马护民官拥有不当的权力，他们不但可以钳制立法而且可以牵制行政，结果造成极大的弊害。

不过，虽然在一个自由国家中，立法权不应有钳制行政权的权力，但是它却有权力并应该有权力审查它所制定的法律的实施情况；英格兰政府比克里特和拉栖代孟优越的地方，就在于此。克里特的国家评议员和拉栖代孟的民选长官关于他们的施政情况都不必提出报告。

然而，不论是什么样的审查，立法机关不应有权审讯行政者本身，并因而审讯他的行为。他本身应该是神圣不可侵犯的，因为行政者之不可侵犯，对国家防止立法机关趋于专制来说是很必要的，行政者一旦被控告或审讯，自由就完了。

果真这样的话，国家就不是一个君主国，而是一种没有自由的共和国了。但是执政者如果没有坏的辅弼人员的话，他的施政是不会腐败下去的。这种坏的辅弼人员身为臣宰，而憎恨法律，虽然他们作为“人”来说，是受法律保护的。这种坏的臣宰应该受到追究与惩罚。英格兰政府优于尼得的政府的地方就在于此。尼得的法律不许传审民政官[①]，——即使在他们卸任以后[②]也是如此，人民所受的冤屈永远得不到伸平。

虽然一般说来司法权不应该同立法权的任何部分结合，但有三种例外，这是根据受审人的私人利益的。

显贵的人容易遭人忌妒；他们如果由平民来审判，就要陷于危险的

① 这是人民每年选出的民政官，见伊田·德·拜占庭的著作。

② 在罗马，官吏任期届满后，是可以被控告的，见狄欧尼西乌斯·哈利卡尔拿苏斯《罗马古代史》第9卷中的护民官格奴梯乌斯案。

境地而不能享有一个自由国家最渺小的公民所享有的受同等人裁判的特权。因此，贵族不应该被传唤到国家的普通法院，而应该被传唤到立法机关由贵族组成的那部分去受审。

有时会发生一种情形，就是法律既是明智的又是盲目的，因而在某些场合变得过严。但是我们已经说过，国家的法官不过是法律的代言人，不过是一些呆板的人物，既不能缓和法律的威力，也不能缓和法律的严峻。所以，我们刚刚提到的立法机关的由贵族组成的部分即贵族院，在审判贵族的场合是一个必要的法庭，而在缓和法律威力的场合也是个必要的法庭，即它有最高的权力，为着法律的利益，判处较轻的刑罚，从而缓和法律的严峻。

有时会发生另一种情形，就是某个公民在公务上侵犯了人民的权利，而犯了普通法官所不能或不愿惩罚的罪行。但是，一般说来，立法权不能审判案件；尤其在这种特殊的案件里，它所代表的人民就是利害关系的一造，更不能审判了。因此，它只能做原告。但它向谁提出控告呢？它是否要屈尊地向法院提出控告呢？——法院是比它低的机关，而且和它同样是由人民所组成，将要为这样一个有势力的原告的权威所左右。不，它不向法院提出控告，为了保持人民的尊严和被告个人的安全，立法机关代表平民的部分即众议院应向同机关代表贵族的部分即贵族院提出控告。后者和前者既无相同的利益，也无相同的欲望。

这是英格兰政府优于大多数古代共和国的地方；后者的弊病是，人民同时是法官又是控告者。

如上所述，行政应通过它的“反对权”来参与立法；否则，它便将失去它的特权。但是，立法如参与行政，行政也同样要丧失它的权力。

如果国王通过“裁定权”来参与立法，自由就不复存在了。不过，它又必须参与立法以自卫，所以他应当通过“反对权”来参与立法。

罗马政体的变更，就是因为拥有一部分行政权的元老院和拥有另一部分行政权的官吏，都不具有人民所享有的“反对权”。

这就是英格兰的基本政制：立法机关由两部分组成，它们通过相互的反对权彼此钳制，二者全都受行政权的约束，行政权又受立法权的约束。

这三种权力原来应该形成静止或无为状态。不过，事物必然的运动逼使它们前进，因此它们就不能不协调地前进了。

行政权仅能通过“反对权”参与立法，而不能参加立法事项的辩论。它甚至无须提案，因为它既然总是可以不批准决议案，它就能够否决它所不愿意人们提出的议案。

在某些古代共和国中，人民集体讨论国事，行政者同人民一齐提案一齐辩论，那是自然的，否则，决议一定混乱不堪。

如果行政者有决定国家税收的权力，而不只限于表示同意而已的话，自由就不再存在了，因为这样的行政权力就在立法最重要的关键上成为立法性质的权力了。

如果立法权不是逐年议定国家的税收，而是一次地做成永久性的决定，立法权便将有丧失自由的危险，因为如果这样则行政权便将不再依赖立法权了；又行政权既取得这种永久性的权力，则这个权力到底是它所固有的，或是他人授予的，对它就无关紧要了。如果立法权不是逐年议定，而交付给行政权以统率陆海军兵力的权限，乃是一次做出永久性的决定的话，结果也是相同。

为防止行政权的压迫行为，交托给它的军队就应该是由老百姓所组成的，并具有老百姓的精神，像马利乌斯以前的罗马一样。要做到这一点，只有两种方法：一种是，在军队中服役的人要有相当的财产，作为他在行为上应对其他公民负责的保证，服务期间又应以一年为限，像罗马的制度那样；另一种是，在设有常备军而兵士是由国内最卑贱的人充当的场合，立法权应有随时解散军队的权力，兵士应与人民杂居，不另设幕营、兵房和堡垒。

军队一经建立，就不应直接听命于立法机关，而应听命于行政；这是事物的性质决定的，因为军队的事业是行动多于议论的。

人们在思想中总是重勇敢而轻怯懦，重活泼而轻矜慎，重武力而轻谋略。军队总是轻视元老院而敬重军官。他们不重视立法机关的命令，因为他们认为立法机关是一些懦夫组成的，因此不配指挥他们。所以如果军队完全从属于立法机关，那么政府便将立即变成军事性的了。如果不变成军事性的话，那一定是由于某些特殊的情况。例如军队经常是分散的；或是分成许多军团，各军团属于不同的个别省份；或是各主要城市形势险要，便于防守，而无须军队。

荷兰比威尼斯更为安全；它可以淹死叛军，可以饿死叛军。因为叛军所占据的城市不能养活他们，因此生活陷于危殆。

如果在军队由立法机关节制的场合，某些特殊情况防止了政府变成军事性质的话，仍旧不免要遭遇到其他困难：不是军队毁灭政府，就是政府削弱军队。

如果是政府削弱了军队，那必然是由于一种十分不可避免的原因所造成的。也就是说，是由于政府本身的弱点产生出来的。

试读塔西佗的伟大著作《日耳曼人的风俗》，就会发现，英国人是从日耳曼人那里吸取了他们的政治体制的观念的[①]。这种优良的制度是在森林中被发现的。

人世间的一切事物都有一个终结，我们所谈的这个国家也终于有朝一日会失去自由，也会陷于灭亡。罗马、拉栖代孟和迦太基都已灭亡得干干净净了。当立法权比行政权更腐败的时候，这个国家就要灭亡。

探究英国人现在是否享有这种自由，这不是我的事。在我只要说明这种自由已由他们的法律确立起来，这就够了，我不再往前追究。

我无意借此贬抑其他政体，也并非说这种极端的政治自由应当使那些只享有适中自由的人们感到抑郁。我怎能这样说呢？我认为，即使是最高尚的理智，如果过度了的话，也并非总是值得希求的东西，适中往

① 塔西佗在《日耳曼人的风俗》第 11 章中说：“小事问首长，大事问群众；因此平民做主，首长实行。”

往比极端更适合于人类。

哈林顿在所著《大洋国》一书中，也曾研究过“一国政制所可能达到的最高度自由”的问题。不过，我们可以说，他只是在误认了自由的真面目之后才去寻找自由的；虽然拜占庭的海岸就在他的眼前，他却建造起卡尔西敦。

罗马君王的政体及其三权的划分

罗马君王们的政体，同希腊英雄时代的君王们的政体是有某些关联的。这种政体的消亡也同其他政体一样，是由于它所存在的一般性的缺点，虽然在政体本身，从它的特殊性质来说，是很好的。

为使人们了解这种政体，我将把最初五王的政体、塞尔维乌斯·图里乌斯的政体和塔尔克维纽斯的政体区别开来。

王位是由选举产生的；在最初五王时期，元老院享有最多的选举权。

在国王死后，元老院便研究是否要保持原有的政体不变。如果它认为要保持原有政体，就由元老院从它的成员中选任一个执行官，由他选定国王；这个选择须经元老院批准，由人民认可，并由占卜者担保。这三个条件如果缺少一个，就必须另行选举。

这种政制具有君主、贵族、平民三种政制的性质。当最初诸朝，权力是非常协调的，既没有嫉妒心，也没有争执。国王统率军队，主持祭祀；他有权审判民事和刑事案件；他召集元老院会议，召集人民开会，将某些事务交付人民审议，并会同元老院决定其他事务。

元老院享有很大的权力。国王们常常选一些元老院议员让他们参加审判，国王们提交人民批准的事务，没有一件不是预先经元老院讨论过的。

人民有权选举执行官，批准新的法律；如果国王同意，人民并且有权宣战和媾和。人民却毫无司法权。杜露斯·霍斯蒂利乌斯把贺拉西交付人民审判，是有特殊的理由的，这些理由在狄欧尼西乌斯·哈利卡尔拿苏斯的书中可以看到。

在塞尔维乌斯·图里乌斯统治时期，政制改变了。元老院没有参加他的选举；他是使人民宣布他为王的。他放弃了对民事案件的审理，只保留了对刑事案件的审判权。他把一切事情都直接交给人民公议，减轻了人民的赋税，而把整个重担放在贵族身上。因此，他越是削弱王权和元老院权威，便越是增强了平民的权力。

塔尔克维纽斯不要元老院也不要人民选他为王。他认为塞尔维乌斯·图里乌斯是一个篡夺者。塔尔克维纽斯夺取了王位，认为这是他世袭的权利；他把大多数元老院议员都杀掉；对残留着的元老院议员，他也不再咨询了，甚至在他审判时也不找他们参加。他的权力增加了，但原已招人憎恶的这个权力变得更让人憎恶了，因为他篡夺了人民的权力。他撇开人民自己制定法律，甚至制定了反对人民的法律。他要把三权集于一身，但是人民一旦想起他们自己曾经是立法者这一事实的时候，塔尔克维纽斯也就完了。

国王被逐后三权的划分如何开始变化

四件事情严重地危害了罗马的自由：（一）贵族独占了一切宗教的、政治的、民政的和军事的职位；（二）执政府拥有过大的权力；（三）人民受到欺侮；（四）人民在选举上几乎不发生任何作用。人民所纠正的就是这四种弊端。

（一）人民要求规定：平民可希望充任某些公职。并一步一步地获得担任除摄政官以外的一切公职。

（二）人民解散了执政府而代之以几个官职。他们设立了裁判官，给他们审判私讼案件的权力；他们任命了检察官以便对公罪提出审判；他们设立了市政官，掌理民政；他们设立了财政官，以管理公共财务；他们设立了监察官，给以原属执政官们规定有关公民风尚事项及国家各个不同团体的临时体制的立法权。这样，执政官们的主要特权就剩下主持人民大会[①]、召开元老院会议和统辖军队了。

（三）“神圣的法律”设立了护民官。他们随时可以制止贵族的计谋，不只防止了对某个人的特殊性的侵害，而且还防止了对公共利益的一般性的侵害。

最后，平民在公共的决议上增大了自己的影响。罗马人民是按照“百人团”“族区”和“部落”这三个方式来划分的。他们进行选举时就按照这三种方式的一种召集会议，组织起来。

在第一种方式下，贵族、要人、富人、元老院——这些差不多是一回事——几乎拥有全部权力；在第二种方式下，他们的权力小一些；在第三种方式下，他们的权力更小。

按百人团划分，与其说是人的划分，不如说是门第和财产的划分。全体人民分为一百九十三个百人团，每团有一票表决权。贵族和要人们组成了开头的九十八个百人团，其余的公民组成另外的九十五个百人团。这样划分的结果，贵族们便成为选举的主人了。

按族区划分时，贵族就没有同样的好处了。但他们还是有好处的。占卜是必要的事，而司理占卜的是贵族。向人民提出任何建议，都须首先提交元老院，并经元老院通过决议批准。但是按部落划分时，既没有占卜的问题，也没有元老院决议的问题，贵族就被排除了。

人民总是力图把习惯上依百人团召开的会议变成依族区召开的会议；把习惯上依族区召开的会议变成依部落召开的会议。这就使公共事务的处理由贵族手中落入平民之手。

所以当平民获得了审判贵族的权利的时候（这种权利是从科利奥兰奴斯案件开始的），平民主张依部落而不依百人团召开会议进行审判。当人们为着人民的利益设立了护民官和市政官等新官职时，人民争得按族区召开会议来任命这些官吏。当人民的权力巩固了的时候，他们便争得按部落召开会议来任命。

---

① 拉丁文原名作 Comitiis centuriatis（百人团人民会议）。

罗马共和国的行政权

人民对自己的立法权，是那样多疑善防，但对自己的行政权却不那么在意。他们把行政权几乎完全交给元老院和执政官们；他们几乎只保留了选举官吏以及批准元老院和将军们的行为的权利。

罗马的欲望是发号施令，罗马的野心是征服一切。它过去强取豪夺，这时仍然是强取豪夺。它不断有大的事情发生：不是它的敌人阴谋反对它，就是它阴谋反对它的敌人。

罗马在行动上一方面要有英雄的勇敢，一方面要有极度的智慧，依据情势，国事不能不由元老院管理了。人民在立法权的各方面都和元老院抗争，因为人民生怕失掉自由。在行政权的各方面他们和元老院没有任何争议，因为人民生怕失掉光荣。

元老院握有极大部分行政权，所以波利比乌斯说，外国人都以为罗马是一个贵族政治的国家。元老院处理国家的财政，并且招人承揽租税的征收；它是同盟国间争执的仲裁者；它决定战争与和平，并在这一方面领导执政官们；它规定罗马军队和盟国军队的数目，把领地和军队分配给执政官或统辖军队的执政官们，并在统辖期满时任命继任者；它决定凯旋的荣典，接受和派遣使节；它册立各盟国的君王，对他们进行奖惩和审判，授予或剥夺他们作为罗马人民同盟者的称号。

执政官们募集他们应率领作战的军队，他们统率陆军或海军，支配各盟国；他们在各领地握有共和国的全部权力；他们允许战败的人民来议和，强迫被征服者接受条件，或把事情提交元老院处理。

在早期，当人民在某种程度上参与媾和与战争的时候，他们所行使的与其说是立法权不如说是行政权。他们几乎只是批准国王们和国王制以后的执政官或元老院所做的事情。他们远非战争的决定者，我们看到执政官或元老院往往不顾护民官的反对而进行战争。但是，当人民为繁荣所陶醉时，人民便扩大自己的行政权力。于是，人民自己委派军团将校，这些将校以前是由将军们任命的；在第一次布匿战争的前夕，人民规定只有他们自己有权宣战。

（选自孟德斯鸠《论法的精神》，张雁深译）

第六讲 论政府的形式与创制

[法] 卢梭

让·雅克·卢梭（Jean-Jacques Rousseau，1712—1778），哲学家、作家、政治理论家，法国大革命前思想启蒙运动的代表人物之一，自然主义教育家。代表作有《社会契约论》《论人类不平等的起源和基础》《忏悔录》《新爱洛漪丝》等。

【编者按：卢梭将政治体的动力区分为意志（即立法权力）和力量（即行政权力）。主权者的意志表现为立法机关制定的法律，对这些法律的执行则托付给作为主权者执行人的政府。为了实现国家的健康状态，卢梭认为，必须在主权者、政府和臣民之间寻求合适的比率，“越是政府应该有力量来约束人民，则主权者这方面也就越应该有力量来约束政府”。这种比率是流动的，不存在绝对的固定的模式，主权者应该选择符合本国情况的最佳比率的政府形式。主权者创制政府的行为，实际上就是一项法律。行政权力只能以个别行为的方式加以运用，其受任者只是人民的官吏。】

在谈到政府的各种不同形式之前，让我们先来确定“政府”这个名词的严格意义，因为它还不曾很好地被人解说过。

政府总论

我提请读者注意：本文必须仔细阅读，对于不能用心的人，我是无法讲清楚的。

一切自由的行为，都是由两种原因的结合而产生的：一种是精神的原因，亦即决定这种行动的意志；另一种是物理的原因，亦即执行这种行动的力量。当我朝着一个目标前进时，首先必须是我想要走到那里去，其次必须是我的脚步能带动我到那里。一个瘫痪的人想要跑，一个矫捷的人不想跑，这两个人都将停止在原地上。政治体也有同样的动力，我们在这里同样地可以区别力量与意志；后者叫作立法权力，前者叫作行政权力。没有这两者的结合，便不会或者不应该做出任何事情来。

我们已经看到，立法权力是属于人民的，而且只能是属于人民的。反之，根据以前所确定的原则也很容易看出，行政权力并不能具有像立法者或主权者那样的普遍性①；因为这一权力仅只包括个别的行动，这些个别行动根本不属于法律的能力，从而也就不属于主权者的能力，因为主权者的一切行为都只能是法律。

因此，公共力量就必须有一个适当的代理人来把它结合在一起，并使它按照公意的指示而活动；他可以充当国家与主权者之间的联系，他对公共人格所起的作用很有点像是灵魂与肉体的结合对一个人所起的作用那样。这就是国家之中所以要有政府的理由；政府和主权者往往被人混淆，其实政府只不过是主权者的执行人。②

那么，什么是政府呢？政府就是在臣民与主权者之间所建立的一个中间体，以便两者得以互相适合，它负责执行法律并维护社会的以及政治的自由。

这一中间体的成员就叫做行政官或者国王③，也就是说执政者④；而这一整个的中间体则称为君主。⑤所以有人认为，人民服从首领时所根

---

① 卢梭《政治经济学》："我请求读者们还要好好地区别我所说的公共经济，这我就称之为政府，以及我所说的最高权威，这我就称之为主权者。这一区别就在于后者具有立法权并在某些情况下甚至可以强迫国家共同体，而前者则只具有执行权并只能强迫个人。"

② 卢梭《山中书简》第6书："然则这个抽象的集体生命是怎样行动的呢？它是以法律而行动的，它不能以别的方式而行动。而法律又是什么呢？那就是公意对于一个共同利益的目标所做出的公开而庄严的宣告。我说是对于一个共同利益的目标，因为目标如果不是关系到大家，法律就会丧失自己的力量而不再成为合法的。"

③ "国王"（roi）一词源出拉丁文 rex（动词 regere），原指执政者。此处使用"国王"一词，系有意表明"国王"与"主权者"不同。至于以"君主"（Prince）一词指行政官共同体（政府），则为作者的独特用法。

④ 卢梭《爱弥儿》第5卷："整个执政者的共同体，就构成它的那些人而论，就叫作君主，而就它的行为而论，就叫作政府。"

⑤ 正因为如此，所以在威尼斯即使当大公不出席的时候，人们仍称大议会为 Sérénissime prince（最尊敬的君主）。

据的那种行为绝不是一项契约，这是很有道理的。那完全是一种委托，是一种任用；在那里，他们仅仅是主权者的官吏，是以主权者的名义在行使着主权者所委托给他们的权力，而且只要主权者高兴，他就可以限制、改变和收回这种权力。转让这样一种权力既然是与社会共同体的本性不相容的，所以也就是违反结合的目的的。

因此，我把行政权力的合法运用称为政府或最高行政，并把负责这种行政的个人或团体称为君主或行政官。

正是在政府之中，就可以发现中间力量；这些中间力量的比率就构成全体对全体的比率，也就是主权者对国家的比率。我们可以用一个连比例中首尾两项的比率来表示主权者对国家的比率，而连比例的比例中项便是政府。政府从主权者那里接受它向人民所发布的一切命令；并且为了使国家能够处于很好的平衡状态，就必须——在全盘加以计算之后——使政府自乘的乘积或幂与一方面既是主权者而另一方面又是臣民的公民们的乘积或幂，二者相等。①

而且，只要我们变更这三项中的任何一项，就不会不立刻破坏这个比例。如果主权者想要进行统治；或者，如果行政官想要制定法律；或者，如果臣民拒绝服从；那么，混乱就会代替规则，力量与意志就会不再协调一致，于是国家就会解体而陷入专制政体或是陷入无政府状态。②最后，正如在每种比率之间仅只有一个比例中项，所以一个国家也只能有一种可能的好政府。但是，由于千百种事变都可以改变一个民族的这些比率，所以不仅各个不同的民族可以有不同的好政府，而且就是同一个民族在不同的时代也可以有不同的好政府。

为了设法解说可能制约着上述首尾两项之间的各种不同的比率，我

① 这个数学公式是：主权者 / 政府 = 政府 / 国家；也就是：政府 × 政府（= 政府 ^{2}）= 主权者 × 国家。这个公式的含义不外是说：政府所施之于国家的行政权力，应该等于主权者所赋予政府的权力。——译者注

② 这里的意思是说，主权者权力过大则政治体便不能正常地行使职能，政府权力过大则成为暴政，臣民权力过大则成为无政府。——译者注

可以举一种最易于说明的比率为例，即人口的数目。

假设一个国家是由一万名公民组成的。主权者是只能集体地并作为共同体来加以考虑的；但是每个个人以臣民的资格，则可以认为是个体。于是主权者对臣民就等于一万比一，也就是说，国家的每一个成员自己的那一部分只有主权权威的万分之一，尽管他必须全部地服从主权。假设人民的数目是十万人，臣民的情况依然不变，并且所有的人都同等地担负着全部的法律；然而他的表决权已缩减至十万分之一，于是在制定法律时，他的影响也就缩减至原来的十分之一。这时候，臣民始终还是一，但主权者的比率则随着公民的人数而增大。由此可见，国家越扩大则自由就越缩小。

我所谓比率增大，意思是说它离开相等就愈加遥远了。因此，在几何学的意义上比率愈大，则在通常的意义上比率就愈小：在前一种意义上，比率是从数量来考虑的，是以商数来衡量的；而在后一种意义上，比率是从相等来考虑的，是以相似值来计算的。

因此，个别意志对公意、也就是说风尚对法律的比率越小，则制裁的力量就应该越加大。从而政府若要成为好政府，就应该随着人民数目的增多而相对地加强。

另一方面，既然国家的扩大给予了公共权威的受托者以更多的诱惑和滥用权力的办法；所以越是政府应该有力量来约束人民，则主权者这方面也就越应该有力量来约束政府。我这里说的不是绝对的力量，而是国家各个不同部分相对的力量。

从这个双比率中就可以看出：主权者、君主与人民三者之间的连比例绝不是一项臆造的观念，而是政治体的本性的必然结果。还可以看出：首尾两项中有一项，即作为臣民的人民，既然是固定不变地等于“一”；因而，这个双比率每一次增大或者缩小，则单比例也就照样地增大或者缩小，从而中项也就随之而改变。由此也就可以看出：并不存在什么一种唯一的绝对的政府体制，而是随着国家大小的不同，也就可以有同样之多的性质不同的政府。

假如有人嘲笑这种体系说：为了能发现这个比例中项并组成政府共同体，按照我的办法，只消求出人口数字的平方根就行了；那么，我就要回答说，我这里引用人口的数目只是作为一个例子，我所说的比率并不能仅仅以人数来衡量，而是一般地要以结合了大量因素的作用量[①]来衡量的；而且还有，假如我是为了用简略的词句来表达我的意思而暂时借用了几何学的名词，我当然并没有忽视几何学的精确性对于精神方面的数量是全然没有用场的。

政府乃是那个包括政府本身在内的大型政治共同体的小型化。政府是被赋予一定能力的一个道德人格，它像主权者一样是主动的，又像国家一样是被动的；我们还可以把它再分解为其他类似的比率，由此便又产生了新的比例，其中按执政的等级还可以再有比例；[②]这样下去，直到一个不可再分的中项为止，也就是说，直到一个唯一的首领或者最高行政官为止，他可以被认为是代表这一整个序列之中的分数级数与整数级数之间的“一”。

我们无须纠缠于这些啰唆的名词；只要把政府看作是国家之内的一个新的共同体，截然有别于人民以及主权者，并且是这两者之间的中间体，这样就够了。

这两种共同体之间有着这样一种本质的不同，即国家是由于它自身而存在的，但政府则只能是由于主权者而存在的。所以君主的统治意志就只是，或者只应该是公意或法律；他的力量只不过是集中在他身上的公共力量罢了；只要他想使自己获得某种绝对的、独立的行为，整体的联系就会开始涣散。最后，如果君主居然具有一种比主权者的意志更为活跃的个别意志，并且他竟然使自己所掌握的公共力量服从于这个个别意志，以至于可以说是有了两个主权者，一个是权力上的，而另一个

① “作用量”（quantité d'action）为 17、18 世纪学者们所常用的一个术语，指用一定的力所完成的功。——译者注

② 按，政府组织包括有不同的等级（政府，政府’，政府”），所以这里的数学公式是：政府/政府’＝政府’/国家，政府’/政府”＝政府”/国家；如此类推。——译者注

则是事实上的；这时，社会的结合便会立即消灭，而政治体也便会立即解体。

可是，为了使政府共同体能具有一种真正生存，能具有一种与国家共同体截然有别的真正生命，为了使它的全部成员都能共同协作并能适应于创建政府的目的；它就必须有一个单独的“我”，有一种为它的全体成员所共有的感情，有一种力量，有一种要求自我保存的固有意志。这种单独的生存就要有大会、内阁会议、审议权与决定权、种种权利和称号以及属于君主所专有的各种特权，并且使行政官的地位得以随着它的愈加艰巨而成比例地愈加尊荣。困难就在于以什么方式在整体之中安排这个附属的整体，从而使它在确定自己的体制时，决不至于变更总的体制，从而使它始终能够区别以保存自身为目的的个别力量[①]和以保存国家为目的的公共力量；从而，一言以蔽之，使它永远准备着为人民而牺牲政府，却不是为政府而牺牲人民。

然而，尽管政府这个人为共同体是另一个人为共同体[②]的产物，而且在某种方式上还只不过具有一种假借的和附属的生命；但是这并不妨碍政府能够以或多或少的生气与敏捷性而行动，并且可以说，能够享有或多或少的茁壮的健康。最后，政府虽不直接脱离其创制的目的，却可能依照它本身建制的方式而或多或少地偏离这个目的。

由于这一切的不同，便使得政府对于国家共同体所能具有的比率，也要按照国家本身会因之而改变的种种偶然的、特殊的比率而有种种不同。因为往往有本身是最好的政府，但若是随着它所属的政治体的缺点而改变它的比率的话[③]，就会变成最坏的政府。

---

① “个别力量”指政府的力量。——译者注

② “另一个人为共同体”指国家。——译者注

③ 1782 年及以后的各版本中，这句话作“但若是不曾随着它所属的政治体的缺点而改变它的比率的话”。此处译文据伏汉本改正。——译者注

论各种不同政府形式的建制原则[①]

为了揭示这些差别的一般原因，这里就必须区别君主[②]与政府，正如我在上面已经区别了国家与主权者一样。

行政官的共同体可以由数目或多或少的成员组成。我们已经说过，人民的数目愈多，则主权者对臣民的比率也就愈大；根据明显的类比，我们可以说政府对行政官[③]的比率也是这样。

然而，政府的全部力量既然始终就是国家的力量，所以也就丝毫不会有变化。由此可见，政府愈是把这种力量耗费在自己成员的身上，则它剩下来所能运用在全体人民身上的力量也就愈小。

因此，行政官的人数愈多，则政府也就愈弱。因为这是一条带有根本性的准则，所以就让我们来好好地阐明一下。

在行政官个人的身上，我们可以区别三种本质上不同的意志：首先是个人固有的意志，它仅只倾向于个人的特殊利益；其次是全体行政官的共同意志，唯有它关系到君主的利益，我们可以称之为团体的意志，这一团体的意志就其对政府的关系而言则是公共的，就其对国家——政府构成国家的一部分——的关系而言则是个别的；再次是人民的意志或主权的意志，这一意志无论对被看作是全体的国家而言，还是对被看作是全体的一部分的政府而言，都是公意。

在一个完美的立法之下，个别的或个人的意志应该是毫无地位的，

---

① 卢梭《山中书简》第6书："法律由于它的本性，是不能有一个特殊的、个别的对象的；但是法律的应用则要落实到特殊的、个别的对象上。因此，立法权力——它就是主权者——就需要有另一个权力来加以执行，也就是说把法律转化为特殊的行动。这第二种权力应该由下述的方式而确立，即它永远执行法律并且永远仅只执行法律。由此便有了政府的建制。"

② "君主"系指全体统治者的集体；多数版本（如迦尼蔼本）这里的"君主"（prince）一词均作"原则"（principe）；此处译文据伏汉本及波拉翁本。——译者注

③ "行政官"系指参与政府会议并做出决策的高级官吏或最高行政官；可参看卢梭《社会契约论》第3卷，第3章。——译者注

政府本身的团体意志应该是极其次要的，从而公意或者主权的意志永远应该是主导的，并且是其他一切意志的唯一规范。

相反地，按照自然的次序，则这些不同的意志越是能集中，就变得越活跃。于是，公意便总是最弱的，团体的意志占第二位，而个别意志则占一切之中的第一位。因此之故，政府中的每个成员都首先是他自己本人，然后才是行政官，再然后才是公民；而这种级差是与社会秩序所要求的级差直接相反的。

这一点成立之后，假定整个政府只操在一个唯一的人的手里，在这里个别意志与团体意志是完全结合在一起的，因此团体意志就具有它所能具有的最高的强度。可是，既然力量的运用要取决于意志的程度，而政府的绝对力量又是丝毫不会变化的，由此可见，最活跃的政府也就是一个唯一的人的政府。

反之，假定我们把政府与立法权威合而为一，假定我们使主权者成为君主，使全体公民通通成为行政官；这时，团体的意志就和公意混同而不会比公意具有更大的活跃性，同时个别意志则仍然保留其全部的力量。这样，永远具有同一个绝对力量[①]的政府，便将处于它的相对力量或者说活跃性的最低程度。

这些比率是无可辩驳的，并且从其他方面来考虑也可以证实这一点。例如，我们可以看到，每一个处于其共同体之中的行政官都要比每一个处于其共同体之中的公民更为活跃，因此之故，个别意志在政府的行动中就要比在主权者的行动中具有要大得多的影响；因为每一个行政官差不多总是担负着某些政府职能的，反之，每个公民分别地说来，却并不具有主权的任何职能。还有，国家愈扩大，则它的实际力量也就愈增大，虽然实际力量的增大并不是和领域大小成比例的；但是，如果国家仍然是同一个国家，行政官的数目纵然可以任意增加，政府却并不会

① “永远具有同一个绝对力量”，因为这里假设政府掌握国家全部的力量，并假设这个力量是不变的。——译者注

因此获得更大的实际力量，因为实际力量就是国家的力量，这两者的尺度永远是相等的。这样，政府的相对力量或活跃程度便会减小，而它的绝对力量或实际力量却并不能增大。

还可以肯定：负责的人愈多，则处理事务就愈慢；由于过分审慎，人们对于时机就会重视不够，就会坐失良机；并且由于反复考虑，人们往往会失掉考虑的结果。

我刚才论证了，随着行政官的增多，政府也就会松弛下来；并且我在前面也已经论证过，人民的数目愈多则制裁的力量也就应该愈增大。由此可见，行政官对政府的比率应该是和臣民对主权者的比率成反比的，这就是说，国家愈扩大则政府就应该愈紧缩，从而使首领的数目得以随着人民的增多而按比例地减少。

还有，我这里谈论的只是政府的相对力量，而不是它的正当性[①]。因为，反过来说，行政官的数目越多，则团体的意志也就越接近于公意；但是在一个唯一的行政官之下，则这一团体意志便正如我所说过的，只不过是一个个别的意志而已。这样，人们失之于一方面的，就可以得之于另一方面；而立法者[②]的艺术就正是要善于确定这样的一点：使永远互为反比例的政府的力量与政府的意志，得以结合成为一种最有利于国家的比率。

政府的分类

在前一章中我们已考察过了，为什么要按构成政府成员的人数来区分政府的各种不同类别或不同形式；在这一章中还要考察怎样来进行这种分类。[③]

---

① “正当性”指权力的运用须符合公意。——译者注

② 此处“立法者”系指“为人民创制”的人（见卢梭《社会契约论》第2卷，第7章），而不是指制定法律的主权者。——译者注

③ 孟德斯鸠《论法的精神》第2卷，第1章：“有三种政府：共和政府、君主政府、专制政府。

首先，主权者可以把政府委之于全体人民或者绝大部分的人民，从而使做行政官的公民多于个别的单纯的公民。这种政府形式，我们名之为民主制。

再则，也可以把政府仅限于少数人的手里，从而使单纯的公民的数目多于行政官，这种形式就称为贵族制。

最后，还可以把整个政府都集中于一个独一无二的行政官之手，所有其余的人都从他那里取得权力。这第三种形式是最常见的，它就叫做国君制或者皇朝政府。

我们应该指出，所有这几种政府形式①，或者至少前两种形式，都是或多或少可以变动的，甚至还有相当大的变动幅度。因为民主制可以包括全体人民，也可以缩小到人民的半数；而贵族制则可以从人民的半数无限地缩小到极少数的人。即使是王位也可以接受某些划分。斯巴达按它的宪法，是经常有两个王的②；而我们也看到在罗马帝国甚至于同时有八个皇帝③，但我们并不能说罗马帝国是分裂的。因此，每种政府形式总有某一点是与另一种形式相重叠的；并且我们可以看出，在这仅有的三种名称之下，政府实际上所能包含的各种不同的形式，其为数正如国家所可能有的公民数目是一样的多。

此外还有：由于同一个政府在某些方面可以再分为若干部分，一部分以某种方式施政而另一部分则以另一种方式施政；于是这三种形式相

（接上页）要发现这三者的性质，只要用最没有学识的人对此所具有的观念就够了。我提出三个定义，或者不如说是三个事实：人民集体或只有一部分人民具有主权权力的政府，便是共和政府；只有一人来统治，但根据固定的和确立了的法律，便是君主政府；反之在专制政府之下则只有唯一的一个人，既无所谓法律，也无所谓规章，完全凭个人的意愿与爱好来支配一切。”又，第 2 章：“在共和政府中，如果人民集体具有主权权力，便是民主制。如果主权权力掌握在一部分人民的手中，就叫做贵族制。”

① 亚里士多德《政治论》第 3 卷，第 5 章：“最高权威必定是操于一人之手，或是操于若干人之手，或是操于多数人之手。”

② 斯巴达的两个王，是由两个氏族产生的，其主要职务为统率军队作战以及进行某些审判与祭祀。——译者注

③ 罗马帝国后期经常有两个皇帝，有时是四个，最多时有八个。——译者注

结合的结果便可以产生出大量的混合形式，其中的每一种都可以由这些简单的形式繁衍出来。

关于什么是最好的政府形式，在各个时代里，人们曾经有过许多争论，而并没有考虑到它们之中的每一种形式在一定的情况下都可以是最好的，但在另一种情况下又都可以是最坏的。

如果在不同的国家里，最高行政官的人数应该与公民的数目成为反比；那么，一般说来，民主政府就适宜于小国，贵族政府就适宜于中等国家，而君王政府则适宜于大国。[①] 这条规律是立刻就可以从原则里得出来的。然而，又怎么样计算那些可能构成例外的许多情况呢？

论政府的创制绝不是一项契约

立法权一旦确立之后，就必须同样地确立行政权；因为行政权只能由个别的行为[②] 来加以运用，而并不属于立法权的本质，所以它很自然地是与立法权相分离的。主权者，作为主权者来考虑，假如可能具有行政权的话；那么，权利与事实就会混淆不清，以至于人们再也弄不清楚什么是法律，什么不是法律了。于是这种变了质的政治体就会很快地成为暴力的战利品，虽然政治体原是为了反对暴力而创立的。

全体公民既然根据社会契约是人人平等的，所以全体就可以规定什么是全体所应该做的事，同时又没有一个人有权利要求别人去做他自己所不做的事。这是使政治体得以生存与活动所必不可少的权利；主权者在创立政府时所赋予君主的，就正好是这种权利。

有很多人认为，创设政府的行为乃是人民与他们所加之于自己之

① 布拉马奇《政治权利原理》："每一种好政府并不是同等地适宜于一切民族。在这一点上，必须顾及各个民族的气质和特性以及国家的大小。大国很难适应共和制政府，而明智地加以限制的君主制倒是更为适合；但是就中等大小的国家来说，对它们最为有利的则是对人民的普遍性保留着某些照顾的、选举的贵族制。"

② "个别的行为"指行政官的发号施令，"个别的行为""既不能是法律，也不能是主权的行为"。——译者注

上的首领之间的一项契约；由于这一契约，人们便规定了双方间的条件，即一方有发号施令的义务，而另一方有服从的义务。但我确信，人们将会承认这是一种奇怪的缔约方式。让我们且看这种见解是不是站得住吧。

首先，至高无上的权威是不能加以改动的，正如它是不能转让的一样；限制它也就是摧毁它。说主权者给自己加上一个在上者，这种说法乃是荒谬的、自相矛盾的；自己使自己负有服从一个主人的义务，那就是使自己又恢复了完全的自由。①

再者，显而易见，这种人民与某某人之间的契约乃是一桩个别的行为。由此可见，这一契约既不能是法律，也不能是主权的行为，因而它也就是不合法的。

还可以看出，缔约者双方相对间都只处于唯一的自然法之下，而彼此之间的相互协定又没有任何保证；这就在各个方面全都是与政治状态相违背的。手里掌握权力的人既然永远都是执行契约的主人，这就无异是以契约这个名称加之于这样的一种行为，即一个人向另一个人说："我把我的全部所有都给你，条件是随便你愿意还给我多少都可以。"

一个国家中只能有一个契约，那就是结合的契约；而这个契约本身就排斥了其他一切契约。我们无法想象任何另一个公共契约是不会破坏最初的契约的。

论政府的创制

然则，应该以怎样的观念来理解创制一个政府的这一行为呢？我首先要指出，这种行为乃是一种复合的行为，或者说，是由其他的两种行

---

① "完全的自由"即自然状态。当人民（主权者）"使自己负有服从一个主人的义务"时，国家唯一的契约即社会公约就被破坏了，于是人民便又重新回到自然状态。"完全的自由"柯尔（G. D. H. Cole）英译本作"绝对的自由"；邓哈特（Dernhardt）德译本作"全部原始的自由"。——译者注

为所构成的，亦即法律的确立与法律的执行。

由于前一种行为，主权者便规定，要有一个政府共同体按照这样或那样的形式建立起来；很显然，这种行为就是一项法律。

由于后一种行为，人民便任命首领来负责管理已经确立的政府。但是这一任命只是一桩个别行为，所以它并不是另一项法律，而仅仅是前一项法律的后果，是政府的一种职能。

困难就在于理解，在政府出现之前，人们何以能够有一种政府的行为；而人民既然只能是主权者或者是臣民，在某种情况之下，又何以能够成为君主或者行政官。

也正是在这里才能够发现政治体的最可惊异的性质之一，它就由于这一性质而调和了外表上互相矛盾的活动。因为这一点是由于主权猝然间转化为民主制而告完成的；从而，并没有任何显明可见的变化而仅只是由于全体对全体的另一种新关系，公民就变成了行政官，于是也就由普遍的行为过渡到个别的行为，由法律过渡到执行。

这种关系上的转变绝不是一种思辨上的玄虚，而是有着实践上的例证的；在英国国会里，天天都发生着这种事情。英国国会的下院，在某种情形下，为了能更好地讨论事务，就转变为全院委员会；前一瞬间它还是主权的庙堂，这时就变成了单纯的委员会机构。因此之故，它随后便须向作为下院的它自己本身，提出有关它在全院委员会上所作出的规划的报告；并且在另外一种名义之下，又重新来讨论它自己在前一种名义下所已经决定了的东西。

这就是民主政府所固有的便利，它在事实上仅只由于公意的一次简单的行为就可以确立。从此之后，这个临时的政府[①]或者是继续当权——如果这就是它所采取的形式的话——或者是以主权者的名义而确立一个由法律所规定的政府；这样，一切就都是按规矩做的。此外，就不可能有任何别

① “临时的政府”，是因为“那只是人民所赋予行政机构的一种临时的形式”（卢梭《社会契约论》第3卷，第18章）。——译者注

的合法的方式可以创制政府，而又不致放弃我们以上所奠定的原则。

防止政府篡权的方法

从以上的阐述中，就可以得出与第十六章一致的结论：即创制政府的行为绝不是一项契约，而只是一项法律；行政权力的受任者绝不是人民的主人，而只是人民的官吏；只要人民愿意就可以委任他们，也可以撤换他们。对于这些官吏来说，绝不是什么订约的问题，而只是服从的问题；而且在承担国家所赋予他们的职务时，他们只不过是在履行自己的公民义务，而并没有以任何方式来争论条件的权利。

因此，当人民创制一个世袭政府的时候，无论是一个家族世袭的国君制也好，抑或是某一等级公民世袭的贵族制也好，人民所采取的行动都绝不是任何协定——那只是人民所赋予行政机构的一种临时的形式，直到人民愿意另行加以规定时为止。

诚然，这种改变总是很危险的；所以，除非是政府已经变得与公共福利不能相容，否则就千万不要触动已经确立的政府。然而这种考虑只是一种政治的准则，而绝不是权利的规定；并且国家也无须把政治权威交给它的首领们，正如同无须把军事权威交给它的将领们一样。

同样真确的是[1]，在这类情况之下，人们不会有那么多的小心谨慎来遵守各种必要的形式，以便把正常的、合法的行为与叛乱的骚动区别开来，把全体人民的意志与派系的叫嚣区别开来。尤其是在这里，对于可厌的情况[2] 又不得不给予在最严格的权利之下人们所不能加以拒绝的东西；而且也正是从这种义务中，君主才得到了极大的方便，可以不顾人民而保持自己的权力，人们还不能说他是篡夺了权力。因为君主表面上似乎只不过是

① 1762 年 6 月 19 日，日内瓦政府总检察长根据本章此处以下的六节文字，对作者发出逮捕令，本书旋遭焚毁。——译者注

② “可厌的情况”（cas odieux），这是一个当时久已罕用的法律名词，此处系指人民要求行政权利时可能与公共利益发生冲突的情况。——译者注

在行使自己的权力时，非常容易把它们加以扩大，并以公共的安全为借口来禁止那些旨在重建良好秩序的集会；从而他便可以利用一种不容打破的沉默，或者是利用他所制造的不正常的状态，来假定那些因恐惧而缄默的人都是表态在拥护他，并且对那些敢于讲话的人进行惩罚。十人会议就是这样的；起初他们当选的任期是一年，嗣后又延长一年，终于便不再允许人民大会集会，以期永远保持他们的权力。世界上的一切政府，一旦假之以公共力量之后，迟早都是用这种简便的方法来篡夺主权权威的。

我在前面所谈过的定期集会，是适用于防止或者推延这种不幸的，尤其是当这种集会并不需要正式召集手续的时候。因为这时候君主若是加以阻止，便不能不公开宣告自己是法律的破坏者和国家的公敌了。

这种只能是以维护社会条约为目的的集会，永远应该是以两个提案而告开始；这两个提案绝不能取消，并且要分别地进行表决。

第一个是："主权者愿意保留现有的政府形式吗？"

第二个是："人民愿意让那些目前实际在担负行政责任的人们继续当政吗？"

我这里所假设的乃是我认为已经证明过了的东西，那就是：在国家之中，并没有任何根本法是不能予以废除的，即使是社会公约也不例外；因为如果全体公民集合起来一致同意破坏这个公约的话，那么我们就不能怀疑这个公约之被破坏乃是非常合法的。格劳秀斯甚至于认为每个人都可以退出自己原是其中的一个成员的国家，并且在离开国土时就重新获得了自己天然的自由和自己的财富。[①] 如果说集合在一起的全体公民竟不能做他们每个人分别开来所能做的事[②]，那就未免太荒谬了。

（选自卢梭《社会契约论》，何兆武译）

---

① 这当然是说，他的脱离绝不是为了逃避他的义务，也不是在祖国需要他的时刻，避免为祖国服务。那种逃脱是犯罪的，并且是应受惩罚的；那已经不是退出而是背叛了。

② "每个人分别开来所能做的事"即"每个人都可以退出自己原是其中的一个成员的国家"。——译者注

第七讲　论价格与政府干预

[英] 柏克

埃德蒙·柏克（Edmund Burke，1729—1797），英国著名思想家与政治家，西方保守主义的开拓者。

【编者按：“国家应该把自己限制在真正的、严格的公共事务——公共和平、公共安全和公共繁荣——的范围内”，这是柏克在此文中阐述的主要观点。针对当时鼓吹政府干预农产品与工资价格的流行观点，柏克指出强制性地确定劳动价格，只会导致违背商品交易法则的恶性循环，最终引发农业自身的毁坏。从事劳动的人之所以贫困，只能归咎于人数众多。强制性的平等化做法，不属于政府的职责。】

给我们提供生活必需品，这不是政府权力所能及。政治家们认为他们能够做到这一点，那只是自以为是的臆想。是人民供养了政治家，而不是政治家供养了人民。阻止邪恶的蔓延滋长才是政府的责任，政府应运用权力去制约邪恶。在这方面，或许也在任何其他方面，政府很少能积极地去行善。[①] 不仅国家和政治家是如此情形，而且各个层次的、形形色色的富人也都是如此：他们都是穷人所供养的人，是穷人用剩余产品养活了他们，他们世世代代都注定要绝对依靠这些因从事劳动而被贱称为穷人的人。

从事劳动的人民之所以贫困，不过是因其人数众多而已。大数量本身就意味着贫困，要在庞大的人群中进行公平的分配，就不会有人能够得到多的产品。那个被称为富人、靠伸手度日的寄生阶级，其人数极度之少。假使将富人们的喉管统统割断，拿其一年的全部消费在穷人当中尽兴分配，每人连一顿晚餐所需的那一点面包和奶酪也不见得能得到。

① 政府只能履行“看守人”之职。——译者注

事实上，这些干活的人既养活着寄生者，又养活着自己。

但是，富人的喉管是不应被割断的，他们的仓库也是不应被抢劫的。因为他们每个人都是劳动者的信托财产管理人，他们所贮存的财产即是劳动者的银行。不管他们是否有意这样做，从实际结果上说，他们确实在管理着劳动者的信托财产，——只不过有的管理人更忠诚、更精明，有的管理人不那么忠诚、不那么精明罢了。但是，从总体上看，责任是履行了。除了一些微不足道的佣金和回扣，一切东西都又回到了它们的发源地。当穷人起来消灭富人时，他们为自己所作的筹划是如此"精明"，就像他们为了使面包便宜而把磨坊烧掉、把谷物抛进江河一样。

对人民我们应该去了解，当我这样说的时候，我的话还有这层意思，即我们不应该接受他们的奉承。承称与教导是相互抵触的。如果他们那样做了，**穷人**将会变得像富人那样，缺乏远见，不务实际，这对他们没有丝毫益处。

没有什么比"劳动**穷人**"（the laboring **poor**）这一政治语汇更卑劣、更恶毒的了。让每人都尽自己之所能，把同情心表现在行动当中吧！表现得越多越好！但是，对他们的处境千万不要表现出哀伤，那并不能缓解他们的悲惨处境，却只能加重他们的屈辱和不幸意识。表现哀伤是由于缺乏起码的爱心和起码的思考造成的。一种缺乏绝不能靠任何其他缺乏来得到缓解。应该向他们推荐的是忍耐、勤劳、节制、简朴和宗教；推荐任何其他东西都是不折不扣的**欺骗**。把他们叫做"**曾经幸福的**劳工"是可怕的。

可以被称作道德上的或哲学上的"幸福的劳动阶级"的幸福是否有所增加，这个问题，我说不准。那种幸福只存在于头脑里，很少有资料可以表明能将这两个不同的精神状态进行比较。哲学上的幸福是清心寡欲，社会的或世俗的幸福是多消费和多享受……

同其他物品一样，劳动力也是一种商品，其价格的起伏由需要来决定。这是出于事物的本性，无论如何，是事物的本性在为劳动力提供生活必需品……

当一个人通过出卖劳动却不能养家糊口时，不应该通过权威手段提高其劳动价格吗？

在这个问题上，我必须提出我的看法，并予以比较详细的说明。

首先，正如我已经指出的那样，我认为劳动是商品。因此，作为商品，它也是一种可交易的物品。如果我的这一看法正确，那么，劳动就必须遵循商品交易的所有法则和原则，而不应该遵循外部的规则，否则，就可能与那些交易原则和法律相冲突。任何商品，被带入市场时其价格是否上扬，并不取决于卖主的需要，而是取决于买主的需要。卖主过于迫切地想卖掉商品，反而会产生事与愿违的结果（这是事物的本性所决定的，抗争也是徒劳的）。如果某种商品在市场上供过于求，其价格就会下落；如果供不应求，其价格就会上涨。从这个角度看，在市场上出卖劳动的人难以维持生计不在问题讨论之列。唯一的问题是：什么是值得买者去买的呢？

然而，如果当局干预此问题，确立一个价格强迫买主去购买，这与一个农场主购买了一二十个劳力，又购买了三四件手工产品，然后再对他所买得的财产进行武断地区分这样的情形有什么不同呢？[①]

他的全部收入的价值绝对抵不上他支付给他的雇工和工匠的工钱（对这一点我极其自信）。因此，一个人支付给**许多**人的工钱稍微增加一点，就可能把他拥有的资产全部吞没掉。这实际上相当于拿他的全部资产在雇工之间进行了分割。这样做的确能实现绝对的平等，——也就是说，一样的需求、一样的悲惨和一样的赤贫。就参与分割财产的那些人而言，他们的下场是悲伤的、无援无助的和绝望的。一切强制性的平等化做法的结果都是如此。它们把高的拉下来，但从来不把低的提上去，它们把高的和低的一起压在原来的最低层次之下。

如果当局提高商品的价格致使买者不能获得利润，那么，就会很少

① 购买劳动力的劳动和购买他们的产品，其性质是一样的，如果干预工资价格，就是妄加区分。——译者注

有人购买那种商品。如果当局再一次实行错误的干预以纠正前一次犯下的错误，即企图强迫购买者去购买当局提高了价格的商品（如劳动等），那必然会出现两种情况：或者受到强迫的购买者倾家荡产，或者产品的价格以相应的幅度上涨。结果是水涨船高，被抱怨者的邪恶随着抱怨者负担的不断加重而到来。由于谷物的价格取决于农业各个环节的成本，一旦劳力价格增长，那么，作为消费者的劳工，他要购买的谷物的价格也会上涨。能保持原来的生活状况就是他能得到的最好结果。但是，如果谷物的价格不能补偿劳动的价格，那将是更加可怕的事情。此时，最严重的恶性事件，即农业自身的毁坏，就有可能发生……

还有一个更大的、更具毁灭性的错误是不能犯的，即认为可以撇开普通商业原则来指导农业和畜牧业贸易。也就是说，如果允许生产者，甚至希望他，在没有欺诈和暴力的条件下尽可能地谋求一切利益、随心所欲地囤积或投放他的商品、拒绝向任何人交代他的积蓄或获利情况，那么施加任何其他的条件，他就会成为消费者的奴仆。假使他真的成了那个样子，对消费者没有任何好处。没有哪种奴仆会比这样的奴仆对主人更有利：他可以作为一个自由民以协约的方式与他的主人进行平等的交易，可以根据做生意的规范和原则，与他的主人讨价还价。如果消费者受到了伤害，从根本上看，经常是由于自己的专断和不义所造成的，是自己搬石头砸了自己的脚。拥有土地的绅士永远不要忘记，农民是他的代理人……

我请求政府（我是在最宽泛的意义上使用此词的，所以也包括议会的上下两院）对以下情况予以认真考虑：歉收年或丰收年不是短期内轮番出现的，而是历时相当长的时间才出现一次，没有什么规律性。正因为如此，如果我们采取了其实并不正确的措施，那么，我们也就无法相信自己能防范一个季节的匮乏，甚至相信能防范下个季节乃至多个季节的匮乏。此种情形将会驱使我们不断地采取并不正确的措施。因此，依我之见，一定要克服这种恶——它将会毁坏我们的农业，毁坏我们国内贸易的相应部分以及政府的稳固和自身存在。除此以外，没有别的办法。唯一的办法是勇敢地克服最初的念头——不论是理论上的抑或是实际上的，即错误地认为，政府甚至富人——作为政府或者富人——它或他们有能力向穷人提供上天乐意暂时拒绝赐给他们的那些生活用品。我们的人民应该知道，不应该去违背商品交易的法则，因为这些法则是自然法，因而也是上帝制定的法。这样做不会有希望缓解上帝的不满的希望，使他解除任何我们正在遭受的或悬在我们头顶的灾难。

哪些事情是国家应依据政治智慧担负领导责任的，哪些事情是国家应该尽量少加干预、留给个人自由处理的。这是立法活动中最有意思的问题之一，在我当议员时我经常思考这个问题。应当承认，要在这个问题上确立一个不允许有例外情况的标准是不可能的——许多例外是长期性的，有些是暂时的。然而，如果允许我划一个分界线，我可以非常清楚地划出，即国家应该把自己限制在与国家或与国家有关的事务范围内。也就是说，国家应该把自己限制在这样的事务范围内：国教的外部制度[①]、国家的地方行政、国家的税务、国家的海陆军事力量以及依据国家法令成立的团体组织等。一言以蔽之，国家应该把自己限制在真正的、严格的公共事务——公共和平、公共安全和公共繁荣——的范围内。在预防性的警察力量方面，国家应该保持克制。利用警察时，宁可数量小、次数少但果断有力，而不要数量大、次数多却软弱无力——如果其数量成倍增加，力量必然会日益萎缩，这是必然会出现的情况。有自知之明的政治家，会带着智慧应有的尊严，只在这样的高层领域，他们责任的原动力处稳健地、警觉地、坚韧地和勇敢地来从事政治活动。其余的一切事务，某种程度上都会自作安排。但是，当他们的治理从国家转向郡市，从郡市转向教区，从教区转向私人生活时，他们就在加速自己的堕落。他们不能去承担这种低层次的责任；如果他们试图去承担这种低层次的责任，对具体分殊的社会

---

① 确立国教，但不干涉其内部事务。——译者注

生活进行管理，那么，与此相应，他们在高层次的管理上必然不会成功。他们应该知道事物有不同的分界——哪些属于法律统治的范围，哪些只能交给礼俗去调整。对这些礼俗，伟大的政治家们可以给予倾向性的引导，但不能施予强制性的法律。

（选自柏克《自由与传统》，蒋庆、王瑞昌、王天成译）

第八讲　论行政部门

[美] 汉密尔顿、杰伊、麦迪逊

亚历山大·汉密尔顿（Alexander Hamilton，1755 或 1757—1804），美国联邦党领袖，是美国宪法起草人之一。独立战争期间曾任华盛顿的副官，后为大陆会议代表，主张建立中央集权的联邦政府。曾任第一任美国财政部部长。

约翰·杰伊（John Jay，1745—1829），律师兼外交家，主要从事外交活动，是 1783 年美国独立条约的签订人和 1793 年中立宣言的起草人，曾任国务卿、美国首席大法官、纽约州长等职。

詹姆斯·麦迪逊（James Madison，1751—1836），历任大陆会议代表、费城制宪会议成员、国务卿。1809 年出任总统。因起草《美利坚合众国宪法》以及前十条修正案（《权利法案》）被称为“美国宪法之父”。

【编者按：美国人民最引以为傲的1787年宪法，在批准过程中曾遭受过激烈的抨击。为使该宪法得以通过，起草者们以普布利乌斯为笔名，发表了一系列文章，系统阐述了1787年宪法欲建立的三权分立体制。就行政部门而言，起草者详尽地论述了行政首脑的产生方式、责任机制、任期以及具体的权限，包括否决权、军事权、特赦权、缔约权、用人权等。】

原载1788年3月11日，星期二，《纽约邮报》
第六十七篇
（汉密尔顿）

致纽约州人民：

拟议中政府行政部门的组成是我们下一步需要研讨的问题。

我们体制中几乎没有哪一部分比这个更加难以安排；更没有哪一部分受到这样不加掩饰的攻击，或者受到这样没有见识的批评。

在这方面，反对宪法的作者们似乎极尽歪曲之能事。他们考虑到人民对于君主制度的反感，力图利用人民的猜忌和疑虑来反对设想中的合众国总统一职；把它不仅说成是那令人讨嫌的前辈的胎儿，而且说成是君主的成年的继承人。为了证明这种骗人的亲缘关系，他们甚至不惜借助虚构的手段。总统的职权——在某些方面大于，在另一些方面则小于纽约州州长的职权——竟被夸张成王权。他们把总统的表征大加文饰，似乎比英国国王还要庄严显赫。他们把总统描述成似乎冕旒加额、紫袍罩身。他们把总统安置在宝座上，左右拥护着宠臣嬖姬，召见外邦使节，简直威严骄慢，不可一世。为了竭力夸张，他们简直全盘搬用了亚洲专横暴君穷奢极侈的形象。他们想要使我们见到扈从亲兵的威慑面孔就觳觫打战，想到后宫姬妾半遮容颜就忸怩失措。

这种放肆丑化的企图，我们甚至可以称之为拨弄妖术，使我们有必要准确地观察一下总统职位的真实属性和形式；这样，既可以弄清其实际外观，又可以揭穿如此狡诈地卖力宣扬的捏造形象的虚妄。

在执行此项任务时，对于有些人为了在这个问题上迷惑舆论所采用的既懦弱又恶毒的伎俩，要想保持克制并予以严肃对待，的确无人不感到十分吃力。这些伎俩，已超乎那些不正当但司空见惯的党派斗争手段所允许的范围如此之远，即使在忠厚忍让的人身上，也必然会把主张宽容对待政敌行为的情感，转变成难以克制和无法保留的愤慨。把合众国总统这样性质的行政长官类比成英国国王，这样的下流伪饰，简直令人无法不名之为有意的欺妄诈骗。为了使欺诈得逞所采取的不顾后果、难以想象的策略，尤其难以令人不加痛斥。

笔者谨举一例即可说明其一斑：他们竟然狂妄到把宪法中明文规定为各州州长的一项权限说成是总统的。笔者此处指的是对参议院空缺的补缺任命权。

对于同胞辨别力提出这一大胆挑战的作者，不是别人，竟是他所属政党[①]绝未吝于表扬的人——姑不论其有无真实功绩；此人根据这种伪造、无根据的提示，又复推演出一系列同样虚伪、无根据的说法。现在该让此人面对一下明显的事实了；如果他还能够，就让他对于这样无耻违背尊重真理、公平待人的准则提出辩解或文过饰非吧！

宪法第二条第二项第二节授权合众国总统“提名，并根据或征得参议院之意见并取得其同意任命大使、其他使节、领事、最高法院法官及本宪法未就其任命程序作有其他规定以及今后将以法律规定设置之合众国其他官员”。紧接下去的另一节是：“总统在参议院休会期间有权补

① 见凯托的第五篇文章。——普布利乌斯

充人员之缺额，此类委任之期限应于参议院下次会议结束时终止。”正是根据这后一规定，人们推演出总统补缺任命参议院中空缺的所谓的职权。稍事注意此两款间之联系，以及其措辞的明显含义，人们就不难看出这一推论甚至不能自圆其说。

显然，前一节仅只规定任命此类官员的方式，“本宪法未就其任命程序作有其他规定以及今后将以法律规定”；这自然不能引申到任命参议员，因其任命已经宪法作有其他规定[①]，并已经宪法规定其任命程序，而无须未来法律再予规定。这种情况几乎没有争论的余地。

同样明显的是，后一节也不能被理解为包含着对参议院空缺的补缺任命权，理由如下：甲、两节联系来看，前节既指合众国中任命官吏的一般方式，后节也只能是作为前节的补充，即在于说明一般方式不适用时应该采取的辅助办法。普通的任命权限于总统和参议院联合行使，因此只能行使于参议院开会期间；然而，又不能为了任命官吏而使参议院开会不止，而官吏出缺又可能发生在参议院休会期间，且为了公益又可能需要及时补缺，于是后节遂明显地为了授权总统单独进行临时任命，“此类委任之期限应于参议院下次会议结束时终止”。乙、既然此节应视为前节的补充，则此节中所谈缺额只能是关系到前节所提及的“官员”；而正如我们已看到的，其中并未提及参议员。丙、行使这一职权之时限，即“在参议院休会期间”以及委任之期限，即参议院“下次会议结束前”，应已阐明此项规定的目的；如果原来确实指的是参议员，自然就会提到各州立法机构休会期间的临时补缺委任权，而不会提到参议院的休会；而且也会将临时委任的参议员任期延长到州立法机构下次会议，因为缺额是该州的代表，而不会提到参议院下次会议的结束。有权行使永久性委任的机构，其本身情况当然会影响到有关临时委任的权限；既然这一机构即是参议院，而我们当前探讨所涉及的条款谈到的也仅属参议院情况，因此该款所

① 第一条第三项第一节。——普布利乌斯

提的缺额也只能关系到由参议院与总统共同委任的官员。丁、第一条第三项的第一、二两节，不仅排除一切可能的疑问，而且也粉碎了误解的借口。第一节规定，“合众国参议院议员由各州州议会选举，每州选举参议员二人，任期六年”；第二节规定，“在任何一州议会休会期间，如因参议员辞职或其他缘由导致产生缺额时，该州行政长官得于州议会召开下次会议补选前，任命临时参议员。”这里用十分清楚、毫不含糊的字样，明确规定了州长有权临时任命以补参议院中偶然出现的缺额；这就不仅否定了前面所谈条款目的在于授权给合众国总统的假设，而且证明这种甚至不能自圆其说的假设只能是意在欺骗人民，其露骨程度已无法由诡辩所遮掩，其恶毒用心也无法以伪善而令人宽容。

笔者举出这一曲解之例，并尽力置之于光天化日之下，以求毫不含糊地证明：有人不惜采取不正当手段，其目的在于阻挠对于提交人民审议的宪法的真正价值做出公正不阿的判断。对于如此昭然若揭的实例，笔者难免也使用了与这批论文普遍精神并不相符的严厉批判。对于强加到美国公民身上如此毫无廉耻、男盗女娼的行为，语言能够提供过分严厉的形容词汇么？就此，笔者并不踌躇于诉诸一切正直忠贞的反对派。

普布利乌斯

原载 1788 年 3 月 14 日，星期五，《纽约邮报》

第六十八篇

（汉密尔顿）

致纽约州人民：

任命合众国总统的方式，几乎是整个体制中唯一有任何重要意义，而未受到反对派严厉批评，或者受到些许称赞的部分。其中已经发表、最像煞有介事的，甚至还屈尊承认总统选举是相当谨慎从事的。[①]笔者斗胆要更进一步、并不踌躇地予以认定，此种任命方式，即使未臻于完善，至少也是极为美好的。此种方式具备人们所希望具备的一切好处，并使之达到卓越的程度。

遴选担负如此重托的人物，应该希望人民的意志能够起到作用。为此，没有把这项权力交付某一现成机构，而是交付给为此特殊目的由人民在特定时刻选出的人。

同样应予以希望的是，直接选举能够由这样一些人来实现，他们最善于辨别适宜于这一职位需要的品质，可以在有利于慎重审议的条件下行动，并使一切理由和主张都能适当地结合在一起，以便作出选择。由人民群众普遍从本地同胞中选出的少数个人，最有可能具有进行如此复杂的审查工作所必需的见闻和眼力。

尤其应予以希望的是，要尽可能地减少引起骚动和紊乱的机会。选举合众国总统这样担负管理政府重任的行政官吏，决不应对发生骚动和紊乱的可能掉以轻心。但是，在当前审议的体制中，预防措施安排得很是巧妙，提供了防止危害的有效保障。选出若干人，组成一个选举人的居间机构，比起选举一个人，作为公众寄望的最终对象，就不那么容易造成震动整个社会的非常的、暴乱性的运动。而且，由于由每州选出的选举人将在其所由选出的州内集合并进行投票，这种各自分离的情况，比起把他们同时召集到同一地点，能使他们不那么容易招惹激情和怒气，转而又影响到全体人民。

最应寄予希望的是，要采取一切实际可行的步骤去反对结党营私、阴谋诡计、贪污腐化。共和政体的这些最危险的死敌，自然可以预期不会单独来自一个方面，但是主要还是来自外国妄想在我们政府机构占据上风的愿望。为了达到这一目的，最便当的办法岂不就是把他们自己的傀儡抬上联邦总统的高位么？然而，制宪会议已经对此予以最为精明、

---

① 参见《联邦农场主》。——普布利乌斯

敏锐的注意，预防了一切这类危险。会议未使总统的任命依靠任何现成的组织，因为这种组织的成员有可能在事先受到贿赂而出卖其选票；而是从一开始就诉之于美国人民的直接行动，选出若干人来专门从事选任总统这样一项临时任务。而且会议还规定，凡根据客观情况可能被怀疑过分忠于现任总统的，均无资格接受此项委托。一切参议员、众议员，或任何受委或就雇于合众国的个人，均不能成为选举人。这样，除非全体人民均被收买，直接进行选举的代理人将至少可以不带任何邪恶偏见来开始从事此项任务。选举人团成员的临时性质，以及其各自分离的情况，将足以保证他们继续不带偏见直至任务终结。对这样相当众多的人，要想加以腐化是需要时间和金钱的。由于他们分散在十三个州，也不会很容易突然把他们根据某种共同的动机组织到一起来，这种动机虽然尚不能名之曰腐化，却仍然有可能具有使他们偏离本身职责的性质。

另一项并非次要的希望是，总统在职期间应该除了人民本身之外不依附于任何个人。否则，总统就有可能被诱使为了满足那些在他任期中给予必要支持的人而牺牲其本身职责。为了保障这一优越性，还规定其连选仍需依靠特殊代表机构，由全体社会专门为了作出这一重要遴选而指定之。

这一切的优越性均已巧妙地结合在制宪会议制定的宪法草案之内；亦即各州人民选出一定人数充当选举人，其数目相等于各州在全国政府中参众议员人数的总和，选举人在本州内集会，就适于出任总统的人选进行投票。如此所投各票送交全国政府所在地，获得全部选票多数者即当选为总统。但是，由于多数选票并不见得总会集中于一人，而不足半数即作为当选又可能不甚保险，于是规定，万一出现这一情况，则由众议院从得票最多的五名候选人中选出他们认为最为合格的人。

这一选举程序提供可靠保证，使得总统的职务绝不致落到不在最高程度上满足必要条件的人身上。搞卑劣权术的本事，哗众取宠的小动作，可能把一个人抬到单独一州的最高荣誉地位；但要使一个人在整个联邦受到尊重和信任，则需要真正的才能和不同性质的优点，要使一个人成为合众国总统这样显要职务的当选人，至少也需要相当的才能和优点。这个职务十之八九会由德才都很杰出的人担当，这样说恐怕也不算过分。国家治理情况的好坏，必然在很大程度上取决于政府负责人如何，能够对此有所体会的人当能正确估价本宪法草案。我们虽然不能默然同意某个诗人的下述政治邪说：

> 政体如何，愚人多虑；
> 其实好坏，全在治理。

然而，我们却不妨承认，优良政体的真正检验标准应视其能否有助于治国安邦。

副总统的产生将与总统的选出方式相同；其差别仅在于，众议院在总统选举中的作用，将由参议院来担当。

额外再选任副总统这样一个人，有人认为是多余的，甚至是包含什么鬼把戏。有人宣称，这还不如授权参议院从其成员中互相推选出一名类似的官员。但是，制宪会议的观点是有两点考虑的：一、为了保证参议院经常采取确定决议的可能，其议长只须具有表决权；使代表任何一州的参议院担当议长职务，就使该州可以经常运用的表决权变成了偶尔才能运用的表决权。二、由于副总统在某种情况下可能代行总统职务，成为最高行政首脑，那么一确定总统选举方式的种种理由，就不仅同样，而且在更大程度上，也应该决定副总统遴选的办法。值得注意的是，这种反对意见，正如大多数其他反对意见一样，都是违反本州宪法的。我们州也有个副州长，由全民选举产生，主持参议院，并在使副总统代行总统职务的同样非常的情况之下成为州长的合乎宪法的代行人。

普布利乌斯

原载1788年3月14日《纽约邮报》
第六十九篇
（汉密尔顿）

致纽约州人民：

现在笔者根据制宪会议提出的宪法草案说明一下拟议中行政部门的真实性质，以便更突出地暴露有关反对意见的不公允之处。

引起我们注意的第一点是，行政权，除了少数例外情况，均集中于一人身上。虽然如此，这一点却很难作为任意对比的依据；因为，如果在这一个别地方它与英国国王有类似之处，它也同样类似于土耳其皇帝、鞑靼可汗、罗马市长或纽约州长。

总统每次当选任期四年；只要合众国人民认为他可信就可以多次连选连任。这些方面，他和英国国王是完全不同的，后者是世袭君主，其王冠也是子孙永世继承的财产；但是，他同纽约州长确实有相近之处，后者是任期三年，也可以不受限制、不需间断地连选连任。如果我们考虑到在单独一州之内确定一种危险影响，比起在整个合众国确定类似影响，所需要的时间要少得多，那么，我们就可以认为，总统任期四年，比起一个州长的任期三年，其在职时间并不那么长得可怕。

美国总统可以受弹劾、受审判，而且如果被判明犯有叛国、接受贿赂或其他重罪时，还得予以撤职；事后可以受到普通法律的控告和处罚。英国国王的人身是不可侵犯的；他不对任何执法的法庭负有受审判的义务；对他进行任何处罚都可以引起全国革命的危机。在这种个人负责的微妙而重要的情况下，美国邦联的总统所处地位并不比纽约州长更为优越，比之马里兰和特拉华两州的州长则更为低劣。

美国总统有权驳回立法机构两院通过的法案，要求重新审议；而法案如果经过审议复由两院的三分之二多数通过即成为法律。英国国王则对议会两院立法享有绝对的否决权。此项权力在过去相当长时期内未予使用并不影响其实际存在；而只是完全在于英王有办法施加影响以代替运用权威，或者使用手段取得两院中一院多数的支持，才避免了运用这一特权的必要，因为运用这一特权常常可能引起某种程度的民情激愤。总统的有条件的否决权大别于英国君主的绝对否决权；却极似本州复审委员会的复审权，而本州州长亦为复审委员会的成员。在这一点上，美国总统之权大于纽约州长，因为总统单独具有州长与平衡法院院长和法官共同享有之权；但与马萨诸塞州的州长则完全相同，因为制宪会议在这一条款上原来似乎就是照抄该州宪法的。

总统为“合众国陆、海军总司令，并统辖为合众国服役而征调之各州民团。总统有权减缓和赦免触犯合众国之犯罪，唯弹劾案不在此列；提出其认为必要而妥善之措施提请国会审议；在非常情况下得召开国会两院或一院之会议，值两院对休会时间意见不一时，得指令两院休会至其认为适当时期为止；监督法律之忠实施行；委任合众国之一切官员”。在这多数具体问题上，总统权力与英国国王以及纽约州长的权力俱皆相同。最主要的实质不同在于：第一，总统只对依法应召为联邦服役的部分民兵享有临时统辖权。英国国王和纽约州长则对其各自管辖下的全体民兵享有全面统辖权。因此，在这一有关条款之下，美国总统之权是比英国国王以及纽约州长均皆低劣的。第二，总统为合众国陆、海军总司令。在这方面，其权威与英国国王在名义上是相同的，实质上则低劣得多。其权威实际上并不超过作为邦联的首席陆、海军上将对于陆、海军的最高统辖和指挥权；而英王的权威则尚扩及到宣布战争以及征召和组成舰队和陆军——而这一切权力按照宪法草案的规定均属于议会。[①] 另一方面，根据纽约州宪法，州

① 宾夕法尼亚州一篇论文的作者（署名塔莫尼）曾声言，英国国王作为统帅之权源出于一临时性反兵变法的规定。相反，事实上英国国王在这方面特权的渊源已不可考，而且，正如布莱克斯通在《评注》第 1 卷第 262 页所说的，只是被查理一世时的长期议会“违反一切常理和先例”予以争议过；但是，根据查理二世时的第十三号法规第六章，统帅权规定由国王单独行使，因为在陛下国土及领地内的民兵、海上和陆上的一切武装。一切城堡和要塞之唯一最高管辖权，过去从来是，现在仍然是陛下及其先世各代英国国王和女王确定无疑的权力，议会两院或其中之一院均不能亦不应有所觊觎。——普布利乌斯

长只享有对民兵和海军之统辖权。但是，有些州的宪法则明文规定其州长为其海军以及陆军的统帅；由此，人们不禁要问：特别是新罕布什尔和马萨诸塞两州的宪法在这方面授予其各自州长的权力，是否比合众国总统能掌握的权力还要更大一些。第三，总统赦免权适用于一切案件，弹劾案除外。纽约州长则可以在一切案件中赦免，甚至包括弹劾，只有叛国和谋杀案除外。从政治后果估量，条款所规定给州长的这项权力难道不是比总统更大吗？反对政府的一切阴谋策划，只要尚未见诸实际叛国行动，就可以通过这一赦免权的干预，得到掩护而免受任何种类的惩罚。因此，如果纽约州长竟成为此种阴谋的首领，只要其意图尚未转化为实际敌对行为，他就可以保证其同谋及追随者得到完全的豁免。另一方面，联邦总统，虽然可以赦免通过普通法律起诉的叛国罪，却不能在任何程度上保护任何罪犯不受弹劾和判罪后果的影响。在一切准备阶段均可不受惩治，比起在最后执行其阴谋，即实际诉诸武力而失败时仅得免去一死和免受剥夺的情况，前者岂不更易诱使人们不惜从事并坚持有害人民自由的冒险行径吗？如果能够下令赦免的人也被卷入，并因而不能下令赦免，估量到这种可能性，为了在最后失败时争取赦免的可能还能起多大的作用呢？为了更好地判断此事，必须记住，根据宪法草案，叛国罪仅限于“对合众国作战，并依附其敌人，给予其敌人以帮助及支援”；而根据纽约州法律，叛国罪的范围亦均相同。第四，总统只是在就休会时间产生异议的唯一情况下才能使国家议会休会。英国君主则可以停闭乃至解散议会。纽约州亦可以在有限期间内停闭本州立法议会；这一权力在某些情势之下可用以达到非常重要的目的。

总统有权在征得参议院之意见并取得其同意时缔结条约，唯需有出席参议员的三分之二予以认可。英国国王则是国家在一切对外交往中唯一和绝对的代表。国王得自动缔结有关和平、商务、联盟，以及一切其他类型的条约。有人暗示说，英国国王在这方面的权威并不是无可争辩的，其与外邦所定公约是可以修改的，而且需要议会批准。但是，笔者认为，这一见解前此是从未听说过的。英国的一切法学专家[①]，以及熟悉该国宪法的一切其他别人，都知道，作为已经确立的事实，缔约的特权是绝对属于国王的；由国王授权订立的协定是具有最完全的合法性和完整性的，不需任何其他批准手续。实际上，人们有时看到议会从事于修改现行法律以符合新定条约的条款；也许正是这一点可能引起幻觉，以为议会的合作才使之对条约的有效性承担了义务。但是，议会的这种插手实乃出于不同的原因：出于使一种极其不自然、极其错综复杂的税制和商法适应于执行条约时所引起的其中变动；采取新的规定和预防措施以适应新的情况，并保证整个国家机器不致运转失灵。因此，在这一方面，拟议中的总统权力与英国国王的实际权力是不能同日而语的。后者可以单独行使，而前者则只能在议会一院的认可下才能行使。应该承认，在这种情况下，联邦行政首脑的权力总是超过一州的行政首脑的，但是，这是由于涉及条约上的主权而自然而来的。如果邦联竟然解散，各州的行政首脑是否即将单独被授予这一微妙而重要的特权，这确实将是一个问题。

总统还规定有权接见大使及其他外国使节。这一点，虽然已成为一项颇遭非议的主题，其实在更大程度上只是属于礼仪性的事务，并非什么权威问题；是一桩对于治国安邦无关紧要的事；外国使节的到来，不过仅仅是为了接替其前任，如果每次一到就召集议会或其一院，这种需要自然要比现行安排不方便得多。

总统将提名，并在征得参议员之意见并取得其同意后，任命大使及其他驻外使节、最高法院法官，以及合众国一般依法设置但其委任在宪法中又无其他规定的一切官员。英国国王被称为荣誉之泉源，这一点既为人所强调，也是实际情况。英国国王不仅可以委任官员，而且还可以设置职务。他可以随心所欲地授勋立爵；而且还可以任意地处理大量教会中职务的升迁。在这一特定方面，总统的权力也是显然比英国国王低劣得多的；而且，如果我们是按实践情况来解释纽约州宪法，总统的

① 参见布莱克斯通：《评注》，第 1 卷，第 257 页。——普布利乌斯

权力尚且不及纽约州长。在我们州内，委任权属于由州长以及由众议院推选的四名参议院议员组成的委员会。州长依法应有，并也经常行使提名权，而且有资格就决定委任投票。如果州长的确有提名权，则州长的权威在这方面是同总统相同的，而在投票权上则超过总统。在全国政府中，如果参议院中相持不下，委任就无法实现；在纽约州政府中，州长可以起决定作用，批准他自己提名的人。[①] 如果我们比较一下，一方面是总统以及全国议会中整个一个院共同任命的方式，其必然具有的公开性；另一方面是纽约州长与最多四人，而时常只有二人，闭处暗室决定委任的秘密方式；如果我们再考虑一下，对于掌握委任权的委员会中少数人员施加影响，比之对于全国参议院大量成员施加影响，自然容易得多；由此，我们不能不断然宣布，纽约州长在安排职务方面的权力，在实践上必然大大超过联邦总统的相应权力。

由此可见，除了有关缔结条约的条款中规定总统可以分享之权力以外，很难确定在总和方面总统究竟比纽约州长的权力更大些还是更小些。而似乎更加明确的是，试图把总统与英国国王类比实在是毫无借口可言的。但是，为了把这方面的对比表现得更为突出一些，我们不妨把这些主要不同之点再作进一步的综述。

合众国总统为民选任期四年的官员；英国国王则是终身和世袭的君主。前者个人可以受到惩罚和羞辱，后者则其人身神圣不可侵犯。前者对议会法案可以有有条件的否决权；后者则有绝对的否决权。前者有权统辖国家陆军和海军；后者除此权力之外还具有宣布战争，以及凭个人权威征召和组成舰队和陆军之权。前者与议会之一院共享缔结条约之权；后者则单独享有缔结条约之权。前者在委任官员上具有类似分享之权；后者则单独决定一切委任。前者不能授予任何特权；后者可以使外国人归化，使普

① 然而，坦率地说，笔者承认，州长依法应有提名权的说法并无很多依据。然而，除非有人提出其是否合乎宪法，从政府的日常实践中总是可以这样说的。撇开法律依据不谈，如果我们考虑其他因素，并全面探讨其结果，我们仍然会得出大体相同的结论。——普布利乌斯

通人成为贵族；可以建立社团使之具有法人团体的一切权力。前者对商业和国币不能制定任何法规；后者在各方面则是商业的仲裁人，并以此身份建立市场和集市，可以调整变量衡制，可以在有限期内实行禁运，可以铸币，可以允许或禁止外国钱币流通。前者毫无神权；后者则是国教的最高首领和教长！对于把这样不同之物妄想说成相似的人，我们还能予以什么答复呢？对于把由人民定期选出公仆掌管一切权力的政府说成是贵族政体、君主政体、专制政体的人，答复也只能是一样的。

普布利乌斯

原载1788年3月18日，星期二，《纽约时报》
第七十一篇
（汉密尔顿）

致纽约州人民：

行政权是否行使得强而有力，第二个要素在于任职期限。这一点前已提及。其目的有二：首先，关系到总统行使其宪法规定权力时个人是否坚定；其次，也关系到总统采用的管理体制是否稳定。显然，就前者而言，任期越长，保持个人坚定这一优点的可能性也就越大。凡人对其拥有之物，其关心程度均取决于其所有权是否可靠，这是人性使然；所有权具有临时或不定的性质，就比较少重视，而所有权具有长期或肯定的性质，则会更加重视；当然，为了后者也就比起为了前者更加甘冒风险。这一情况之适用于政治特权，或荣誉，或委托，亦不亚于普通一件财物。由此可以推论，担任总统职务的人，意识到短期后即需去职，在独立行使权力时，或在面对社会上相当一部分人，甚或仅只立法机构中占优势集团的一时（虽然短暂）不良反应时，就会不大肯于陷入受到实质性非难或困窘的境地。如果他本人乐意，而又经重选，即可以不去职，只要情况如此，则他本人的愿望，再加上一些疑惧，就会更加容易败坏其品德，堕落其意志。不论属于哪一种情况，身居这一职务的人必然会表现出软弱无力、犹豫不决。

有些人会以为行政部门对于社会上或立法机构中之行时潮流能够屈从顺应，乃是其最大的美德。但是，此种人对于所以要设置政府的宗旨，以及对于促进人民幸福的真正手段，都是理解得十分粗浅的。共和制度的原则，要求接受社会委托管理其事务的人，能够体察社会意志，并据以规范本人行为，但并不要求无条件顺应人民群众的一切突发激情或一时冲动，因为这些很可能是由那些善于迎合人民偏见而实则出卖其利益的人所阴谋煽动的。人民普遍地是从公益出发的。但这一点常亦用来说明人民群众的错误。但是，人民群众从常识出发是会蔑视阿谀奉承的人的，这些人胡说人民群众无时不能正确找出促进公益的手段。人民群众从自己的经验知道他们自己有时候是会犯错误的；人民群众终日受那些寄生虫和马屁精的欺骗，野心家、贪污犯、亡命徒的坑害，受那些不值得信任却为人所信任的人，以及不应得而巧取豪夺的人的要弄，他们经常受到这样一些干扰，却并不常犯错误，毋宁说倒是个奇迹。在人民群众的意向同他们本身利益出现差异的情况下，受命维护人民利益者的职责应该是抵制这种一时误会，以便给予人民群众时间和机会去进行冷静认真的反省。这种做法曾经使人民群众免遭其本身错误所造成的严重后果，并使有勇气和雅量为人民利益服务而不惜引致人民不快的人受到人民群众的长期感激和纪念，这样的先例是不难枚举的。

而且，不论我们可能如何坚持行政部门应该无条件顺从人民的意向，我们却不应主张它同样迎合立法机构中的情绪。立法机构有时候可能站在人民群众的对立面，有时则人民群众可能完全保持中立。在这两种情况之下，行政部门肯定应该处于敢于有力量、有决心按照自己意见行事的地位。

政府各部门之所以应该分权的原则，也同样说明各部门之间应能互相独立。如果行政和司法部门的组成使之绝对服从于立法部门，那么把行政和司法同立法分开又能达到什么目的呢？这样的分权只能是名义上的，不能达到其之所以如此建立之目的。服从法律是一回事，从属于立法部门则是另一回事。前者符合好政府的根本宗旨，后者则违反。不论宪法形式如何，后者都会把一切权力集中到同样一些人手里。前此若干篇论文中已经举例说明并全面阐述过立法权高于其他一切的趋向。在纯粹共和政府中，这种趋向几乎是不可抗拒的。在民选议会中，人民的代表有时似乎自以为就是人民本身，面对来自任何其他方面最低程度的反对，就暴露出不耐和厌烦的病态；好像不论是行政或司法部门只要行使其权限就是侵犯了立法部门的特权和尊严。立法机构常常表现出企图横蛮控制其他部门的意图；而且，由于立法机构一般有人民站在他们一边，就总是在行动时势头过猛，致使其他政府部门难以维系宪法规定的平衡。

有人可能要问，除非一方有权任命或罢免另一方，任期较短怎么可能影响到总统对立法机构的独立性呢。对此，一个答案可以从前面提到过的人的本能推演出来——人们对于短期的好处往往不那么关切，因此也就不愿意为之冒任何较大的风险或不便。更为明显的答复，虽然并不是更无可争辩的，可以从探索立法机构对人民群众的影响中找到；出于正当理由抵制过立法机构的任何有害计划的人，可能因此招致该机构的厌恶，而使该机构去运用其对人民群众的影响而阻挠他重新当选。

有人还可能要问，四年的任期是否就足以达到提出的目标；假设如果四年不能达到，如果四年反正达不到促进总统所应有的坚定性和独立性的目的，那么更短的任期，却具有反对野心图谋的更大保障，岂不是更为可取吗？

任期四年，或者任何有限的任期，要想完全达到所提目标，都是不能肯定的；但是可以在达到目标上起到一定作用，即对政府的精神与性质具有实质性的影响。在这一段任期的开始到终结之间，总有一相当间隔，其间被消灭的可能性相当遥远，这就不会不对尚属坚定的人的行为起到相应的影响；他可以合理地向自己保证，他会有足够的时间使得社会认识到他可能采取的措施是恰当的。虽然，随着他临近新选举的时刻，群众将对他的行为表态，他的自信心以及随之而来的坚定性或者可能下降；然而，不论是自信心，还是坚定性，都会从他前此在位时所提供给他争取选民尊敬和善意的机会中得到支持。于是，他就可以，按照他实际表现出的智慧和节操，按照他的职位所引起同胞对他的尊敬和爱戴，比较安全地甘冒相应的风险。一方面，四年任期会有助于总统具有充分的坚定性，使之成为整个体制中一个非常宝贵的因素；另一方面，四年并不过长，不必因之担心公众自由会受到损害。英国议会下院，从其开始至为软弱的地位，从对设置新税表示同意或反对的仅有权力，竟然能够迅速将王权和贵族特权减少到他们认为符合自由政府主旨的范围之内，同时却使自己提高到具有平行的立法部门的地位和影响；既然他们曾经能够一举废除王权和贵族体制，并推翻国家以及教会的一切古老建制；既然他们最近又曾以自己的一项改革[①] 的前景使得君王为之战栗，那么，对于合众国总统这样权威有限、任期四年的民选行政官吏，又有什么可以惧怕之处呢？如果他不能胜任宪法规定给他的任务，那怎么办？笔者只需指出：如果在规定任期内表现出对总统的坚定性有所怀疑，这种怀疑是同对他侵权的戒备并不互相一致的。

普布利乌斯

原载 1788 年 3 月 21 日，星期五，《纽约邮报》
第七十二篇
（汉密尔顿）

致纽约州人民：

政府之管理，以最广义而论，包括一切国务活动，而不论其属于立法、行政或司法；但从其最普通，或即最准确的意义上讲，则限于行政细节，具体归属于行政部门的范畴。外交谈判的实际运用、财政预算、

① 这里讲的是福克斯先生的印度法案，由下院所通过，而为上院所否决，据说，完全符合民意。——普布利乌斯

根据议会的一般拨款而运用和支付公款、陆海军的配置、战争活动的指挥——这一切，以及类似性质的其他事务，构成了政府管理的似乎最恰当体会到的内容。因此，受委直接处理这一切不同事务的人员，即应被视为总统的助手或代表，从而其职务亦应由总统委任，或至少由总统提名，并应接受总统的监督。从这个观点观察问题，我们马上即可看到总统任期同管理体制间的密切关联。对于前任所作所为予以撤销或反其道而行之，通常被继任人认为是他本人能力和身价的最好证明；除去此种倾向而外，人员调换如属由民选而定，新任者有理由假设其前任之所以被罢黜是由于人民对其措施的不满；因而，越同前任不同，就越会获取选民的好感。这些考虑，加上个人信任和关系的影响，很可能促使一切新任总统去改变下属职务的人选；而这些原因相互作用必然不免造成政府管理中不光彩和破坏性的人事变迁。

相当长的明确任期，笔者认为是同重新当选的条件互相联系的。前一点使官员本人愿意并决心把工作做好，也使公众有从容的时间去考察其措施的效果，从而可以对其优劣作出初步评价。后一点之所以必要在于能使人民认为有肯定其行为的理由时可以保留其职务，以便继续利用其才干和品德，同时也在于使得政府得到保持其贤明管理体制稳定的好处。

颇有一些可敬之士均就当前问题主张一种看法，初看之下似极有理，认真考察则又似乎毫无根据——笔者指的是规定总统任职继续一定时期，然后在某一期限之内甚或永久不准连任。不准连任，不论临时或永久性的，都几乎会有同样后果，而且大部分是有害而非有利的。

不准连任的一个不良后果，在于减少了要求表现好的动力。如果人们意识到某一职务的好处必须在已经事先确定的时刻予以放弃，比之允许他们希望通过个人努力而争取继续得到这种好处，很少有人不会大为降低其执行有关任务的热情的。如果承认获奖的意愿乃是人类行为的最强烈刺激之一，则上述论点即属无可争辩；换言之，人之忠于职守的最好保证，在于使其利益与其职责一致起来。品质高尚者的主导思想是追求好的名声。如果他预期他所从事的事业可以全始全终，他便可从事一项具有一定规模的、艰巨的、有益于公众的事业，经过长期筹划，使其克臻完善。而在相反情况下，如果他预见到在这项建树告成之前，他即需离职，将此项事业连同其本人的声誉一起移交给能力不济或持不赞成态度的人去继续，他必将推迟此项事业的创建。以常情而论，在此情况之下所能期待于人者不过为不求有功、但求无过的消极态度，而不能期待任何积极的建树。

不准连任的另一不良后果，在于可能导致邪念的产生，造成假公济私以及在某种情况下的擅权侵吞。值一秉性贪婪的人在职，如其预见到，在一定时间内他将丧失目前的优越地位，他不易抗拒的一种诱惑是：利用现有一切机会，不择手段地采取恶劣手法，尽量在有限任期内侵吞中饱。而同一人，如有继续任职的前景，则可能以正常收入为满足，不愿冒滥用职权所招致的风险。其贪位之心正可限制其贪婪之举。再则，此人除有贪得之心而外，可能尚重名声，并具有事业雄心。此人如可以期待以良好政绩换取长远的声誉，则极有可能不愿牺牲名誉以满足私欲。但如其面对必须卸任的前景，则其贪欲很可能将压倒其慎重、荣誉心及事业心。

且一具有事业野心的人，当其升任国家最高职位，想到日后必将永远离开如此荣耀的地位，并想到无论本人如何克己奉公，也难避免下台厄运之时，这种人在此情况下，较其恪尽职责亦能同样达到目的情况下，更易于采取尽量利用有利时机以延长其权势的做法。

如果有五六个曾有资格担任国家最高职位的人，似幽灵般徘徊于众人之中，觊觎于其已无从恋栈的职位，对社会的安宁、政府的稳定，会有什么帮助么？

不准连任的不良后果之三，在于社会被剥夺去受益于担任国家最高行政职位的人在任期中积累的经验。“经验乃智慧之源”，乃是不分上智下愚均可承认的真理。作为国家一级的领导人，还有什么比这个条件更可取、更重要的呢？还有什么比一个国家的最高领导职位这个位置更需要这个条件的呢？用宪法把这个可取和重要的条件排除，并宣布取得这种经验的人将被迫放弃其位置，这个位置正是其经验取得之由来，这能算是明智的吗？但是，这却正是那些规定的寓意所在：作为公众推选的人，在任期中正好具备了能更有效地服务条件时，却排除掉其为国效劳的机会。

不准连任的不良后果之四，在于当国家处于紧急情况下，某人之在位对国家的利益与安全可能有重大影响之际，却需将其撤换。无论任何国家在某一特定时期均有如下经验：在特殊情况下，某些人担任公职乃绝对必要；将此种必要说成事关国家的政治存亡似亦不为过分。因此，禁止国家起用最适当的应急人选这种作茧自缚的法令，实为不智！即使把个人因素排除在外，当战争爆发或有类似的紧急情况时，更换国家主要领导人，即使此人才力相当，亦将危害社会，此点甚为明显，因为这乃是以无经验代替有经验，导致已经建立的行政体系陷于脱节、紊乱。

不准连任的不良后果之五，在于形成行政稳定的宪法阻力。国家最高领导人的变动既为必然，则政策的变动亦将成为必然。一般说来，很难期待人事的变动不影响到政策的变动。相反的情况倒是常理。我们无须担心稳定过头，因准许连任，仍有改选的可能；我们实在不需要特意阻止人民对某一个人继续寄予信赖；而当人民认为此人可信时，对其一贯支持或者可能摒除政事波折与政策变幻的弊端。

上述各点乃不准连任原则可能造成的若干弊病。这些弊病在永久不准连任方案情况下尤为突出。当我们考虑到，即使在临时不准连任的规定下，某人的重新当选希望亦甚渺茫，故以上论点在两种情况下几乎全部可以适用。

据称可以平衡以上弊端之优点何在呢？曾经提到的有：第一，行政方面的更大独立性；第二，人民得到更大的安全保证。除非一人永久不准连任，否则第一条不能成立。即使一人永久不准连任，难道说此人除去栈恋现职之外不能为其他目的准备牺牲其独立性吗？他就没有什么关系、什么朋友，难道他就不会为了他们而牺牲其独立性吗？当其设想到任期将满时，他是否会更加不愿以坚决行动为个人树敌？当他设想在其任期届满后，他不仅是可能，简直是必须与他人在平等或更低下的基础上往还时，他是否会避免招怨呢？在此种安排下，其独立性究竟是增多仰受损害，实在是难以辨别的事。

至于所提到的第二点，值得怀疑的理由更多。如系永久不准连任，一个野心勃勃的人，在任何情况下均为危险人物。如其勉强屈从使其袂别权势地位的规定，一旦有幸或乘机取得人民的好感，他可以引导人民视宪法之规定为强加于他们身上的束缚，乃是可憎的、不合理的限制，剥夺了他们再次拥戴他们宠信之人的权力。可以设想，公众之不满，辅之以此人之未能得逞的野心，是可能造成对自由之更大危害的。其危害必有甚于通过人民行政宪法权利，自愿投票选举，使同一总统连任所能设想产生的危险。

关于防止人民继续选举在他们看来，居于取得信任有利地位的在职总统，这一点已经说得太过了。其好处至多也是揣测性的、含糊不清的，而其弊病则远远更为明确和具有决定性的意义。

普布利乌斯

原载1788年3月21日，星期五，《纽约邮报》
第七十三篇
（汉密尔顿）

致纽约州人民：

形成行政权威之第三因素为对其薪给作出适当的规定。对此不加以适当注意，则行政与立法部门之分权即成为形式与空谈，此点甚为明显。立法部门如对国家主要行政官员的薪给有任意处置之权，即可任意使之屈从其意志。在大多数情况下，立法人员或将采取削减其生活费用，或诱之以贿赂等手段，使之屈从就范。这种表述，如按字面推敲，自然有言过之嫌，超出笔者的原意。世间自有不受威胁利诱者存在；但培育出此类坚毅美德之土壤尚属罕见；从总的方面，可以说主宰一人的薪给，即可主宰此人的意志。如果如此明显的道理尚需以事实证明，则即在我国亦不乏立法机关以金钱威胁利诱行政官员的实例。

因此，高度评价宪法草案对此予以法律上的重视，不为褒奖过甚。草案规定："合众国总统于任期内应领受劳务酬金，该项酬金于任期内不得增加或减少；总统于任期内并不得收受合众国或无论何州付与之其他薪给。"较此条更为恰当的规定是很难设想的。立法机关于任命总统之际一次宣布总统当选期间的薪给；此后，在下届选出新任之任期开始以前，本届总统之酬金，立法者无权增减，既不得削减其用度逼以就范，亦不得以金钱为饵，败坏其德行。在第一次法案规定的酬金以外，联邦及联邦之各成员均不得授予、总统亦不得接受任何其他薪给。总统当然也即无任何金钱方面的引诱，足以使之放弃其宪法授予的独立地位。

为保证总统权威曾经列举的最后一条要求为授之以足够的权力。让我们进一步考虑曾经建议授予合众国总统的此种权力。

引起我们注意的第一件事为总统对立法机关两院之提案与决议可作有条件的否定；换言之，总统有权提出反对意见以驳回一切他不同意的议案，此后除非立法机关各以三分之二的多数批准，便不能成为法律。

前此曾已一再提到立法机关常有干预、侵犯其他部门权力的倾向；亦曾论到各个部门权力界限，仅作纸面上的划分之不足之处；又曾论证授予各个部门以保护本部门权力之宪法保障的必要。根据这些明确的原则可以推断，总统拥有对立法机关两院法案的否决权或部分否决权是适当的。如总统不拥有全部或部分的否决权，则无以保护其权力不受立法部门的侵犯。总统的权威可被一系列立法机关决议逐渐剥夺，或以一次投票使其权力全部丧失。无论此种方式或彼种方式，均可使立法与行政权力迅速集中于一个部门之手。即使并未发现立法机关侵犯行政权力的迹象，按正当推理与理论逻辑的规律，亦不能置一个部门于另一部门之卵翼之下，而应使其具有宪法上与实际上的有效的自卫能力。

但是，此项权力尚有其他用处。它不仅是总统权力的保障，而且可以成为防止不正当立法的保障。它可以成为对立法机关的有益牵制，使社会免受多数议员的一时偏见、轻率、意气用事的有害影响。

在某些场合中，曾对授予总统否决权进行过争论。一种意见是不应设想一人之德行与智慧超乎多数人之上；除非作这种设想，否则即不应授予总统任何制约立法机关的权力。

详查这一看法实属似是而非，论据并不充分。作此规定原非着眼于总统之智慧与品德的高超，乃是着眼于立法机关不能全然无过；着眼于立法人员或可侵犯其他部门的权限；或在派别偏见支配下，将立法讨论引入歧途；或在一时激情支配下，作出日后反悔无及的仓促立法等设想之上。授予总统此项权力的首要考虑在于使其具备保卫本身权力的能力；其次则为防止立法部门的仓促行事，有意或无意造成通过有害公益的不良法律。审议法案的次数愈多，则审议者之分歧愈多，由于缺乏适当讨论从而产生错误之危险愈小。来自某些意气之争或利益集团之偏见的失误危险也愈小。政府各个部门同时在同一问题上为某一错误观点所左右的可能性，较之在不同时候某一部门为错误观点所左右的可能性要小得多。

有人可能认为阻挠不良法律的权力亦可用之于阻挠良好法律的制定；同样的权力可用于前一目的，亦可用于后一目的。但是，此种争辩对于深知我国各个政府性能上的最大缺点（法律的朝令夕改）之为害的人士是没有说服力的。这些人士认为，旨在限制立法太滥的规定可以维持一定时期的现状，其益处大于弊端的可能是很大的，因为这种规定有利于使立法体系具有更大的稳定性。阻挠少数良好法律的制定所造成的损失，可由阻挠多数不良法律的制定而得到的益处所补偿。

不仅如此，在自由政体中，立法机关的权力及影响均较优越，总统怯于与之较量的心理可以保证他在使用否决权时，一般将异常审慎：此项权力的运用，在总统方面失之于过于怯懦将甚于其失之于鲁莽。尽管英国国王拥有整套王室特权与千万种不同来源的影响，今日尚不敢径自否决议会两院的联合决议。遇到他不同意的议案，他总是在议案未送到以前，竭尽全力施加影响，予以中途扼杀，以避免不得不予以批准生效，否则将冒与立法机关对立、从而引起国民不满的窘境。除非有十分把握或在极端必要的情况下，否则他不大可能采取运用王位特权的最后手段。该国一切有识之士均可证实此一论断。长期以来，国王没有运用过否决权。

如英王之显赫尚且审慎此项权力的运用，合众国总统任期只有四年，其所拥有之权不过是一纯粹共和政体的政府行政权。与英王相较，他将会如何更加审慎呢？

我们应更为担心他在必要时不肯运用此项权力，不必过于担心他会过于经常或过多地予以运用，其理甚明。而一种反对此项权力的论点也正来源于此。曾有人因此提出这种否决权从条文上看是可憎的，在实际上看是无用的。此项权力可能很少运用，但并不等于永远不用。如果发生符合设立此项权力之主旨的情况，即总统的宪法权力直接受到侵犯，公众利益显然受到损害，则具有常人毅力的总统亦将运用宪法授予的权力保障，恪尽职责。处于上述前一种情况下，关心本身职权会激起其他的行动；后一种情况，可能得到选民的支持亦能使其奋发。就选民而言，在面对利害模糊的议案，每有偏向立法机关的自然趋势，而面对是非分明的议案，则不会囿于偏见而自误。现在论及的总统乃是仅具常人毅力的总统，至于在任何情况下均能不畏艰险、勇于负责的总统，自不待言。

但制宪会议在这一点上所采取的办法是折中的，既便于总统行使宪法授予的权力，又使此权之生效受立法机关一定数量议员的制约。前已提到，草案建议授予总统的否决权，并非绝对否决权，而是有条件的否决权。此种否决权较前一种易于行使。一人可能畏惧以其单独一票推翻一项法案，但可不必畏惧驳回一项法案再作考虑。此项法案之最后推翻尚需两院各有三分之一以上的议员赞成其否决时始能落实。如果否决此案之议获胜，他将得到议院的鼓励，从而使立法机关相当比数的议员影响与总统的影响相汇合，而促使公众舆论支持此项否决行动。直接使用绝对否决权较之送请立法机关再议，显得更为粗暴，容易引起反感。而送请再议的否决，立法机关则有批准或不批准的余地。这样做比较不易得罪人，因而也就相应的比较容易行使，而且因此也更能行之有效。假设立法两院达到三分之二这样多的议员同时囿于一种不适当的观点，且有如此多的议员均不顾总统的牵制影响，这种情况预计不致经常发生，至少较错误意见影响议院的简单多数议员从而作出决议与行动的可能要微小得多。总统拥有否决权时常具有威慑力。从事不正当活动之人，一旦估计阻力可能来自其无法控制的方面，便常常由于恐遭反对而有所节制，如无此外部阻力则可肆无忌惮。

在其他地方已经提到过，本州之有条件否决权是授予一个包括州长、最高法院院长与法官，或其中之任何二人，组成的联席会议行使的。在本州，否决权经常在不同情况下行使，并时常获得成功，其作用甚为明显。在起草宪法过程中，曾有过先是极力反对，而经过一段实践经验转变为拥护者的实例①。

我曾在别处提到，制宪会议在起草这一部分草案时，已离开本州宪法模式，采用了马萨诸塞州宪法模式。可以设想其理由有二。一为：将作为法律解释人的法官，在修订法案的权限下发表过意见之后，可能使其产生不适当的偏见。另一为：法官与总统联席，可能使其受到总统政治观点的过多影响，从而使行政司法两部门逐步形成危险的联合。法官除解释法律之外，应使其尽量摆脱其他业务，离开愈远愈好。特别危险的是置之于可以被总统腐化拉拢或可以施加影响的位置上。

普布利乌斯

（选自汉密尔顿、杰伊、麦迪逊《联邦党人文集》，程逢如、在汉、舒逊译）

① 亚伯拉罕·耶茨先生过去是制宪会议草案的激烈反对派即为一例。——普布利乌斯

第九讲　论行政的功能

[美] 古德诺

弗兰克·约翰逊·古德诺（Frank Johnson Goodnow，1859—1939），美国著名的政治学家、行政学家和法学家，素有美国“公共行政学之父”的美誉。

【编者按：虽然美国1787年宪法确立了三权分立的政治体制，但在古德诺看来，“法律条文所表明的正式政府体制，并不总与实际的体制相同”。古德诺继承了威尔逊倡导的政治、行政二分法，对政治与行政的功能进行了区分：政治的功能在于对国家意志的表达；行政的功能则定位于执行国家意志。但是，他并不认为实践中存在纯粹履行一种职责的行政机构。行政与政治功能的区分，是为了更好地实现两种功能在某种程度上的协调。】

执行国家意志的功能被称作行政。如前所述，如果希望国家所表达的意志能得到执行，并从而成为一种实际的行为规范的话，则这一功能就必须置于政治的控制之下。然而，这种控制不应超过它用以保证国家意志执行的必须的限度。如果超过的话，真正国家意志的自然表达就会发生困难，并且执行也就没有效率了。要判定这种非常必要的控制所应达到的确切限度，就必须分析行政的功能。

根据分析，我们发现，行政既是司法的，又是政府的。任何立法机构或立法机关都不能把有关人类行为各种事宜的国家意志表达得非常清晰，以至于对其含义不会产生丝毫争议。这种必然会产生的争议，必须在执行具体的国家意志之前得到解决。为了方便和妥当起见，人们认为国家意志应该由某种多少独立于立法的机关来解释。这种非立法的机关的活动通常就叫作司法行政，而被委托行使这一行政分支功能的机构通常就被称作司法机构。

除去司法方面以外的行政功能可以叫作政府行政。政府行政也是可分的。如果对它进行分析的话，可以看到，它由几个要素构成。在司法行政与政府行政之间的分界线上是行政的一个小功能，其任务在一些政府体制中被委托给了主要是从事于司法行政方面的官员；在另外一些体制中，这种功能是由那些被认为主要具有行政特点的官员来执行的。对于政府活动的这一分支，尚无很好的称名可起。其特征可由一些实际例子来说明，也可由一些概括性的词语来表述。

许多由国家制定法律的机关通过的法律具有一个特点，它们只是作为一般的行为规则来表达国家意志。因此，它们当然不会，也不可能把国家意志表达得十分详细，使之即使没有政府的进一步活动也能够被执行。而政府的进一步活动就在于把一个具体的人或具体的事例纳入法律的一般规则对它起作用的那个类别里。而只有在具体的事情被纳入法律对之起作用的一般类别之后，国家的意志才能够被执行。

例如，法律可以规定某些类别的人应就某些类别的财产纳税，并规定这些税额应根据财产的数量而有所变化。为了使国家有关某个人就某部分财产纳多少税这个意志得到表达，就必须确定三件事：即这一给定的个人是否属于某个规定的类别，他是否拥有某个规定类别的财产，以及他的财产的数额。

再如，法律可以规定某些类别的建筑物应该以某种规定的方式来建造。那么，为了保证有关法律规定能得到遵守，法律可以规定，在建筑物动工之前，所有的建筑规划都应得到某个政府机构的批准。

在以上两种情况下，政府机构都必须采取一些行动，以便把具体的事例置于一般法律规则的作用之下。情况既然如此，这种政府职能的行使就与司法行政功能的行使很相像了。在某种情况下，事情可能适合于被认为明显属于司法性质的机关来处理，在另外一些情况下则不然。当然，在大多数情况下，专门从事于仅涉及个人权利的诉讼案判决工作的司法机关，是不适于处理上述那类事务的。

司法机关不适于履行这种职责，是因为这需要大量的技术知识。为了课税，要准确地确定财产的价值，这就要求估价人具有关于财产价值的大量知识。而建设规划的审批工作，也应由那些精通建筑过程的人去做。因此，一般来说，这些事情不归为司法行政的一部分，而归为政府行政的一部分。

更进一步说，任何政府官员的选举，如果没有政府机构的极其重要的活动，都是无法进行的。如果希望选出的官员能代表人民——或者说，希望政府是民治的政府的话，就必须尽可能做到公正无私，毫无偏见。因此，负责选举工作的官员的活动也是具有准司法性质的。

最后一点，为了使政府的日常工作能进行下去，政府组织必须掌握所需的广泛的资料信息和各种知识。这种信息不仅为政府所使用，也供学者私人所使用。在许多情况下，这些信息必定为某个常设性的政府机关所掌握，因为此类信息的大部分只能通过一系列长期的观察才能得到。如果希望得到实事真相的话，获取这种信息的政府机构就必须绝对地公正无私，尽可能不带有任何偏见。所以，它们的工作就跟已经提到的准司法工作十分相像了。

政府行政的第二部分功能仅在于执行那已表达出来的国家意志——法律。谁也不会否认，如果表达出来的国家意志要等于一个实际的行为规范的话，那它就必须被执行。在它能被执行之前，还需要已经提到的司法和准司法机构采取行动。而这一切必需的行动都完成了以后，国家的意志就非得执行不可了。如果国家意志被违背，就必须惩罚违背者，并要尽可能地恢复到违背行为出现以前的情况。

说到底，为了使国家意志得到表达和执行，必须建立、维持并发展一个非常复杂的政府组织。必须选举出立法者，必须选择法官，还必须为履行上述准司法职责，为完成政府所承担的统计之类的工作，并为直接去执行国家意志，提供一整套官员。在民治的政府里，应该本着保证人民能够最自由地表达自己的意志，以及保证这个意志表达出来以后能得到最有效的执行这个目的，来建立、维持和发展这一庞大的官员队伍和政府机构。①

分析了行政的功能以后，我们就能够回答本文一开始时所提出的问题了，即为了执行业已表达出来的国家意志，行政功能中哪些部分应受政治功能的控制？上面已经说过了，司法行政应该，并且已经从这种控制中被排除掉了。于是，剩下来的就是执行法律的功能，和建立、维持、发展政府组织的功能，如果可以的话，执行法律的这种功能可称为执行的功能、准司法的功能、统计的和半科学的功能。

至于执行功能，就像它被作的那样，无疑需要受到最终被委托来表达国家意志的机构的控制。如果在制定法律的机构和执行法律的机构之间没有从属关系，或者如果立法机构和执行机构在政府内的有关关系上是互相独立的，而在政府体制以外又没有制定任何使立法和执行之间协调一致的法律条款，那情况便可想而知了。在这种情况下，为执行法律而设立的机关会以这样或那样的借口拒绝执行法律。因此，这种执行的功能是必须服从于政治的功能的。

可是，在政治功能与政府行政的其他分支之间并不存在这种密切的关系。任何政治性的控制都不能使行政官员更好地去行使他们的准司法职责；正如这样的控制不会使法官做出更好的判决一样。②

---

① 帕萨达在他富有价值和启发性的著作《行政法》中，把每个国家都具有的这种建立、维持和发展其政府组织的职责称为“行政的功能”。然而，帕萨达对政府功能的研究，是从行为动力的起点，而不是从功能活动的意义上进行的。他论证，既然这是国家为自身提供有效的组织的一种至上的功能，那么无论通过政府中的何种权威，这种组织的实际提供，都不应受政治考虑的影响。的确，立法机构和所有其他政府机构，都应不受这种决定可能给任何政党所带来的利弊的影响来决定政府组织的问题。但是，同样的事实是，某种特定类型的政府组织的形成是一个政策问题，从而通常的情况是，政党被组织起来协助解决这个问题。

对行政功能的定义，一方面，帕萨达强调了必须承认行政不能受政治的过多的控制，这一点是非常有价值的；另一方面，他忽视了数量极其庞大的半司法、科学和半商业性的工作，而这些工作现在被认为是非常重要的。看来，他关于行政功能的范围的观念也是不完善的。——原注

② 关于行政机构的准司法（或半司法）功能，可以说，正如在法院判决中体现出来的那样，英美的法律一直是把这些功能与法院那些人所共知的司法功能放在相同的地位上来看待的。就像在《威尔逊诉丹尼奥市长案》(Wilson v.The Mayor，I Denio，595，599）中

对于一个被委托来收集事实和情报的机关来说，政治机关的任何控制都不能使它收集到更多的事实或更准确的情报。对在选民选举官员之前的必要的准备活动来说，尽管程度有所不同，情况也是如此。在这些情况下，很多事情必须留给行政人员去酌情处理，因为要求这些官员的，不是做具体的事情，而是运用判断力。

在运用美国政府体制赋予法院的权力对官员的行为进行控制时，法院正是由于这个原因才被迫承认了这种差别。尽管它们有可能比立法机构更加有效地运用这种控制，它们还是自愿地把自己的司法权限制在行政行为上，而拒绝对自由裁量（即酌情处理）行为进行控制。如果以上说法不严谨的话，唯一可能的例外就是法院会过问自由裁量权是否被明显地滥用了。这是立法机构或类似的政治机关能够对行使行政的这一分支功能进行控制的唯一的地方。立法机构或任何政治机关所能做的一切，就是通过运用它们的控制，使行使这些行政功能的人们能有效率并公正无私。应当受到控制的是他们的一般行为，而不是他们的具体活动。

政治机关应该，并且必须对执行机构有所控制，但这种控制当然不能施行于行政机构，即行政功能中不明显具有执行性的那种机构。不仅如此，而且超出保证行政完整性的要求去进行任何这种控制，都很可能

（接上页）所描述的："尽管严格说来这位行政官员可能不是一个法官，但是，如果他的权力是自由裁量性的，可以根据他自己认为的适当标准来行使，这种权力就是司法性的了。由于影响他行为的动机和履行这些职责的方式，他还免除了一切责任。"事实上，在这些职责中的大部分都由被视为司法系统的机构或人员，即治安官来履行的时期，英国曾制定过这种法规。但是在美国，从很早开始，普遍行使这种职责的机构却不被视为司法系统的一部分，并且还有某种限制制定上述规则的倾向，例如不顾他们职责的准司法性这一事实，容许官员们不对不忠诚和不诚实的目的向正规法院负责。例如在《派克诉梅冈案》（44Mo.491）中，负责选举登记的官员由于阻止合格的选民把名字写在登记表上，而对这种错误行为承担了责任。还有利用公民投票来纠正一个学务委员会滥用自由裁量权的案件，有人指控这个学务委员会成员的选举，纯粹是出于党派的目的，由来自同一政党的法官和工作人员进行的。（《密苏里州诉学务委员会案》，134Mo，296，56Amer. St. Rep.503）。这种趋势表明了对一项原则的承认，即这些准司法功能的行使必须完全是无党派性的和不受政治控制的。——原注

是坏事而非好事。因为政治与行政性工作之间如果联系紧密，在行政工作属于调查事实、收集情报的情况下，这种联系很容易从一开始就使事实真相受到污染。因为这种联系会给调查者以偏见，对一位被委托行使准司法职责的官员来说，这种联系容易产生腐败，因为它会使这个官员失去极其必要的公正无私的品德。要求司法行政公正无私的理由，同样是要求政府行政公正无私的理由。在执行一项税法时，私人权利容易被腐败偏私行政侵犯，正像容易被腐败偏私的司法裁判侵犯一样。政治权利容易被腐败偏私的选举官员所侵犯。政治对行政功能的控制最终容易产生无效率的行政，因为它会使行政官员感到，要求他们做的并非是努力改进他们自己部门的工作，而是唯政党之命是从。

政府行政这一分支的存在，实际上是一向被忽视的，直至最近几年一直如此。按前面定义的那些主要以执行法律为己任的官员，一直从事着这些行政事务。这样，明显地属于行政的功能便自然地与执行功能混在了一起。就像人们认为对执行功能实施控制，恰当地实施控制的做法是正当的那样，人们认为对行政事务实施同样的控制也是恰当的。然而，随着政府活动范围的扩大——主要是关于行政性的而非执行性的问题的扩大——行政事务开始占有更显著的地位，这样对待行政事务，不可避免地要产生很坏的作用。有些国家已经充分地认识到，行政，不包括它执行的那一面，从理论的观点看，与政治是不相干的，从事实的观点看是不应联系在一起的。只有在这些国家里，政府具体工作的改善才取得了最大的进步；这些改善，正如生活的其他各个领域中的改善那样，是至关重要的——事实上，比一般原则重要得多。

政治与行政分开的必要性在城市政府问题上表现得十分明显。因为就行政这个词的狭义来说，城市政府所管的更是一种行政事务。这就是为什么人们常说，城市政府从事的是一种商务。当然，以这种方式说明事实并不准确，因为市政府并非商行，而是政府。然而，它从事的几乎完全是一种行政事务，一种地方行政事务。

的确，如果就狭义的行政来说，政治与州行政的关系不应比与市行政的关系更多。但是另一方面，政治对城市行政的影响也的确要比对州行政的影响更坏。所以如此，是由于城市政府比州政府更具有行政的特征，还因为，当政治影响城市政府时，那就会不仅是地方的政治而且是州和国家的政治了。这种结果不仅会使城市政府结党营私、非法不义和效率低下，而且还会使城市的利益被国家和州的利益所牺牲。像英国、德国这些国家，其公意已把行政与政治、国家与地方政治明显地区分开来，这些国家在解决城市政府的问题上肯定会取得极大的成功。

因此，实际上，行政中很大一部分是与政治无联系的；所以，即使不能全部，也应该在很大程度上把它从政治团体的控制下解放出来。行政之所以与政治不相干，是因为它包括了半科学、准司法和准商业或商业的活动——这些活动对于真正的国家意志的表达即使有影响也是很小的。为了能最有利于行使行政功能的这一分支，必须组织一套完全不受政治影响的政府机构。这套机构之所以必须不受政治的影响，是出于这样的事实：它的使命是运用预测和判断，是寻求事实，收集情报，是要对它所打交道的人保持严格的公正无私的态度，是要提倡一个尽可能有效率的行政组织。授予这些官员的职位，应该与那些得到普遍赞同的，授予法官的职位相同。他们的工作不再以政治为特征，而以法官所具有的特征为特征；并且，尽管他们的组织应和司法组织有所区别，但是为了最有力地执行交给他们的工作，仍有必要使他们的职位与委派给司法官员的职位相同。

世人花了很长时间，才认识到司法官员应该占据他们现在所占据的职位。在英国，只是到了 1701 年，通过了《王位继承法》，这种职位才由法律委派给了司法官员。在欧洲大陆，即使到了今天，也仍然有一些国家没有把这种职位看作是属于他们的。[①] 在能把这一职位这样地委派给法官之前，首先必须承认司法功能是一种与政治功能不相关联的功能。

---

① 例如法国和意大利。见洛厄尔（Lowell）：《大陆欧洲的政府与政党》，第 1 卷，第 51 页、第 176 页。——原注

因此，在我们希望行政官员能够占据这样一个常设性的，并不受政治影响的职位以前，我们必须先承认，存在着一种其行使不受政治因素影响的行政功能。这一点，英国和德国，以及法国尽管在程度上弱得多，但都已经做到了。它们有优良的行政体制，在很大程度上都由于这一事实。在这种情况下，可以很放心地交给政府许多工作，而这些工作在美国人民也有了相同的观念以前，是无法交给他们的政府机关的。因为如果这样让政府机关去承担这些工作，是不会有效率的。之所以没有效率，是由于我们没有认识到，存在着一种应当由不受政治影响的机构去行使行政功能。

负有行使行政功能责任的政府机关不仅应像法官那样不受政治的影响，他们还必须像法官那样有相当长的任期。之所以必须有长久的任职期限，是因为他们工作的优良与否，往往取决于他们的熟练程度，而熟练程度在很大程度上又来自长期的实践。合理的长期任职对于半科学的、准司法的和技术性的行政管理部门是绝对必要的。这一点，对于一个更大的范围内的行政管理也是极其必须的，尽管这些管理的职责不像刚才提到的半科学的、准司法的和技术性部门的职责那样对于国家的福利那么重要。这就是指那个庞大的职员和办事人员阶层，他们只简单地执行那些决定行政政策的大政方针的上司的命令。对于这类官员，合理的长期任职是必须的，因为不这样，最高的行政效率是无法达到的。的确，没有这一点，政府的工作虽然可以进行下去，但是政府的开支会大大增加，而工作却做得很拙劣。这种长期任职，可以像在德国那样，用法律条文加以保障，也可以像在英国那样，由开明的公共舆论的要求来加以保障。

不过，应该注意，长期的任职不能给予那些明显属于执行性的官员，这些官员被委以一般性地执行法律的职责。如果把长期的职位给了这种官员，则政府从整体上说就会失去其民治的特征，因为法律的执行对于国家意志的表达是有重大影响的。一项没有贯彻执行的法律不是一种真正的行为规范，而法律的执行是掌握在这些官员手中的。因此，如果负有执法责任的官员不受某种来自政府组织的政治性的控制，例如立法的控制，在这种情况下，就要求政党对总的行政功能进行控制，这对于协调而有效率的政府是不可缺少的。

瑞士是在实际上拥有民治政府的唯一的国家。在那里，最高执行官员在他们随民意而变换的意义上并不被认为是政治性的。这种不规则的情况，在很大程度上可能是由于简单认定了这些官员只不过是立法机构——政府中最典型的政治机构的办事人员——以及立法机构无疑有权随时撤换他们。正如洛厄尔先生所说："在瑞士，执行机构与立法机构的关系不同于其他任何国家。瑞士联邦委员会不像美国的总统那样，是政府的一个分立的部门，有着在自己活动范围内的最后决定权。瑞士联邦委员会还没有为防止对它的权力的侵越否决过法律，严格说来，甚至在执行事务上，它也毫无独立的权威可言。因为似乎它的行政活动是可以被联邦议会管理、控制或改变的……如果联邦议会在立法或执行事务上与他们（委员会成员）的意见不一致，他们必须承认议会的意志是最终权威，并尽力忠实地执行它的指示。"① 洛厄尔先生又说："联邦委员会其实是一个事务性机构。在选择候选人上，它更多的是注重执行能力，而非政治领导能力。其责任在于进行行政管理和为立法出谋划策。并不指望用它来控制国家的政策，而这正是它职位的秘密之所在。"②

让被委以巨大指挥权力的高级行政官员长期任职，是与民治政府不相容的，因为它会进一步扩大庞大的政府机构的规模，这种结果对于民治政府的存在是危险的。应该记住，行政组织的力量过分强大会使民治政府不可能存在。因此，在政党组织薄弱的地方，一个强大的行政会通过其对选举的控制使民意失效。而理所当然地说，这种控制是必然会有的。在现今的德国，情况就大致如此，在过去的法国也是如此。另一方面应该记住，在一个政党组织强大的地方，如果在级别比较低的公务人

① 《大陆欧洲的政府与政党》，第2卷，第197页及以下各页。——原注

② 同上书，第200页。——原注

员中也根本不采用长期任职的办法，行政体制也能被用来使民意无效。在一个民意在党内难以表达的政党体制下，这一点可以通过不正当的使用任命权来做到。

如果希望有高效率而又公正无私的行政，如果政策问题是根据民意决定的，那么在行政体制的半科学、准司法、办事和幕僚性的那个部分中，就应该做出长期任职规定。而在行政体制的较高层次上，即在那些任职官员对政策问题具有决定性影响的地方，特别是对那些行政首脑来说，则应该避免长期任职。在这种情况下，如果希望确保政策问题由代表人民的机构来决定，就必须对政治控制做出规定。

我想以上已足以说明，尽管政府的两种主要功能可以区分，但是在一个民治政府中，考虑其中一种功能行使中产生的问题，不能脱离另一种功能行使中产生的问题。为了能够使国家意志的执行与其表达一致，也就是说，为了使政治功能与行政协调起来，政府体制中的政治机构必须对行政机构进行控制。不过，这是有限度的。超过这个限度，这种控制就不应该施行了。如果这种控制扩及行政事务中的所有官员，政府就会失去效率，并对很多事情失去处理能力，而这些事情只有政府才能有效地处理。在政党组织的力量强大而行政体制软弱的情况下，过分扩展政治控制会进一步破坏政治控制原本的目的。因为行政组织会被用来实现政党的目标而妨碍国家意志的自由表达。

另一方面，如果为了保证有效率的行政，而试图过分地去强化行政体制，那么，在政党组织薄弱的地方，就会有利用行政组织对选举的控制权力来影响国家意志表达的危险。只有坦白地承认必须对法律总的执行进行控制，并承认必须有一部分行政工作是政治所不应干预的，安全才能实现。只有如此，真正的民治政府和有效的行政管理才能实现。

（选自古德诺《政治与行政》，王元、杨百朋译）

第十讲　论公共服务

[法] 狄骥

莱昂·狄骥（Léon Duguit，1859—1928），法国近代著名法学家，“社会连带主义法学”的创始人，公法理论“波尔多学派”的主要代表人物之一。

【编者按：20 世纪初，资本主义的经济与工业发展正经历着深刻的变迁。在这种背景下，狄骥指出，资产阶级革命胜利初期赋予政府的国防、治安和司法职责，已经不能满足现代社会的需求。我们需要政府提供包括教育、慈善、邮政等越来越多的公共服务；相应地，现代公法的基础也从命令转向了组织。】

如今，公共服务的概念正在逐渐取代主权的概念而成为公法的基础。当然，这一概念并不能算是一种新生事物。其实，统治者与臣民之间的区分一经确立，公务的概念就应运而生了。一旦人们认识到统治者由于其所享有的权力必须承担相应的义务，并且认识到权力的行使必须与义务的履行相辅相成，公务概念的含义就是显而易见的了。我们以前所未曾见到的是公务概念如今在法律领域所占据的那种重要地位。实际上，这正是我们正在目睹的这场深远变化的根源所在。它不再是一种先验的公式。它已经成为我们的实际情形的一种表达。

主权理论已经破产

有一种信息来源是我们不能忽视的。理论家们的学说和政治家们的认可具有特殊的意义。当然，他们并未表现出某种普遍的或准确的立场，但是，他们的犹豫和否定已经积累到一定的程度，足以产生重要的影响。无论在什么地方，政治家们都一致认为关于国家的理论已经进入了一个新纪元。他们仍然主张国家有权发布命令，但是他们同时也承认国家负有某些必须加以履行的义务。理论家们承认主权概念在公法中的地位已经发生了动摇。在主权国家理论中，将国家视为一个人格主体是非常必要的，这是因为：既然公共权力是一种权利，一个享有该权利的主体自然是必不可少的。现在，有人已经指出：虽然不能对国家的人格加以绝对的否弃，但它的范围应当受到明确的限定，也就是说，国家只在某些场合下可以被视为一个人格主体，而且，在某些情况下，国家还可以被看成是享有双重的人格，每一人格都具有独特的性质。这种犹豫和矛盾表明了我们正在目睹的这场变迁的重要性。

我们没有必要征引太多的文字或语句。我们可以回想起前国民议会主席克莱蒙梭在邵尔－凯斯勒纪念碑落成典礼上的演讲。在追思那位伟大的公民在德雷弗斯（Dreyfus）案中所起的作用时，克莱蒙梭说道："赌注已经投下。群众本能地偏向于巴拉巴斯的游击队，这使得我们不禁陷入了焦虑的停顿。人数的观念，普选，似乎就要挫败我们；现在，我们不是正在向民主的基础提出质疑吗？现在，让我们迫不及待地指出：民主政府并不像游击队对政府的解释那样，是一种靠数人头来选出的政府……但是，如果我们期望由这种临时的多数派来行使古代的国王所行使的那种权力的话，我们所得到的只可能是变相的专制。"在此之前不久，巴图先生表述了一种类似的观点："我们有必要随着时代的发展而更新自己的观念，没有必要将主权国家和不犯错误的政府等概念永远地保留在我们的习惯之中，根据这些概念，公务员只是顺从的哑仆。"

迈向比例代表制的急促变革也表现出同样的倾向。当然，这种解释既不是基于某些政治家的不稳定态度，也不是根据他们当中某些已经不再掌权之人的思想变化。它们只是一些对于社会现实的任何严肃的观察者来说都有权忽略的、偶然萌发的奇想。但没有人能够否认，法国目前存在着一种对于选举制度改革的强烈虔信，这是每个政党中任何有远见的政治家们都极其清楚地意识到的。他们明确地察觉到，如今我们已经不再满足于某种在选举中的多数派中所体现出来的、过于简单的主权概念了。这一概念已经不再是公法的基本原则。在那一天（1912 年 7 月 10 日）中，众议院以 339 票对 217 票的表决结果通过了一项选举法案。这项法案的第一条规定，众议员应当通过被称为“名单投票”（scrutin de liste）的方式选出，少数代表制的确立使我们步入了公法演进的一个重要阶段。它不仅仅要求建立一种更完善的选举制政体来消除——只要可能的话——腐败的影响，以及实施反对政治阴谋的管理体制。它首先意味着的是，法国议会承认，多数人规则已经不再是现代民主制的基本原则，而与这一规则紧密联系的国家主权观念已经不再是国家理论的基础。

虽然公法理论尚未明确承认这一事实

如果说政治家对于主权教条的确信已经逐渐发生深刻动摇的话，那么法学家对它的信奉却未有多少减弱。在一套陈旧制度的遗迹当中只有一样东西保留了下来。埃斯曼先生在其多次再版的一部关于宪法的著述中，以他一贯平静的、充分肯定的笔触写道：“国家是民族在法律上的化身，……它是公共权威的主体和基础。公法的基础在于屈从于这样的一个主权国家——它存在于那些在任何特定的时刻对其进行行使的人之外和之上，并且是作为整个民族之化身的一个抽象的、理想的主体。这一人格就是国家。它的本质特征就是它与主权的关系。”

许多德国的思想家也对上述的这种学说表示认同，并且在拉邦德的著作中表现得最为明显。只不过埃斯曼先生所称的“主权”，在他们那里变成了“公共权力”罢了，并且他们还在描述后者的某些特征时保留了对前一术语的使用。而我们是不太关注这些细小的差别的。无论是关于“主权”，还是关于“公共权力”的学说，都基本上是一回事。不过，相对于埃斯曼先生是将这种学说作为某些观察资料的结果——就像它们无疑是谨慎的和公平的一样，这些观察资料也无疑是不准确的——而表示接受，大多数德国法学家的观点是从他们就至少要显示独裁君主制之合法性的要求中产生的。

而法国的公法学家已经清楚地察觉到了这一变化的发展方向，即使他们自己尚不敢承认。他们虽然保留了主权的概念，但事实上又将之归于无效。某些情形下，他们在否认国家人格的同时，又主张维持那种被抽掉了必备的基础、而几乎变得飘移不定的主权观念。在这里我不可能试图对这些学说作出一番归纳。我只能用三两句话来指出两位著者——他们被公认是法国公法学家的主要代表——是如何走向否认主权的理路的。

早在其《行政法与公法精要》一书的第六版（1909）中，奥里乌先生就曾经写过“主权和法律都已不再具有极端的重要性了，因为它们对暴力在现实中的相互作用已经不再具有根本的决定性”。在其《公法原理》一书的第235页上，奥里乌先生说道：“这些理论上的保留（即在理论上对于主权的限制）并未排除我们对那种信奉公意的绝对权力的思想从根本上进行抨击的可能性。很少有错误的学说像这种学说一样具有如此恶劣的影响。”这无疑是对人们长期以来的信仰所进行的正式谴责，但是一套新制度的基本概念——正如奥里乌先生所描述的那样——甚至更加具有颠覆性。他承认确实存在着一种发布命令的权力，但他却认为这种权力是一种主观权利；他并未创设一个如同那种虚假权利的主体一样的法律人格。他真正承认存在的是一种进行强制的现实权力。“一个国家的整个社会组织结构，”奥里乌先生写道，“在其经济性与政治性并重的前提下，是从许许多多既存的，并由这种强制权来保障其持续性的社会状态中产生的……这种权力的真正功能，就是创设和保障某些事实状态。它如此经常地被看成是命令与强制的一种简单形式，以至于人们对它的目的失去了应有的注意……权力的真正功能是创设秩序和稳定……它所要实现的就是这一功能，虽然所取得的成效有着程度上的不同。权力只有在其功能被充分实现的前提下才是合法的。”

上面的引文清楚地表明了奥里乌先生思想的发展轨迹。显然，对于他来说，主权权力已经不再是公法中的关键要素。国家的人格在其领土内被限制为某种法律上的安排。毫无疑问，强制权仍然是继续存在的；但它却并非如同某种国家所固有的、作为一种社会功能的主观权利那样而继续存在。这种社会功能就是公共服务观念的真正基础；因此奥里乌先生实际上承认，公共服务是一套现代政治制度唯一适当的基础。

在贝泰勒米先生的著作中，也清楚地体现出了相同的理论倾向。像奥里乌先生一样，他认为国家的人格具有某种专有的世袭性质。他并不否认公共权力的存在；但对于他来说，公共权力也是一种主观权利。“政府的行为，”他说道，“并不意味着某个法律人格——这些行为正是以这一人格的名义做出——的存在……只有当我们试图将国家看作是一个权利主体时，法律人格的观念才是不可缺少的。个人所享有的只是权利；而对权力的运用则无论在何种意义上都不是对权利的行使。一个发布命令的国家公务员并非是在行使某种主权权利。他只是在履行其职责罢了，并且，如果你愿意的话，也可以说这些职责的总和构成了主权权力。”

我不可能在此询问，贝泰勒米先生在说过那种被人们普遍称为主权权力的事物只是组成国家的各个机构所具有的一种功能之后，又对建立在发布命令权基础上的功能，与单纯让命令得到服从的功能作出了区分，这样做是否能够前后一致，而不是自相矛盾。这种区分已经产生了极大的矛盾，关于这一点我将在稍后进行论证。不过，重要的是不要忘记这两位思想家都主张主权权力是一种功能，而不是一种发布命令的主观权利。因此他们二位都将权力的主观权利从公法中去除掉，并且将之完全和单独地建立在统治者必须完成的社会功能基础之上。

当政治家与政治思想家已经开始察觉到这种社会功能的时候，他们都开始将这种社会功能的观念置之于公法的真正根基之上，这种社会功能恰恰正是公共服务的观念。我们接下来就是要确定它的因素。

主权概念已经为公共服务的观念所取代

事实上这些因素已经是非常清楚的了。它们实质上存在于某个特定国家的统治者——实际上掌握权力的人——所负有的一项确保某些职责不间断地得到履行的法律义务当中。就像我们将要看到的那样，这一观念解答了我们今天在公法领域中所面临的每一个问题，从而也因此得到了自证；并且我们也不需要关于其正确性的其他任何证明。但是，出于精确方面的考虑，讨论以下的几个问题仍然是非常重要的：(1) 谁是统治者；(2) 他们所负有的义务的依据是什么；(3) 这种义务的目的是什么。

谁是统治者呢？根据前文所述，我们能够明确的是，在现实情况中他们并不是一个被称之为国家的、至高无上的集合性人格的代表。我们已经不再像信奉神权教条那样信奉国家主权这一教条了。统治者就是那些手中实际掌握着强制权的人。那么，他们是出于什么原因，并且是怎样掌握这一权力的呢？这些都是不可能获得普遍答案的问题。掌权的事实是因国而异的历史、经济、社会等各方面力量的产物。政府的组织过程是不能逃避空间与时间的范畴的。但所有这些公共服务的因素，无论它们的重要性如何，都不是极端要紧的。广泛存在的事实是，在任何一个特定的国家中都存在着一个能够向他人施加物质性强制的个人或者个人群体。由此所得出的一个结论是，权力不是一种权利，而纯粹是一种行为能力。当我们相信权力来自于某种神圣的授权，或者来自于一个集合性人格的代表，并且同样具有某种高于个人意志的意志时，那么权力是能够被假定存在的。但是在今天，这些带有宗教性质的、形而上学的信条已经逐渐衰落了。政府控制的权力如今不再是一项权利，而纯粹是一项采取行动的权力。如果政府的权力已经走向衰落的话，它的义务仍旧保留了下来。每一个时代的群众都认识到，掌权者不能合法地要求服从，除非他们以履行某些职责作为回报，并且只能在他们履行这些职责的范围内要求人们服从。

社会的各个阶级之所以前后接替着丧失了政治权力，是因为他们已经不再提供作为其存在条件的社会服务。人们很长时间以来就朦朦胧胧地感受到的这种认识，如今已经得到了广泛的理解。这也是为什么我们不仅仅要肯定这种认识，而且更要努力地寻求对这些义务的法律基础——这也是现代国家的根本问题——加以确定。当然，规定某种建立在当前的这一套或者那一套伦理体系基础之上的道德义务将会是比较容易的。但是，任何伦理体系都免不了要受到批评。任何伦理的解决方案都是某种个人印象的结果，这种个人印象对于唤起直觉而言是非常适合的，但却并非出自于某种严格的科学论证。现代意识要求对它所面对的社会问题作出一个建立在对现实进行理性观察基础之上的明确解答。这不仅仅是一种加之于政府的纯粹的道德义务；这也是一种能够被赋予某种约束力——这一约束力被科学地组织了起来——的法律义务。一旦存在着这种科学的约束力，我们就可以假定政府的法律义务确实是一种现实存在的事物。

一旦个人主义成为当前流行的学说，那么个人自身的权利就可能引起政府部门的一项法律义务的产生。不过在今天看来，个人主义的危险性不比任何其他的伦理体系更小，因为它实际上完全是一种形而上学的假设。并且，它除了能够在我们要求政府履行某种积极义务的时候，反而引起某种消极义务的产生，就再也看不出有任何其他的作为了。卢梭，这位个人主义的狂热推崇者，在他承认个人权利不能对公意的至高无上进行限制时，就已经意识到了这一点。“这与政治组织的天然属性相悖，”他说道，“如果主权者颁布某项他并不能执行的法律的话。”所以，如果政府掌握着最高的强制权，那么它们如何能够受到那些因为向它们施加消极和积极的义务，从而具有更高效力的法律的约束呢？如果政府的行为因此受到限制的话，那么它们还拥有最高的权力吗？在我们谈及加诸最高权力之上的法律义务时，难道不是产生了一个悖论吗？不过，德国的思想家们看来是会接受这一观点的。像西耶德一样，他们声称：“不存在任何脱离主权、高于主权，或者与主权相匹的权利，这是一个不争的事实。主权者制定法律。”

上面的这种论调完全是一种谬误。对于现代意识来说，上面的这一结论只能够引起争议。因为，法律实际上是人类意识的创造物，可以这么说，法律义务之所以加诸政府之上，完全是因为我们今天已经确知法律不可能是其他东西。我们之所以能够作出这样的声称，是因为——就像我将要说明的那样——我们一直出自本能地组织着现代国家的各项制度，只是为了使这些义务具有强制性的约束力。社会法学一直在寻求确定这些义务据以产生的事实。对于我个人而言，有一点是明确的，即社会法学的真正基础是社会的连带关系。这一认识无疑引致了各种严肃的反对意见；不过事实仍然是，这是一种能够为我们所面临的问题提供建设性解答的观念。并且还有一点是很重要的，即对于上述政府义务的观念应当进行如此的延伸。法律和法律的规则产生于群众对于这样一个事实的深刻确信之中，即一项特定的法律规则是具有强制性的，一项确定的职责是必须要被实现的。简言之，法律首先是人们的精神产物，它是由人们在物质、智力以及道德等各方面的需要所决定的。这并不是肯定一种有别于个人意识的社会意识的存在。作出这样的肯定无异于进行某种危险的、形而上学的冒险。

如果政府权力确实具有多种多样的产生原因，例如物质的、经济的、道德的以及宗教的原因，那么有一点就是同样明确的，即无论以任何持久的方式，它都只能通过其臣民对于统治者履行他们所负职责的确信来维持自身的存在。无论这种确信是否正确，实际情况都是如此。迷信与无知可以使一个政府看上去是有益于其臣民的，哪怕事实上并非如此。在政治权力和公法中始终存在着一个不可或缺的因素，值得注意的是，这一因素是远远地处在社会契约的管辖范围之外的。社会契约理论认为，人们是通过一项协议联合起来的，并且放弃了他们天然的孤立状态，从而便产生了一个主权者和组成政府的集体意志。而恰恰相反，事实却是我们必须首先组成一个社会群体。统治者与其臣民的区别是自然形成的。前者的权力所施加在后者身上的程度，是随着后者对它的信奉程度，以及它本身的效用程度的不同而有所差异的。

因此，在对权力的掌握和履行某些职责的义务之间便出现了一种密切的联系。人们非常明确地意识到了这种联系，并且也要求这种联系自身能够为政府的法律义务提供充分的依据。今天，全世界范围内的每一个统治者、君主、国王、总统、首相，还有议会，都不是为着其自身的利益，而是为着其臣民的利益来掌握权力。并且，这一观念得到了如此广泛的传播，以至于每一位政治家都要对之进行不厌其烦地再三强调，即使他实际上是想从自己的职位上捞取最大的好处。

现代公法的基础是什么（1）

公共服务就是指那些政府有义务实施的行为。这些职责的性质和范围是什么呢？关于这个问题，就像我在1911年曾经指出过的那样，是不可能获得一个具有普遍意义的答案的。“公共服务的内容始终是多种多样和处于流变状态之中的。就连对这种流变的一般趋势进行确定都并非易事。唯一能够确定的是，随着文明的发展，与公共需求相关的政府活动呈数量上升趋势，而这样所带来的一个后果是公共服务的数量也在不断增加。这是非常合乎逻辑的。事实上，文明本身完全是那些能够在最短时间内得到满足的各类需求不断增长的产物。结果，政府干预便随着文明的发展而很正常地变得更为经常了，这纯粹是由于政府能够一手将文明变成某种有价值的事物。”

从前面的论述中我已经察觉到，政府必须随时履行三项职责：(1) 国家防御；(2) 维持国内安全与秩序；以及 (3) 司法。而在今天，仅是这三项服务还不够。事实上，确实存在着这样的一些经济学家，他们极其过时的研究结果表明，除了提供国防、治安与司法服务以外，国家不再负有其他职责，其余的一切活动都必须让个人自己来进行安排，因为通常情况下个人的这些安排足以保证所有的社会需求都能得到满足。对于这样的种种理论而言，事实是胜于雄辩的；因为现代意识是拒绝接受它们的。现代意识有着其他的一些需要，例如，要求国家不再将教育看成是私人的事情，并且在物质领域要求国家来组织慈善工作。

在整个世界范围内发生的经济与工业的深刻变迁逐渐创设出各种新的、政府所担负的义务。人们之间明显存在的相互依赖关系、经济利益的连带关系、不断加强的商业联系、智力成果与科学发现的广泛传播，都向国家施加了组织提供这些公共服务，以及长期保障国际交流的责任。因此，邮政与电报系统在现代国家中逐渐成为了一项极端重要的公共服务。这项服务确实明确地显示出了加诸现代国家之上的，对内和对外义务的法律属性。它体现了那些将各个民族联合在一起的权利与义务的一致性。

在每一个国家之中，一种经济变革都在不断地发生，这种变革的特征可以用一句话来进行简短地概括，即在几乎每一个活动领域之内，民族经济都逐渐地在替代家庭经济。所伴随的结果是，同一个社会群体中的人们更加增强了互相依赖，即使是出于他们日常的和基本的需要。家族群体是不足以实现这些目的的，因此家族群体的对外联系越来越成为必须，并且这些联系活动是如此的重要，以至于不能容许发生间断。因此，确保这些联系得到持续便逐渐成为了政府的事务。

这样的例子是举不胜举的。每个人都作为其自身的公共运输员的时代已经渐渐过去了。今天，无论个人属于哪一个社会阶层，也无论他想要运送其本人还是其财产，都可以借助那些有责任提供这种公共服务的群体。无论是我们的习惯，还是我们的经济需求，都不能承受哪怕是最短的延误；我们在日常的每一天里，都可以感受到将运输事务组织成为一种公共服务的必要性是日益增加的。在那些大城镇中，我们需要电车轨道和一套公共汽车系统；在整个国家的范围内，我们需要铁路运输服务。交通，就像邮政部门一样，越来越具有国际性。不仅是公共照明系统，就包括私人照明系统也在经历着类似的变革。在奥弗涅（Auvergne）和布列塔尼（Bretagne）的边远地区，一个农夫如今已经不再满足于使用其父母用于室内照明的小油灯或蜡烛了。每户人家都期待使用电灯的那个时代距离今天尚不久远。当其如此迅速地成为一项基本需要时，它就会创设一个新的公共服务的目标。沥青的发明引起了一次经济与工业革命，这场革命才刚刚开始；电力运输无疑也会在不远的将来由政府来进行组织。这也为 1906 年 6 月 15 日所颁布的关于电力配给的重要法律提供了解释。

但我们并不需要固守这些经济方面的考虑。简单地讲，它们所表明的就是法律在经济需要占据首位的帝国中是如何演进的。我在前面的论述中已经说明了，在人们理解了国家的职责不仅是提供对外防御及维护国内安宁之后，主权理论是如何立即走向衰落的。在今天可以明确的一点是，国家政策必须由它所处的整个环境来加以决定。因此，对一项公共服务可以给出如下定义：任何因其与社会团结的实现与促进不可分割、而必须由政府来加以规范和控制的活动，就是一项公共服务，只要它具有除非通过政府干预，否则便不能得到保障的特征。

如果必须提出某种正式标准——是否要将某些需要公开地组织成为一项公共服务，可以由该标准来进行确定——的话，那么我就会认为，在因该项服务的延误提供——哪怕是短时间的延误——所造成的社会无序中，可以发现这一标准。例如，在 1910 年的 10 月，发生了法国铁路工人的罢工事件，虽然只是局部的和短期的，但却清楚地表明了铁路运输完完全全是一项公共服务。1912 年所发生的英国矿务工人罢工是类似的事件，这次罢工以其可能引起的重大损失表明，必须将采煤业组织成为一项公共服务来进行的时代正在来临。当阿斯奇特先生说服国会向煤矿矿主施以确立最低工资的义务时，它已经向着将采煤业转为一项公共服务的目标迈开了第一步。

现代公法的基础是什么（2）

这就是公法领域中正在发生的这场深刻变迁的特征。公法不再是由某个享有发布命令权的，并有权决定在一个特定领域之内个人与群体之间相互关系（将之作为一项以其臣民为对象的主权事务）的主权者来加以执行的大量规则。现代的国家理论设计了大量的、对组织公用事业进行规制，并保障这些公用事业正常和不间断地发挥效用的规则。

主权者与其臣民之间的关系在这里并没有表现出来。政府活动的一项规则就是有义务以避免产生任何混乱的方式来组织和支配公共服务。

因此，公法的基础是不再是命令，而是组织。公法已经逐渐变成了客观的，正像私法已经不再建立在个人权利或私人意思自治的基础之上，而是代之以一种每个人都承担的社会功能的观念一样。因此政府也相应地具有某种必须实现的社会功能。

这一观念所带来的结果立即就显现了出来。它们的具体验证将表明，我所主张的原则并不仅仅是某种理论，而且也确实是从事实中得出的归纳。由此可以推出，如果政府行为不是对某种带有威权性质的权力的行使，那么它就不具备任何特殊的属性。政府所具有的品性，以及政府所产生的影响，都来自于它所期待实现的目标。而这一点又反过来决定着法律的属性。在所有的君主制度中，法律本质上是主权的体现。法律首先是某种由主权者所发布的，并且也因此加诸其臣民之上的命令。不过，如今这已经不再是事实了。法律完全是某项规则的明确表达和一系列社会事实的产物——政府在公共舆论的压力之下，为了使自身获得最可能大的力量，而认为有必要将这些社会事实作为一项规则。大多数的法律在现实生活中都是为了组织和运营公用事业而颁布的。因此，法律首先是一种调整公共服务的法律。

上述理论的重要性是显而易见的。它明确地提出了法律在今天发挥功能的方式。政府负有确保公用事业顺利运营的法律义务。出于这一目的，政府发布被称为法律的普遍性规则。这些规则的特征来自于政府为自己制定的目标。统治者自身是不可侵犯的。作为个体的公民只能在法律规定的范围内享受公共服务，并且政府也不能采取任何妨碍其履行维持公用事业运营的法律义务的行为。也就是说，公用事业是客观法所规定的制度。

于是，行政管理便在其与这样一个目标所发生的联系当中——这一目标同某项公用事业相关——形成了自己的特征。当然，在被恰当地称为行政管理的行为，与由这一政府中某个下级公仆所采取的行为之间，我们必须作出区分。不过，这两种行为都具有一个共同的特点，这一特点来自于对二者起到决定作用的共同目标。所以，我们不必在不同类型的行政管理行为之间作出区分。最重要的是，我们不必在行政首脑的行为，与下级行政官员纯粹贯彻其上司意志的行为之间作出区分。

公用事业因此便具有某种客观性。那些对它们进行调整的法律只是对一项普通政府职责的认可和执行。所有的行政管理行为都具有一个相似的特征，因为它们所实现的是某个相似的、公共的目标。在这些原则当中，一套新的制度可以得到重新确立。政府及其官员不再是向其臣民施加主权者意志的、人们的主人。他们不再是某个发布命令的集合性人格的器官。他们只是国家事务的管理者而已。这样一来，有一点是可以得到明确的了，即与人们通常所持的观念相反，国家行为的延伸与扩张不会必然强化政府的权力。虽然政府的事务增加了，其职责范围扩大了，但它的控制权却减弱了，因为没有人会再信奉这种权力。

的确，公用事业的组织与运营的成本是高昂的。政府在这方面的预算支出是巨额的，而财富是构成权力的重要因素。另一个不容置疑的事实是，在国家职能进行延伸与扩张的同时，既提高了税收，又拓宽了政府控制的区域。可以在此补充说明的是，因为在实行民主制的国家中，权力来自于选举，并且因为政府官员的人数必须随着公共服务数量的增加而增加，因此各种政治考虑便以一种有害的方式进入了行政管理的领域。如果国家的干预在任何制度下都是令人遗憾的，那么它在民主政体中也是如此。

上面所述的一切都是正确的，不过这丝毫不能改变现实。国家干预日复一日地变得愈加强烈。在理论上，这并不能使政府所享有的带有威权性的权力得到加强，因为政府并不享有这样的权力。但难以否认的是，政府的权力实际上得到了加强。不过另一个重要事实是，权力的这种强化通过分散化的趋势——这一趋势正在成为政府演进过程中的主要特征之一——而得到了平衡，如果不是被加剧的话。

增加政府的功能，就是使某项公共服务处于它的控制之下，同时保证这项服务能够不间断地得到开展。但这并不包括政府官员即时和直接地服从于政府的控制。与此相反的是，在许多原有的，以及某些新出现的公共服务中，越来越多地采用了各种形式的分散化体制。在某些情形下，如果行政事务与地区有着紧密程度不等的依附关系，则采取的是地区分权的方式。在某些情形下，行政事务是从过去一直延续下来的，例如某项确定的公用事业是移交给一批独立的官员来进行管理的。而在某些情形下，又存在着某一类行政性的工会组织，在这样的组织中，特定公用事业领域内的技术专家均享有某种进行指挥的权利。最后的一种情形是，可以将这项公用事业的运营委托给某一位在政府控制之下活动的个体公民。

与上述的公共服务分散化趋势相并行，另一种相类似的发展趋势——我们可以将之称为政府活动的产业化——也在不断拓深。当然，这一趋势只有在那些具有内在的产业特征的公用事业（例如公交、铁路，以及邮政部门）当中才会发生。当法国的铁路运输业渐渐移交给各个私营公司来经营时，也同时授予一个特别产业组织以特许经营权；只有维持这种运营方式，这些私营公司才能够取得利润；因为这种特许经营权实际上与政府控制是一回事。如果由国家自身来管理特殊的公用事业，那么这项事业必然会趋向于完全在一个产业性的基础之上来得到组织。无论代价多大，都有必要保护这项产业免遭政治的不良影响，以此来避免总是会由这样的影响所导致的产业解体和金融欺诈的后果。有一点明显是必要的，即运务繁重的铁路区段应当提供持续性的服务，并且，如果铁路运输处于政府的控制之下，那么这种持续性服务的提供就只能通过在管理与财政上的独立来实现。

自 1911 年 7 月 13 日所颁布的法律开始，我们就已经朝着这一方向前进了，在该法第 41 条第 1 款中明确地规定了下面这项原则。“那些构成国家铁路系统的线路系统（即过去的国有铁路与在西部购买的线路的联结），以及所有那些将通过今后的立法归并到这一系统中去的线路，都将由公共建设工程部部长授权一个直接对国家负责，并被赋予民事法律人格的单独机构来进行管理。”今后，在类似原则的基础上对邮政、电报和电话系统，以及所有这类具有产业性质的公共服务进行某种组织管理，也具有十分迫切的必要。根据上述同一部法律第 33 条以下的规定，负责管理火药和硝石的部门可在某种程度上实现产业化。1910 年 6 月 26 日，当时的一位议员斯蒂格先生的一项提议震惊了整个众议院，他主张："要使邮政和电报事业获得独立，以使其能够作为一项确定的产业来进行运营。"

无论对国家的事务以何种方式来进行管理，其基本观念都是明确的：政府必须履行某些确定的职能。结果，一项公共服务便成了关于某种严格的客观秩序的制度，而这一制度是由一些平等地加诸政府及其臣民之上的原则来进行调控的。

（选自狄骥《公法的变迁·法律与国家》，郑戈、冷静译）

第十一讲　论政府干预下的经济自由

[英] 凯恩斯

约翰·梅纳德·凯恩斯（John Maynard Keynes，1883—1946），英国经济学家，主张实行管理通货以稳定资本主义经济。他的经济学说在西方国家有广泛影响，被称为〝凯恩斯主义〞。

【编者按：1929年爆发的经济危机，无法用传统的萨伊定律作出合理解释。凯恩斯试图通过本文，推翻传统的就业理论，进而寻求正确的危机应对措施。他给出的方案是：在资本主义市场经济的运行过程中，添加对这一运行加以干预的财政和货币政策。行政不仅要扮演“夜警”角色，更要充当社会投资者。如此，方能维护资本主义的平稳发展。】

I

我们生活于其中的经济社会的显著弊端是：第一，它不能提供充分就业；第二，它以无原则的和不公正的方式来对财富和收入加以分配。本文的理论对第一个弊端的作用是显而易见的。但是，它在两个重要的方面也与第二个弊端有关。

自从19世纪末以来，通过直接税的手段——所得税、超额所得税和遗产税——特别是在英国，消除财富和收入方面的非常巨大的差异的工作已经取得相当大的进展。许多人愿意把这一过程推向更加前沿之处，但是，两点考虑使他们踌躇不前。一方面，他们害怕，这会使逃避税收成为很值得干的事情，并且还会过分减少冒风险的动机。但我相信，他们的另一个方面的主要考虑之点是：他们相信，资本的增长取决于个人储蓄动机的强弱，而资本增长的一个很大比例的部分取决于富人来自他们剩余金钱的储蓄。我的理论并不影响第一种考虑；但在相当大的程度上，它可以修改我们对第二种考虑的态度。因为，我们已经看到，在到达充分就业状态以前，资本的增长完全不取决于消费倾向的数值低微的程度，而且，恰恰相反，后者会有碍于前者的实现。只有在充分就业的条件下，数值低微的消费倾向才有助于资本的增长。不仅如此，经验表明：在现有情况下，企业的储蓄以及偿债基金所代表的储蓄已经超过所需要的数量，从而，采用可能提高消费倾向的收入再分配的措施肯定会有助于资本的增长。

对于这一问题，公众思想中的困惑之处可以用非常普遍存在于他们之间的信念加以说明。他们相信，遗产税是减少英国资本财富的原因。事实上，假设国家把这一来源的税收所得使用于通常的开支，从而，对收入和消费所征收的税额会有相应的减少或免除，那么，遗产税繁重的财政政策当然具有增加社会的消费倾向的作用。由于习惯性的消费倾向的增加一般会（除在充分就业的情况下以外）同时增加投资诱导，普通人所作出的推论正好与实际情况相反。

这样，我们的论述可以使我们得出结论，即：财富的增长远不取决于富人的节欲，像一般所假设的那样；它的增长反而会受到富人节欲的阻碍。因此，支持财富应具有很大差别的一个主要论据已经不能成立。我并不是在说，在其正确性不为我们理论所影响的各个论据中，任何一个都不能在一定情况下支持某种程度的财富分配的不平等。但我们的理论确实清除掉了其中一个最重要的理由；正是由于这个理由，我们才一直认为必须谨慎从事。这一点特别影响我们对遗产税的看法；因为，有些支持财富的不平等的论据不适用遗产的不平等。

以我而论，我相信，存在着社会上的和心理上的理由来确认：相当大的财富和收入的不平等是合理的，但不平等的程度应该比目前存在的差距为小。有价值的人类活动的一部分需要赚钱的动机和私有财产的环境才能取得全部效果。不仅如此，通过赚钱和私有财产的存在，人类的危险的癖好可以被疏导到比较无害的渠道之中，而癖好如果不以此种方式得到满足，那么，它们会被用之于残暴、肆无忌惮地对个人权力和权威的追求以及其他方式的自我高大化。人们对他们自己的银行存款实施暴政比他们对他们的同胞们实施暴政要好一些。虽然前者有时被谴责为不过是达到后者的手段，但至少在有的时候，前者提供了一个可供选择的渠道。即使如此，为了刺激这些可供选择的活动和满足这些癖好，并没有必要像现在那样，给参加游戏的赢家提供如此之多的胜利品。较少的胜利品也能达到同一目的，一旦参与者习惯于此的话。改变人类本性的任务绝不能混同于管理人类本性的任务。虽然在理想的国家中，可以通过教育、感化和养育来使人们对胜利品漠不关心，但只要一般的人，甚至社会中相当多的一些人仍强烈地沉湎于赚钱的癖好，那么，稳健的政治家就应该让游戏在规则和限度的约束下继续进行下去。

II

然而，对于财富不平等的前景，从我们的论点中，还可以得到一个一个远为更加重要的第二个有关之点，即我们的利息论。到目前为止，认为利息率应该具有适当高的数值的理由在于利息率必须提供足够多的储蓄诱导。但我们已经说明，有效的储蓄数量必然要取决于投资的规模，而投资规模却为低数值的利息率所推动，如果我们不以此种办法把投资规模推进到相当于充分就业之点以外的话。由此可见，如果在既定的资本边际效率之下，把利息率减少到使充分就业得以实现之处，那么，那将是对我们最有利的。

毋庸置疑，上述原则会使利息率远低于迄今在市场上存在的利息率。以我们所能推测到的资本数量的增加对资本边际效率的影响而论，如果要继续大致维持充分就业，那么，利息率很可能要持续下降——除非整个社会的消费倾向（包括国家在内）有着很大的改变。

我感到肯定的是，对资本的需求具有严格的限度；其意义为：把资本数量增加到使它的边际效率下降到很低的数值是不难做到的事情。这并不意味着使用资本设备几乎不用支付代价，而仅仅是说，资本设备的收益在补偿它的折旧和老化费用以后，再减去偿付风险以及技能和决策的运用的费用，剩下来的属于资本所有者的数量不会有多少。简言之，耐用品在它们生命期间的总收益会和非耐用品的情况一样，包含它们的生产的劳动成本再加上对风险以及对技能和监督代价的补偿。

虽然这种状况相当符合于某种程度的个人主义，但它意味着食利者阶级的消亡，从而也意味着资本家利用资本的稀缺性来扩大其压迫力量的消亡。在今天，利息之不代表对真正作出牺牲的补偿的程度并不亚于土地的租金。资本所有者能得到利息的原因是资本的稀缺，正和土地所有者能得到地租的原因是土地的稀缺一样。但是，土地的稀缺可以来自与土地的固有特性有关的原因；然而资本的稀缺却没有与资本的固有特性有关的原因。如果把造成资本稀缺的原因看作与资本特性有关的原因，即必须以利息率作为报酬才能使人们作出真正的牺牲来进行积累这一原因，那么，在长期中，这一原因将不复存在，除非在个人的消费倾向具有特殊性的场合。在这种场合中，消费倾向具有如此特殊的数值，以致在资本具有足够充沛的数量以前，充分就业条件下的净储蓄量已经为零。但即使在这种场合，国家机构仍然可以使社会的储蓄被维持在一定的水平，以致能使资本数量继续增长，直到它不再稀缺时为止。

因此，在我看来，当资本主义的食利者阶级的这一方面完成了它的任务以后，它会作为一个过渡阶段而消失掉。一旦它的食利者阶级的方面消失掉，资本主义的其他方面会有重大的改变。此外，我的主张还有一个很大的有利之处，即食利者阶级和已经没有社会职能的投资者绝不会突然消亡；就像我们近来在英国所看到的那样，它们的消失会是一个逐渐而漫长的过程，从而不需要进行革命斗争。

因此，在政策实践上，我们可以树立两个目标（都是可以在实际上达到的）：一方面，增加资本数量，一直到它不再稀缺时为止，从而使已经没有社会职能的投资者不再能坐享利益。另一方面，建立一个直接税制度，使得理财家、企业家和类似的人物（他们如此喜爱他们的职业，以致可以用远为便宜的代价来取得他们的劳务）的智慧、决心和经营的才能可以通过合理的报酬被引导到为社会服务的渠道。

与此同时，我们必须认识到，只有经验才能告诉我们体现于国家政策之中的群众意愿应该在何种程度上被用之于增加和补充投资诱导，以及应该在何种程度上才能安全地被用之于刺激平均消费倾向，而又不妨碍我们在一两个世代中消除资本的稀缺价值的目标。最终的结果可以是，消费倾向会被利息率下降的作用以如此容易的方式加以提高，以致只需要比现有的稍高一点的积累率便能达到充分就业。在这种情况下，对高额收入和遗产征收较多赋税的制度也许会有招致非难之处，因为按照这种制度，充分就业所要求的积累率会在相当大的程度上小于现在的水平。我并不否定这一后果的可能性，甚至它的很可能出现的概率。因为在这种事态中，很难预测一般人如何对环境的改变作出反应。如果现实的事态表明，只需要用比现在稍大一点的积累率便能很容易地取得大致的充分就业，那么，一个突出的当代问题至少已经得以解决。至于说应以何种正确和合理的程度和手段来要求活着的一代限制他们的消费，以便在一段时期中为他们的后代建立起一个投资量已经充分的境界，那是另一个仍然存在的有待决策的问题。

III

在其他方面，本书以上的理论在含义上是相当保守的。因为，虽然本书指出，现在主要听任于私人主动性支配的某些事物应加以集中控制的重大意义，但是，仍然存在着广泛的领域，其中的活动不受影响。对于消费倾向，国家将要部分通过赋税制度，部分通过利息率的涨落和部分通过其他手段来施加引导的作用。还有，单靠银行政策对利息率的影响似乎不大可能决定投资的最优数量。因此，我感觉到，某种程度的全面的投资社会化将要成为大致取得充分就业的唯一手段；当然，这并不排除一切形式的折中方案，而通过这种方案，国家当局可以和私人的主动性结合起来。但除此以外，似乎很难证实囊括绝大部分社会经济生活的国家社会主义的必要性。重要的并不是生产工具的国有化。如果国家能决定被用于增加生产工具的资源数量，并且能决定对生产工具所有者的报酬的基本额，那么，它就应被认为是完成了它应尽的职责。此外，必要的社会化的步骤可以逐渐采用，从而不会割断社会的一般传统。

我们对已被接受的古典学派理论的批评，重点不在于找出它的分析中的逻辑错误，而在于指出，它所暗含的假设条件很少或者从来没有得到满足，其后果为，它不能解决现实世界中的经济问题。然而，如果我们的中央控制机构能够成功地把总产量推进到相当于在现实中可能达到的充分就业水平，那么，从这一点开始，古典学派的理论仍然是正确的。如果我们假设总产量为既定的，即取决于古典学派思想体系以外的力量或因素，那么，我们对古典学派的分析并没有反对意见。我们不反对它所分析的私人的利己动机如何决定生产何种产品，以何种比例的生产要素来进行生产，以及如何把产品的价值在生产要素之间加以分配。还有，虽然我们在节俭问题上与古典学派的想法不同，但对现代古典学派理论关于在完全和不完全竞争的条件下的私人和社会利益的一致程度却没有意见。由此可见，除了由中央控制的必要性来实现消费倾向和投资诱导之间的协调以外，我们没有比过去提出更多的理由使经济生活社会化。

更具体地说，我找不出任何理由来认为，现有的经济制度对已经被使用的生产要素具有严重的使用不当之处。当然，存在着预期的失误问题；但是，这些问题并不会由于中央集中的决策而得以避免。当在一千万个愿意而且能够工作的人中，有九百万个人被雇用时，又没有证据表明，这批九百万人有被使用不当之处。对现有的经济制度，我们的不满意见并不是这批九百万人应该被使用于和过去不同的任务，而是应该为剩下来的一百万人提供使其就业的任务。现行经济制度的缺点，并不在于已就业的人如何加以使用的问题，而在于就业量的多寡问题。

因此，我同意格塞尔的意见，认为弥补古典学派理论的缺点不是把那个“曼彻斯特制度”清除掉，而是指出经济力量或经济因素的自由运行所需要的环境，以便实现生产的全部潜力。保证充分就业所必需的中央控制当然会大为扩充传统的政府职能。除此以外，现代古典学派理论本身也要求我们注意到各种不同的情况，而在这些不同情况下，对经济力量或因素的自由运行有必要加以制止，或加以引导。尽管如此，仍然会留下广阔的天地使私人在其中运用他们的动力和职能。在这个天地中，传统的个人主义的有利之处仍然会继续存在。

让我们在这里稍加停留，以便提醒我们自己，这些有利之处是什么。有利之处的一部分是效率——分散化和利己心能够运行的有利之处。决策分散化和个人负责制的有利之处甚至比 19 世纪所设想的也许还要大一些，而且，反对借助和利用利己心的意见似乎有点过火。但无论如何，如果能去掉个人主义的缺点和滥用，那么，它仍然是个人自由的最好保障，其意义为：和其他任何制度相比，它在很大程度上扩大了个人选择的范围。它也是生活多样化的最好保障，因为，生活多样化恰恰来自被扩大了的选择范围。在生活单调一致或集权国家的各种损失中，缺乏生活多样化是其中最大的损失。因为这种多样化保存了能体现以往各代人的最妥善和成功的选择的传统。它以它的多样化的花式来使现实具有光彩。此外，由于它是经验、传统和想象的结晶，它也是改善将来的最有力的工具。

因此，虽然对 19 世纪的政论家或当今美国理财家而言，由于使消费倾向和投资诱导相互协调而引起的政府职能的扩大是对个人主义的严重侵犯，但我要为这种扩大进行辩护。我认为，事实恰恰相反，它不但是避免现在的经济制度完全被摧毁的唯一可行之道，而且也是个人动力能成功地发生作用的前提条件。

这里的原因在于：如果有效需求不足，那么，不但资源浪费所引起的社会反对情绪会达到不可容忍的程度，而且，意图把这些资源运用于实际的私有企业也会遭受注定要失败的后果。这种危险的游戏具有许多数值为零的筹码；所以，如果参加者的精力和意志能使他们把游戏进行到底，那么，对参加者的整体而言，它是输家。直到目前，世界财富的增加量小于个人正数值的储蓄的总和。二者的差额系由那些输家所补足，因为，这些人虽然具有勇气和主动性，却缺乏超群的技能和异常的好运。但如果存在着足够的有效需求，那么，只需要一般的技能和好运便能取胜。

今天的集权主义国家以牺牲效率和自由为代价似乎已经解决了失业问题。可以肯定，世界容忍失业的期间不会很久，而失业问题，除了短暂的局势动荡时期以外，按照我的意见，还是不可避免地和现代资本主义的个人主义联系在一起。然而，通过对问题的正确分析，也有可能把疾病治愈，而与此同时，又保存了效率与自由。

IV

我曾经顺便提到过，我们的新体制可以比旧体制更加有利于和平。重复和强调这一方面是有必要的。

战争具有种种原因。对于独裁者和其他的类似人物而言，至少在他们的期望中，战争会给他们带来愉快的兴奋状态。他们感到，比较容易利用人们的好勇斗狠的心理。但在此以外，协助他们煽起群众的激情烈火的却是战争的经济原因，即人口压力和对市场的争夺。由于很可能是上述第二类原因而在 19 世纪中起着决定性的作用，并且还可能再度如此，所以，在此加以讨论是相宜的。

我在上一章已经指出，处于国内的自由放任和国际上的金本位这种 19 世纪下半期的典型体制中，除了向外争夺市场以外，一国的政府在国内没有其他办法来缓解本国的经济不振的问题。因为，在这种体制下，除了改善国际收支中的顺差的手段以外，一切的有助于解决长期或间歇性的失业状态的办法都被排除在外。

这样，当经济学者们在一如既往地颂扬既存的国际经济体制，说它能提供国际分工的果实，同时又能调和各国的利益时，他们掩盖了一个并不那么美好的作用。常识和对实际事务的正确理解使政治家们相信，如果一个在传统上为富裕的国家忽视市场的争夺，那么，它的繁荣会衰落并以失败告终。但如果各国都能学习到用国内政策来为它们自己维持充分就业（而且，我们还必须加上一句，如果它们也能使它们的人口趋向保持均衡），那么，就不会存在重要的经济原因来使一国的利益和它邻国的利益相对立。在如此的条件下，仍然存在着正当的国际分工和国际借贷活动的余地。然而，在这里，却不再有紧迫的动机来迫使一国把它的商品强加于另一国，或迫使一国排斥其他国家的商品销售，而这种强加和排斥并不是由于它是否有能力偿付它所愿意购买的商品的考虑，而是出于公开表示的破坏国际收支平衡的目标，以便为自己取得贸易顺差。国际贸易将不再像它现在那样，即作为一个维持国内充分就业的铤而走险的权宜之计，强行向外国市场推销并限制从那里购买的数量。即使是成功的话，这种方法也不过仅仅把失业问题转嫁给邻国，而邻国则因之会在斗争中受到损害。在我们的新的体制中，国际贸易会成为在互惠的条件下，合乎意愿和不受阻挠的物品和劳务的交换。

V

实现这些思想仅仅是不着边际的希望吗？它们是否奠基于足够的人类动机之上，而这种动机又能控制政治社会的演变？被它们所伤害的利益的体现者是否比它们为之效劳的人要更为强大和明确？

我不想在这里提供答案。答案需要一本与此不同性质的著作，才能仅仅以提纲的形式表示出把这些思想逐渐付诸实施的各种实际办法。但如果思想是正确的——作者必须假设如此，然后再据此而进行写作——那么，我敢作出预言：要想否定它们在一段时期后所产生的力量会是错误的。在目前，一般人都渴望有一个更加基本的诊断；特别易于接受它；而且，甚至只要它在表面上合乎情理，就急于把它付诸实施。然而，撇开这种当代的情绪不谈，经济学家和政治哲学家们的思想，不论它们在对的时候还是在错的时候，都比一般所设想的要更有力量。的确，世界就是由它们统治着的。讲究实际的人自认为他们不受任何学理的影响，可是他们经常是某个已故经济学家的俘虏。在空中听取灵感的当权的狂人，他们的狂乱想法不过是从若干年前学术界拙劣作家的作品中提炼出来的。我确信，和思想的逐渐侵蚀相比，既得利益的力量是被过分夸大了。诚然，这不是就立即产生的影响而言，而是指一段时期以后；因为，在经济学和政治哲学的领域中，在 25 岁或 30 岁以后还受新理论影响的人是不多的，因此，公职人员、政客甚至煽动者所应用的思想不大可能是最新的。但是，不论早晚，不论好坏，危险的东西不是既得利益，而是思想。

（选自凯恩斯《就业、利息和货币通论》，高鸿业译）

第十二讲　论计划与法治

[英] 哈耶克

弗里德里希·奥古斯特·冯·哈耶克（Friedrich August von Hayek，1899—1992），英国著名的经济学家与政治哲学家，1974 年诺贝尔经济学奖得主。他被视为席卷西方的〞撒切尔—里根革命〞的智力教父。

【编者按：哈耶克是凯恩斯主义的坚定反对者。他强调："法治的意思就是指政府在一切行动中都受到事前规定并宣布的规则的约束。"自由主义制度下的政府也应该有所行动，但这种行动是可以被预见的。而要求政府实现物质分配实质平等的计划，无论在理论上还是事实上，都与法治的这种要求相背离。当计划当局根据执行者的个人观点决定利益保护的轻重缓急时，个人意志也就强加在了人民身上。】

近年来关于法律社会学的研究，再一次证实：成文法的基本原则只有在资本主义自由竞争的状况下才能得到承认。根据这种原则，每一个案件的审理，都必须依据具有一般性的理性规则，这种理性规则把例外的情形减少到最低限度，并以某些逻辑前提为基础。

——卡尔·曼海姆

最能清楚地将一个自由国家的状态和一个在专制政府统治下的国家的状况区分开的，莫过于前者遵循着被称为法治的这一伟大原则。撇开所有技术细节不论，法治的意思就是指政府在一切行动中都受到事前规定并宣布的规则的约束——这种规则使得一个人有可能十分肯定地预见到当局在某一情况下会怎样使用它的强制权力，和根据对此的了解计划它自己的个人事务。[①] 虽然因为立法者以及那些受委托执行法律的人都是

① 根据 A.V. 狄骥在《宪法学》（第 8 版，第 198 页）中的经典解释，法治"首先是指和专断权力的影响相反的正规法律的绝对的无上的或超越一切的权力，它防止政府方面的专断

不可能不犯错误的凡人，从而这个理想也永远不可能达到尽善尽美的地步，但是法治的基本点是很清楚的，即留给执掌强制权力的执行机构的行动自由，应当减少到最低限度。虽则每一条法律，通过变动人们可能用以追求其目的的手段而在一定程度上限制了个人自由，但是在法治之下，却防止了政府采取特别的行动来破坏个人的努力。在已知的竞赛规则内，个人可以自由地追求他私人的目的和愿望，肯定不会有人有意识地利用政府权力来阻挠他的行动。

这样，我们已经将创立一种个人在其中自由决定生产活动的永久性法律体制与由中央当局管理经济活动作了区分，这种区别实际上是法治和专制政府之间的更具普遍性的区别的一种具体表现。在第一种情况下，政府的行动只限于确定那些决定现有资源得以使用的条件，至于使用这些资源于何种目的，则听由个人去决定。在第二种情况下，政府管理生产资料以用于一定的目的。第一种类型的规则可以预先制定，具有形式规则的外部特征，不针对特定的人的愿望和需要。它们仅被用来充当人们追求各种个人目标的工具。它们的目的是（或应当是）针对这样长的时间，以致不可能知道它们对于某些人是否比对于其他的人更有帮助。几乎可以把它们说成是一种生产的工具，用来帮助人们预测他们必须与之协作的另一些人的行为，而不是致力于满足特定的需要。

集体主义类型的经济计划必定要与法治背道而驰。计划当局不能约束自己只限于给陌生的人们提供机会，使他们能够随心所欲地利用这些机会。它不能事先用一般性的形式规则约束自己以防专断。当人民的实际需要出现时，计划当局必须预为准备，然后必须在这些需要之间进

（接上页）权、特权甚至广泛的自由裁量权”。但主要由于狄骥的这一著作，这个名词在英国取得了一种较狭窄的技术性的意义，这与我们当前的问题无关。法治这一概念的更为宽泛、更为古老的意义，在英国已经成为一种既定的传统，通常被视为理所当然而很少加以讨论，但在德国 19 世纪之初关于 Rechtsstaat（法治国家）的性质的讨论中，却受到了最充分的探究，因为这一概念所引起的问题在那里还是新鲜的问题。

行有意识的选择。计划当局必须经常地决定那些仅仅根据形式原则无法得到答案的问题，并在做出这些决定时，必须将不同的人们的需要区分出尊卑轻重。当政府要决定饲养多少头猪，运营多少公共汽车，经营哪些煤矿或按什么价格出售鞋子时，这些决定不可能从形式原则中推论出来，或者事先做出长期的规定。它们不得不取决于当时的环境，并且在做出这些决定时，常常必须对各种人和各个集团的利害逐个地予以比较权衡。最终必得由某个人的观点来决定哪些人的利益比较重要；这些观点也就必定成为那个国家法律的一部分，即政府的强制工具强加于人民的一种新的等级差别。

* * *

我们刚才谈到的在成文法或形式上的法律或公正和实体性质的法规之间的区别是很重要的，而同时在实践上也最难精确地加以划分。但是这里所涉及的一般原理是很简单的。这两类规则的区别是和制定一个道路使用规则（像“道路章程”）与命令人民向何处去之间的区别一样，或者更明白一些说，和设置路标与命令人民走哪一条路之间的区别一样。形式法律事先告诉人们在某种情况下，政府将采取何种行动，这种规则用一般性的措辞加以限定，而不考虑时间、地点和特定的人。它们所针对的是一种任何人都可能遇到的典型情况，在那种情况下，这种规则的存在将会对各式各样的个人目的都有用处。在这种情况下，政府将按照确定的方式采取行动，或要求人民按确定的方式行事；提供关于这方面的知识，目的在于使个人可用以制订自己的计划。人们期望，形式规则对于那些尚不知其为谁的人们，对于他们决定用其来达到的目的和不能预见其详情的环境，可能是有用的。在这一意义上讲，形式规则只是工具性的。我们并不知道这些规则的具体效果，并不知道这些规则将会有助于哪一种目的或会帮助哪一种特定的人，它们只不过是被赋予了一种大体上最有可能使一切受到它们的影响的人们都能得到好处的形式，事实上，所有这一切是我们这里所说的形式规则的最重要的标准。正因为我们事前无法知道谁会使用并在什么情况下使用这些规则，所以它们并不涉及在某些特定目的和某些特定的人们之间进行选择的问题。

在我们这个时代，人们热衷于对每件事都要加以有意识的控制，如果说在某一个制度之下，我们对于政府所采取的措施的具体效果要比在大多数其他制度下了解得少是个优点，并且认为，在某一社会控制方法是较好的方法，因为我们不知道它的具体效果，这似乎是很荒谬的。但是这种考虑实际上是法治的伟大的自由主义原则的理论基础。在我们进一步加以论证以后，这种外表上的自相矛盾就会立即消失。

* * *

这个论证分两方面：第一个方面是经济方面，在此只能简短地说明一下。政府应当只限于订立适用于一般类型的情况的规则，听任个人在那些以时间、地点等情况为转移的每一件事情上自由行动，因为只有与每一种情况有关的个人，才能最充分地了解这种情况，并采取相应的行动。如果要使个人在制订计划时能够有效地运用他们的知识，他们就必须能够预见可能影响到这些计划的政府的行动。但是如果要使政府的行动能为人所预见，它就必须决定于不以既不能预见得到，也无法事先加以考虑的具体环境为转移的、固定的规则，在这种情形下，政府行为的特殊影响也就无法预见。另一方面，如果政府必须指导个人行动以便达到某种特定目的，它的行动就必得根据当时全部环境来决定，因此，也就无法断定。因此，一件人所共知的事实是，政府“计划”得越多，对于个人来说，计划就变得越困难。

第二个方面，即道德的或政治方面的论证，与我们现在所要讨论的问题有更直接的关系。如果政府要精确地预见到其行动的影响，那就意味着它可以不让受影响的人有任何选择的余地。凡是当政府能够精确地预见其各种可能的行动对某种人的影响时，也恰恰是政府能够对各种目标进行选择。如果我们要创造新的对一切人都开放的机会，要给人们提供他们能够随意加以利用的机会的话，那么其精确的结果就是难以预见的。因此，普遍性的规则，有别于具体命令的真正的法律，必须意在适用于不能预见其详情的情况，因而它对某一特定目标，某一特定个人的影响事前是无法知道的。只是在这种意义上，立法者才可能说得上是不偏不倚的。所谓不偏不倚的意思，就是指对一定的问题没有答案——如果我们一定要解决这类问题的话，就只能靠抛掷硬币来决定。在一个每一件事都能精确预见到的社会中，政府很难做一件事而仍然保持不偏不倚。只要政府政策对某种人的精确的影响是已知的，只要政府的直接目的是要达到那些特定影响，它就不能不了解这些影响，因而也就不能做到不偏不倚。它必定有所偏袒，把它的评价强加于人民，并且，不是帮助他们实现自己的目标，而是为他们选择目标。只要当制定法律的时候就已预见到这些特定影响，那么，法律就不再仅仅是一个供人民使用的工具，反而成为立法者为了他的目的而影响人民的工具。政府不再是一个旨在帮助个人充分发展其个性的实用的机构，而成为一个“道德的”机构——这里“道德的”一词不是作为“不道德的”反义词来使用的，而是指这样一种机构，它把它对一切道德问题的观点都强加于其成员，而不管这种观点是道德的或非常不道德的。在这种意义上，纳粹或其他任何集体主义的国家都是“道德的”，而自由主义国家则不是。

也许有人会说，所有这一切并不会引起什么严重的问题，因为在经济计划者所必须决定的这类问题中，他不需要也不应当受他个人的偏见的引导，而能够凭借关于公平和合理的一般信念。这种论点常常得到一些人的支持，这些人具有在某一行业进行计划的经验，他们发现要达到一个使一切有直接利害关系的人视为公平而予以接受的决定，并没有不可克服的困难。这种经验之所以不能说明什么问题，当然是因为当计划只限于一个特定行业时，对有关的利益进行了选择。在某一特定问题上最直接有利害关系的人，并不一定是全社会利益的最好判断者。只举一个最突出的例子：当某一工业的劳资双方协议某项限制生产的政策来剥削消费者时，通常在按照双方以前收入的比例，或根据其他类似的原则分配既得利益的问题上是没有什么困难的。至于千百万人所分担的损失，则常常被简单地抛之脑后，或被考虑得不很充分。如果我们要检验在解决经济计划工作中产生的那类问题时公平原则是否有用，我们必须把这原则应用到所得和所失同样看得清楚的某种问题中去才行。在这种情况下，很容易认识到：并没有什么如“公平”之类的一般性原则可以给我们提供答案。当我们必得在下列一些事情之间进行选择——例如给护士或医师以高工资还是为病人提供更广泛的服务，使儿童得到更多的牛奶还是使农业工人获得较好的工资，或使失业者就业还是使那些在业者得到较高的工资——的时候，为了得到答案，就需要有一个完整的评价体系，在这个体系中，每个人或每个集团的每种需要都占有确定的位置。

实际上，由于计划工作的范围越来越广泛，就经常需要越来越多地参照什么是“公平的”或“合理的”来限定的法律条款。这就意味着，有必要越来越把有关具体事件的决定委诸有关裁决人或当局去裁夺。人们可以根据这些模糊的定则之逐渐引入立法和司法的情况，根据法律和司法中越来越增加的专断和不确定性以及由此而引起的对它的不尊重（在这种情况下，法律和司法不能不成为政策的工具），写一部法治衰落法治国家消失的历史。很有必要在这里再次指出：在德国，法治衰落的这种过程，已在希特勒上台之前发展了一段时间，一种高度的趋向于极权主义计划的政策已为希特勒手中完成的“工程”进行大量的铺垫。

无疑，计划必然要涉及对于不同的人们的具体需要予以有意识的差别对待，并允许这个人做一定要禁止另一个人做的事情。它必须通过法律规则来规定，某一种人处境应如何富裕，以及允许各种人应当有什么和做什么。这就意味着实际上回到身份统治的局面，是“进步社会的运动”的逆转，这种运动用亨利·梅恩爵士的有名的话来说，“到现在为止是一种从身份、地位转变到契约的运动。”其实，也许法治比凭契约而治更应当被看成是人治的真正对立物。正是在形式法律这一意义上的法治，也就是不存在当局指定的某些特定人物的法律上的特权，才能保障在法律面前的平等，才是专制政治的对立物。

* * *

由此而来的必然而且仅在表面上看来有点荒谬的结果是，在法律面前的形式上的平等，是和政府有意识地致力于使各种人在物质上或实质上达到平等的活动相冲突并在事实上是不相容的，而且任何旨在实现公平分配的重大理想的政策，必定会导致法治的破坏。要为不同的人产生同样的结果，必须给予他们不同的待遇。给予不同的人以同样客观的机会并不等于给予他们以同样主观的机会。不能否认：法治产生经济上的不平等——关于这一点唯一的解释就是这种不平等并不是为了要用特定的方法影响特定的人们而设计出来的。很重要而又很具典型性的是，纳粹党人常常反对“纯粹的”形式上的公平，他们常常攻击那种对于某些人应当多么富裕不表示态度的法律[①]，他们总是要求“法律的社会化”，攻击司法的独立，同时支持所有像“自由权利学派”(Freirechtsschule)那种破坏法治的运动。

甚至可以这样说，要使法治生效，应当有一个常常毫无例外地适用的规则，这一点比这个规则的内容为何更为重要。只要同样的规则能够普遍实施，至于这个规则的内容如何倒还是次要的。回到以前提到过的一个例子：究竟我们大家该沿着马路的左边还是右边开车是无所谓的，

① 因此，当国家社会主义的法律理论家施密特把“公平的国家”的国家社会主义理想和自由的法治国家（即“法治”）相对立时，并不是完全错误的——只是和形式上的公平相对立的那种公平，才必然意味着在人与人之间实行差别待遇。

只要我们大家都做同样的事就行。重要的是，规则使我们能够正确地预测别人的行动，而这就需要它应当适用于一切情况——即使在某种特殊情况下，当我们觉得它是没有道理时。

一方面是在法律面前形式上的公平和形式上的平等，另一方面是试图实现实质上的公平和平等的各种理想，这两者之间的冲突，也可以说明为什么关于“特权”的概念被普遍地混淆以及因此而引起的滥用。这里只提及这种滥用的一个最重要的例子，即把“特权”一词用于财产本身。从前有过的这种情形，地产只能由贵族阶级的成员占有，这当然是一种特权。又如在我们这个时代里，如果把某些商品的生产和出售的权利，由当局指定给某些人，这也是一种特权。但是私有财产是任何人根据同样的规则都能够获得的，因为只有某些人在取得私有财产方面成功了，就把私有财产本身称作一种特权，那就使“特权”这个词失去它的意义了。

特定影响之不能预见，是一个自由主义制度的形式法律最显著的特点，因为它能够帮助我们澄清另一个关于自由主义制度本质的糊涂观念，因而也是很重要的。这种观念认为自由主义的典型态度是政府的无为。究竟政府应当或者不应当“采取行动”或“干预”这个问题，提出了一个完全错误的选择对象，而“自由放任”一词是对于自由主义政策所依据原则的非常模糊不清的和容易引起误解的描述。每一个政府当然必须有所行动，而政府的每一行动都要干涉到这样或那样的事。但这并非是问题的关键。重要的问题是个人能否预见到政府的行动，并在制订自己的计划时，利用这种了解作为依据；其结果是政府不能控制公众对于政府机构的利用，而个人精确地了解他将被保护到什么程度以免于来自别人的干涉，或者政府是否能够阻碍个人的努力。政府的管制度量衡（或用其他方法防止舞弊和欺诈）肯定地是在有所为，而政府容许罢工纠察员使用暴力则是无所为。但是在这一种情况下政府才是在遵守自由主义原则，而在第二种情况下，则没有。同样地，关于政府在生产方面所制定的大多数的普遍性的和永久性的规则——

例如建筑管理条例或工厂法规，在特定情况下，它们也许是明智的或不明智的，但只要它们目的在于使其成为永久性的规则，并且并不是用来偏袒或损害某些个人利益的时候，它们并不和自由主义原则发生矛盾。除开不能预见的长期影响不谈，在这些情况下，也确实会出现能被人了解的对于某些个人的短期影响。不过，对这种类型的法律来说，短期影响一般并不是（或至少不应当是）有决定作用的考虑。当这些当前的可以预见的影响与长期影响相比变得更为重要时，我们便接近了那种区别的界线，这种区别尽管在理论上是一清二楚的，但在实践上却显得模糊不清。

* * *

只有在自由主义时代，法治才被有意识地加以发展，并且是自由主义时代最伟大的成就之一，它不仅是自由的保障，而且也是自由在法律上的体现。正像康德所说的那样（并且在他以前，伏尔泰也用非常相似的措辞说过），“如果一个人不需要服从任何人，只服从法律，那么，他就是自由的”。但作为一个朦胧的理想，它至少从罗马时代以来就已经存在了，并且，它在过去几个世纪中，从没有像今天这样受到严重的威胁。立法者的权力无限制这一观念，部分地是人民主权和民主政治的结果。它又由于下面这种信念而得到加强，这种信念是：只要政府的一切行动都经过立法机关正式授权的话，法治就会被保持下去。然而，这是对于法治意义的完全的误解。法治和政府的一切行动是否在法律的意义上合法这一问题没有什么关系，它们可能很合法，但仍可能不符合法治。某些人在法律规定上有权按他的方式去行动，但这并没说明法律是否给他权力采取专断行动，或法律是否明白地规定他必须如何行动。很可能，希特勒是以严格的合乎宪法的方式获得无限权力的，因而在法律的意义上说，他的所作所为都是合法的。但是，谁会因为这种理由而说，在德国仍然盛行着法治呢？

因此，如果说，在一个有计划的社会，法治不能保持，这并不是说，政府的行动将不是合法的，或者说，这样一种社会就一定是没有法律的。它只是说，政府强制权力的使用不再受事先规定的规则的限制和决定。法律能够（并且为了集中管理经济活动也必须）使那种实质上是专断的行动合法化。如果法律规定某一部门或当局可以为所欲为，那么，那个部门和当局所做的任何事都是合法的——但它的行动肯定不是在受法治原则的支配。通过赋予政府以无限制的权力，可以把最专断的统治合法化；并且一个民主制度就可以以这样一种方式建立起一种可以想象得到的最完全的专制政治来。①

但是，如果法律是要使当局能够管理经济生活，它就必须给当局以权力，使他们在不能预见的情况下和按不能用一般的形式而加以规定的原则作出决定并予以实施。结果，当计划扩大时，把立法权授予若干个部门和当局的事变得越来越普通了。关于上次大战以前的一件案子（已故的霍华德勋爵最近引起大家对这件案子的注意），法官达林先生说道："国会只是去年才规定，从事自己工作的农业局和国会本身一样不应受到弹劾。"这种情况在那时还是罕见的，此后它几乎成了家常便饭。经常把广泛的权力赋予新的权力机构，它们不受固定规则的约束，并在管理人们的这种或那种活动方面，几乎具有无限的自行处置权。

因此，法治就含有限制立法范围的意思，它把这个范围限于公认的形式法律的那种一般规则，而排除那种直接针对特定的人或者使任何人为了这种差别待遇的目的而使用政府的强制权力的立法。它的意思不是

① 因此，并不是像 19 世纪讨论中所常常被误解的那样，这种矛盾并不是自由和法律之间的冲突。正如洛克已经阐明的那样，不可能没有法律的自由。这种冲突存在于各种不同的法律之间，法律是如此多种多样，以至不应当用同一名字称呼它们：一种是法治的法律，即事前宣告的一般原则，"游戏规则"——它使个人能够预见政府将如何使用强制工具，或预见他和他的国人在某一环境下将被允许做什么或不得不做什么。另一种法律实际上给予当局以权力，使它能做它所认为合适的事。因此，在一个希望不根据事前宣布的规则而根据自己的是非标准去决定每一件事的利害冲突的民主制度中，很显然，法治是不能维持的。

指每件事都要由法律规定，而是指政府的强制权力只能够在事先由法律限定的那些情况下，并按照可以预先知道的方式被行使。因此，特定的立法能够破坏法治。那些要否认这一点的人，恐怕就得力陈这种观点：法治在今天的德国、意大利或俄国是否占优势，决定于独裁者们是否是通过宪法的手段取得他们的绝对权力的。①

* * *

法治的主要应用是否像在某些国家一样，由权利法案或宪法条文加以规定，或者原则是否仅仅是一种牢固确立的传统，这都关系不大。但是，有一点很容易理解：不管采取什么样的形式，任何对这种立法权力的公认限制，都意味着承认个人的不可让渡的权利，承认不可侵犯的人权。

像威尔斯这样一位最广泛的集中计划的主要鼓吹者居然也同时写出热忱地为人权辩护的著作，这是令人悲哀的事，但却说明了我们的许多知识分子被他们所信奉的一些自相矛盾的理想引入迷途的情况。威尔斯所希望保留的个人权利，不可避免地会阻碍他所希望实行的计划。在某种程度上他似乎理解两难抉择的局面，因而我们发现，他所建议的“人权宣言”的条文附加着许多保留和限制，结果使它失去了一切重要性。

---

① 另一个立法侵犯法治的例子，就是英国历史上大家都熟悉的剥夺公民权利法案的案件。法治在刑法方面的表现形式，常常体现在“法律无明文规定不得处罚”（Mulla poenasine Lega）这一拉丁文惯用语上。这条规定的实质，就是法律在它所适用的特定情况发生以前，必须已经作为一个普遍性的规定而存在。在亨利八世时代一个有名的案件中，国会关于罗彻斯特主教的厨师一案议决说，“理查德·罗斯应予烹死，不得因他的牧师的缘故而免刑”。没有人会认为这个案件是根据法治原则作出的。然而，虽然在所有自由主义国家，法治已成为刑事诉讼中之紧要部分，但它在极权主义制度下却是不能保持的，对于这一点艾希顿说得好，自由主义的准则已为下述原则所代替：不管法律是否有所规定，没有什么“罪”应不受罚（nullum crimen sinepoena）。“政府的权力尚不止于处罚破坏法律的人，社会有权作出任何看来为维护其利益所必需的规定——遵守法律只不过是其中比较基本的要求之一。”见艾希顿：《法西斯主义者，其国家与精神》（1937），第119页。至于什么叫做侵犯“社会的利益”，自然由当局决定。

例如，一方面他的宣言宣称，“每个人将有权买卖任何可以合法进行买卖之物，而不受任何歧视性的限制”，这是极好的，可是他马上又加上一个限制说，这只适用于买卖“这么多的数量，并附带着这样一种保留，即以符合公共利益为限”，因而使整个规定失效。但是，既然过去强加于任何物品的买卖的一切限制，当然都被认为是为“公共福利”所必需，因此实际上这个条文也就不能有效地防止什么限制，也不能保障什么个人权利。另举一个基本的条文来看，宣言说，“每一个人可以从事任何合法的职业”，并且，“他有权从事有报酬的职业，并当有许多对他开放的就业机会时，他有权自由选择”。但宣言没有说，究竟由谁来决定某一职业对某一个人是否“开放”，而附加的条文——“他可以为自己提出就业的建议，并且要求他的请求得到公开的考虑，被接受或被拒绝”证明，威尔斯所想的是一个权威，由它来决定一个是否“有权”从事某一职业——这肯定是与自由选择职业背道而驰的。在一个有计划的社会中，当不仅通信手段和货币受到管制而且工业也被有计划地加以配置时，怎样才能确保“旅行与迁居自由”呢？再者，如果纸张的供应以及所有发行渠道都被计划当局所控制，那么，又怎样才能确保新闻自由呢？对于这些问题，威尔斯先生同其他所有当时搞计划的人一样，未提供什么答案。

在这方面，那些自从社会主义运动诞生以来就一直攻击关于个人权利的“先验的”观念并坚持认为在一个受理性支配的社会中不存在个人权利、只有个人义务的人数更为众多的改革者们，表现出更多的一致性。这确实已成为我们那些所谓的进步分子的更为普遍的态度。如果一个人基于一项措施侵犯了个人的权利而反对这项措施，几乎没有其他事像这件事那样必定会使一个人作为一个反动分子而遭到非难了。甚至连像《经济学家》这种自由派的报纸几年以前也向我们展示了法国人以及所有那些汲取了下面这个教训的人的例子：

民主政体同独裁政体一样，必须总是（原文如此）尽可

> 能地拥有绝对的权力，而并不牺牲其民主性和代表性。在个人权利方面，没有任何限制性领域是政府进行管理时在任何情况下都不能触及的。对于由人民自由选择的政府所能够并且应该行使的统治权力，对于可以由反对党公开地充分地予以批判的统治权力，是不该有任何限制的。

当战争时期，甚至连自由和公开的批评都必定要加以限制时，这很可能是不可避免的。但上面引语中的“总是”说明，《经济学家》并不把这看作是值得遗憾的战时必要措施。然而，作为永久性的制度，这种观点当然是同维护法治相违背的，它会直接导致极权主义国家的建立。而这种观点正是所有那些希望政府控制经济生活的人所必定持有的观点。

在一个经济生活受到彻底管制的国家中，甚至形式上的承认个人权利或少数人的平等权利都会失去任何意义，对于这一点中欧各个国家的经验给予了充分的说明。那里的经验还表明，完全可能通过运用公认的经济政策方面的工具来推行一种无情地歧视少数民族的政策，同时又对保护少数民族权利的法规中的文字没有任何侵犯。这种以经济政策为手段的压迫由于以下事实而得到极大的促进，这个事实是：某些产业或活动基本上是由少数民族来从事的，因此，许多表面上针对一个产业或一个职业阶层的措施实际上是指向一个少数民族的。这一切极其充分地向所有那些希望了解计划怎样在实际中造成政治后果的人证实了，像“由政府控制产业发展”这种表面上无关痛痒的原则，会为那种歧视和压迫政策提供几乎无限的可能性。

（选自哈耶克《通往奴役之路》，
王明毅、冯兴元等译）

第十三讲　论保守

[英] 欧克肖特

迈克尔·欧克肖特（Michael Oakeshott，1901—1990），20世纪英国最重要的政治和社会哲学家，是当代保守主义政治哲学的代表人物之一，他的思想对英国保守党的政治立场具有指导地位。《政治中的理性主义》是他最重要的代表作品。

【编者按：本文中，欧克肖特从人类活动的保守气质出发，引申出了政府治理的保守主义："统治者的形象是仲裁人，他的事情就是执行游戏规则；或主席，他根据已知的规则指导争论，但他自己不参与争论。"热情和计划性都不是政府的题中之意。政府不应为人民制订计划，更不能强制推行计划。与此相应，政府实施职能的唯一合适路径就是法治。】

一

一般相信，从被认为是保守的行为中得出解释性的一般原则是不可能的（或即使不是不可能，也是非常没有希望的，不值得一试），我却没有这样的想法。的确，保守行为并不容易让人们以一般观念的用语来表达，因此，要作这样的解释有点勉强；但这不意味着它比任何别的行为更不适合这种解释，无论真伪。然而，这不是我在这里要做的事。我的主题不是一个信条或一种学说，而是一种气质。保守就是容易以某些样式来思考和行事；是宁要某些行为和人类处境的某些状况而不要其他的；是愿意作某些选择。我在这里的计划是如它以当代特征出现的那样解释这种气质，而不是将它转换为一般原则的用语。

这种气质的一般特征并不难发现，虽然它们常常被误解。它们集中于一个倾向上，即使用和欣赏现成可用的东西，而不是希望和寻找别的什么；它喜欢现在的东西，而不是过去存在或可能存在的东西。反思可以表明对现成可用的东西的适当感谢，从而表明承认过去的馈赠或遗产；但不会将过去和已逝的东西纯粹偶像化。被尊重的东西是现在；它得到尊重不是因为它与一个遥远古代的联系，也不是因为人们认为它比任何可能的其他选择更值得赞美，而是由于它的熟悉性：不是 Verweile doch，du bist so schön，[①] 而是和我在一起，因为我附属于你。

如果现在是贫瘠的，提供很少或提供不了什么供使用或享受，那么这种倾向就会很弱或没有；如果现在非常不稳定，它就会将自己表现为在寻求一个更坚固的立足点，因此表现为求助于和探索过去；但当享有许多东西时，它就独特地表现自己，当这与明显的损失风险连接在一起时，它就是最强大的。简言之，它是一种适于这样一种人的气质，这种人敏锐地意识到他在乎的某些东西要失去；这种人在某种程度上说很富有，他享有很多机会，但又不那么富有，他不能对损失无动于衷。这比较自然地出现在年纪大的人那里，而不是出现在年轻人那里，不是因为年纪大的人对损失更敏感，而是因为他们容易更充分地意识到他们世界的资源，因此，不太可能发现它们的不足。在有些人那里这种气质不强，只是因为他们不知道他们的世界提供给他们的东西：现在对他们来说只是不合时宜的东西的残余。

再者，保守就是宁要熟悉的东西不要未知的东西，宁要试过的东西不要未试的东西，宁要事实不要神秘，宁要实际的东西不要可能的东西，宁要有限的东西不要无限的东西，宁要切近的东西不要遥远的东西，宁要充足不要过剩，宁要方便不要完美，宁要现在的欢笑不要乌托邦的极乐。宁要熟悉的关系与忠诚，不要更有利的依附的诱惑；保持、培养和享受比得到与扩大更重要；失去的悲痛比新奇或允诺的刺激更剧烈。保守就是按自己的收入水平生活，安于自己和自己环境的不那么完善，将这同样视为自己的财富。在有些人那里，这本身就是一种选择；在其他人那里，它是一种气质，经常或不太经常出现在他们的偏爱和厌恶中，本身没有被选择或特别培养。

---

① 这是歌德《浮士德》结尾时的著名诗句，意为：“你真美啊，请停一下。”——译者注

现在，所有这些都表现在某种对变动和革新的态度上；变动指我们必须经受的交替，革新指那些我们设计和执行的东西。

变动是我们必须得让自己适应新的环境，保守的气质既是我们在这么做时困难的象征，也是我们在努力这么做时的凭借。变动只对那些什么也不注意的人没有影响，他们不知他们拥有什么，对他们的环境无动于衷；只有那些什么也不尊重的人才会一视同仁地欢迎变动，那些人的情感是短暂的，他们对爱和慈爱是陌生的。保守的气质不会导致这些情况：喜欢享用眼前和现成的东西与无知和冷漠正相反，它养育情感和慈爱。因此，它不喜欢变动，变动总是首先作为剥夺出现。一场刮掉一片矮树林，改变喜爱的景观的风暴，朋友的死亡，友谊的中止，行为习惯的废弃，一个喜欢的丑角的退休，不情愿的流放，命运的逆转，过去享有的能力的丧失与它们被其他能力取代——这些都是变动，也许没有一个没有其补偿，保守性情的人不可避免地为它们感到遗憾。但他自己很难与之相协调，不是因为他在它们中失去的东西内在的比任何可能有的别的选择更好，或不能改善了，也不是因为取代它的东西内在的不能被享有，而是因为他失去的是他实际享有和已经学会如何去享有的东西，取代它的是他对之没有情感的东西。因此，他将发现小而慢的变动比大而突然的变动更可容忍；他会高度评价一切延续的现象。的确，有些变动不会呈现出困难；但这也不是因为它们是明显的改善，而只是因为它们容易被消化：季节的变动靠它们的循环来调节，孩子的成长靠它的连续不断来调节。一般来说，他比较容易适应那些无损期望的变动，而不太容易适应毁灭似乎本身并没有理由消失的东西。

此外，保守不仅厌恶变动（这可能是一种癖性）；它也是一种使我们自己适应变动和强加给所有人的活动的方式。因为变动是对同一性的威胁，一切变动都是一种灭绝的象征。但一个人的同一性（或一个社群的同一性）完全是偶然事件不间断的排演，它们每一个都受环境支配，每一个的重要性都与其熟悉性成比例。它不是一个我们可以退入的堡垒，我们有的唯一保卫它（即我们自己）反对变动的敌对力量的手段在我们经验的开放领域里；通过加强暂时最坚实的基础，通过坚持一切还未立刻受到威胁的熟悉事物，从而消化还没有变得让我们自己认不出来的新东西。马赛人，当他们从他们的故乡迁徙到现在肯尼亚的马赛保留地时，随身带着他们的高山、平原和河流的名字，用它们来命名新国家的高山、平原与河流。正是靠某种类似的保守主义的规避手段，每个被迫承受显著变动的人或民族避免了灭亡的羞辱。

那么，变动不得不承受；一个保守性情的人（即一个强烈倾向保持他的同一性的人）不能对它们无动于衷。大体上，他根据它们造成的动乱来判断它们，像所有其他人那样，他调度他的一切资源来对付它们。另一方面，革新的含义是改善。然而，这种性情的人本身不是一个热情的革新者。首先，他不会倾向于认为，除非大变革在进行，否则就什么也不会发生，因此，他不会担心没有革新：如事物所是的那样使用和享受事物占据了他大部分注意力。此外，他意识到，事实上并不是所有变革都是改善；他会认为没有改善去革新不是愚蠢的计划就是愚蠢的疏忽。而且，即使在一个变革给人以一个有说服力的改善的印象时，他在接受它之前也要再看看它的主张。从他的观点来看，因为每个改善都包含变革，所承担的破坏必须始终由预期的好处来平衡。但当他自己对此感到满意时，还得考虑其他的想法。革新总是一件模棱两可的事，得失（即使排除熟悉性的损失）在它那里紧紧地纠缠在一起，以致极难预测最终的结果：没有无条件改善这样的东西。因为，革新是一个不仅产生所寻求的“改善”，而且也产生一种新的复杂形势的活动，改善只是它的组成部分之一。整体变化总比所计划的变化更广泛；所需东西的整体既不能被预见，也不能被限制。因此，无论何时，只要有革新，就可以肯定变化将比所要的更大，将有得也有失，得失不会在所影响的人中同样地分配；会有机会使得到的好处比计划的更大；也存在它们被更坏的变化抵消的危险。

保守性情的人从所有这一切中得出某些适当的结论。首先，革新承担了某种损失和可能的痛苦，因此，自称是革新者的人有责任提出证据来表明，可以指望所建议的变革总的来说是有利的。其次，他相信，革新越像自然生长（即它越清楚地在处境中暗示出来，而不只是强加给处境），它造成的损失就越不可能大于所得。第三，他认为，回应某种特殊的欠缺，设计来纠正某种特殊的失衡的革新，要比从一般改善人类环境的条件的观念产生的革新更可取，比由完善的幻想产生的革新更可取得多。因此，他宁要小而有限的革新，而不要大而无限的革新。第四，他喜欢步履蹒跚，而不喜欢大步流星，他要停下来看看当前的结果，作些适当的调整。最后，他相信时机是重要的；并且，他相信，在其他事情都相同的情况下，当计划的变革最有可能限制在想要的东西上，最不可能被不想要的和难对付的后果败坏时，革新的时机最为有利。

那么，就享有而言，保守的气质是热烈和积极的，就变革和革新而言，它相应地是冷静和批判的：这两种倾向互相支持和阐明。保守性情的人认为，一个已知的善不可轻易为一个未知的更好的东西放弃。他不爱危险和困难的东西；他不喜欢冒险；他没有在未经探明的海上航行的冲动；对他来说，损失、迷惑或毁灭没有吸引力。如果他被迫航行在未知领域，他看重用水砣测航道的每一英寸。别人似乎有理由认为是胆怯的东西，他在他自己身上将它看作是理性的谨慎；别人解释为迟钝的事，他看作是一种去享有而不是去利用的气质。他是谨慎的，倾向于不是用绝对的，而是用有分寸的话来表示他的赞成或异议。他根据破坏他世界特征的熟悉性的倾向来看形势。

二

一般认为，这种保守的气质深深地扎根在叫作“人性”的东西中。变动是令人厌倦的，革新要求努力，人（据说）更易于懒散而不是奋发。如果他们找到一种比较满意的处世方式的话，他们不太会去找麻烦。他们自然担心未知事物，宁要安全，不要危险。他们是勉强的革新者，他们接受变动，不是因为他们喜欢而是（如罗什富科所说，他们接受死亡）因为它是无法躲避的。变革产生悲哀而不是兴奋：天国是个不变的梦，也是一个完美世界的梦。当然，那些以这种方式来理解“人性”的人都同意，这种气质并非独一无二；他们只是坚决主张，它是一种极强的，也许是最强的人类倾向。就其本身而言，对这种信念有些话可说：如果在人类的偏好中没有大量保守主义成分的话，人类的环境肯定非常不同于它们现在那样。据说原始人墨守熟悉的东西，厌恶变革；古代神话充满对革新的警告；我们关于生活行为的民间传说和格言式的智慧多的是保守的训诫；孩子们因不愿适应变化而流了多少眼泪。实际上，任何建立了一牢固的同一性的地方，任何感到同一性没有稳定地得到平衡的地方，保守气质都有可能盛行。另一方面，青春期的气质常常主要是冒险的和试验性的：当我们年轻时，似乎没什么比抓住机会更可取了；pas de risque，pas de plaisir（不冒险，不快乐）。有些民族好像成功地长时间避免了变革，其他民族的历史则显示了各个剧烈勇猛的革新时期。的确，一般地思索“人性”没有多少好处，它并不比我们了解的任何别的东西更稳定。深中肯綮的是考虑当前的人性，考虑我们自己。

在我们身上，我想，保守的气质远不那么显眼强烈。实际上，如果一个毫无成见的陌生人根据我们最近五个世纪左右的行为来判断的话，他可能会貌似有理地猜想我们喜欢变动，只爱好革新，不是缺乏对我们自己的同情，就是不关心我们的同一性，以致无意给保守任何关注。一般而言，新东西的魅力要比熟悉的东西的舒适更强烈地被人感受到。我们倾向于认为，除非正在进行大变革，没什么重要的事会发生，未曾改进的东西一定正在变坏。有一个明确的偏爱未曾尝试的东西的偏见。我们很容易假定，一切变化都以某种方式向着较好的情况转变，我们很容易被说服，我们一切变革活动的结果要么本身就是改善，要么至少是为得到我们想要的东西付出的合理代价。保守的人如被迫赌一把的话，他会把赌注押在所有赛马上，而我们则把赌注下在我们个人的想象力上，而几乎不去算计或担心损失。我们渴望到了贪婪的地步；准备为了其在未来之镜中放大的映象就掷出我们的骰子。人们并不做些比在一个一切都在经历不断改进的世界上可能的改进更长久的事：除了人类本身，对万物生命的期待在持续下降，虔诚稍纵即逝，忠诚无影无踪。变化的速度警告我们不要有太深的依恋。我们想要对任何事情都试一下，不管结果如何。一个活动与另一个活动竞争就是“时新的”；扔掉的汽车和电视机就相当于扔掉的道德和宗教信仰；眼睛老是盯着新的样式。看就是想象什么可以代替现存的东西；接触就是去改变。无论世界是什么形态或品质，它都不能长期如我们所要它的那样。在运动前列的人以他们的精力和进取心影响后面的人。所有人都属于同一家族（Omnes eodem cogemur）：当我们脚步不再轻盈时，我们在这群体中为我们自己找到一个位置。①

当然，我们的性格除了这个变化的欲望外，还有别的成分（我们不是没有毁灭或保存的冲动），但它的突出却是不能怀疑的。在这种情况下，似乎保守的气质不应该作为我们主要是“进步的”心灵习性的一个可理解的（或甚至似乎有理的）替换物出现，而是要么作为正在进行的运动的令人遗憾的障碍，要么作为博物馆的管理员，作为废弃的成就的古雅样本保存在那里供孩子们凝视，作为不时被认为还未成熟到毁灭、我们（足够反讽地）称为生活中令人愉快之物的东西的保护人出现。

这里，可以指望我们对保守气质及其当前命运的说明在这种人这儿结束，他的保守气质强得被人视为在反潮流，人们无视这种气质，不是因为他说的必然是错的，而是因为它已成为不相干的；它失败，不是由于内在的缺点，而只是因为时过境迁；它是一种衰弱、胆怯、怀旧的性格，作为被遗弃者，它激起怜悯，作为反动分子，它激起蔑视。然而，我认为有更多的东西得说。即使在这种情况下，当关于事物的保守气质一般明显不受欢迎时，有些场合这种气质不仅仍是合适的，而且是极为合适的；在有些方面我们不可避免倾向于保守。

① “我们哪一个人”，一个当代人问道（不是没有某种含糊），“在紧张的焦虑中不会以任何代价满足于一个热烈和创造性的，而不是静态的社会？”

首先，有某种活动（还没有灭绝）只能依靠保守的气质才能进行，即这种活动所寻求的是当前的享有，而不是除了这经验本身之外的好处、回报、奖赏或成果。当这些活动被认为是这种气质的象征，人们就不把保守揭露为对能拥有整个人类活动领域的“进步”态度抱有偏见的敌意，而是揭露为在一个广大而重要的人类活动领域中唯一合适的气质。这种气质突出的人是作为宁可从事保守是唯一合适的气质的活动，而不愿将他的保守主义不加区分地强加给一切人类活动的人出现的。简言之，如果我们发现我们自己（就像我们多数人那样）倾向拒绝保守主义为适合一般人类行为的气质，仍有某种人类行为，这种气质对它不仅是合适的，而且是一个必要条件。

当然，在许多人类关系中，保守的气质，仅仅要享有它们为其自身的缘故提供的东西的气质，不是特别合适：主人与仆人，地主与管家，买者与卖者，委托人与代理人。在这些关系中，每一参与者都寻求某种服务或某种服务的回报。一个顾客发现店主不能提供他要的东西时，要么说服店主扩充他的货色，要么到别处去；不能满足顾客要求的店主则试图把他能满足的其他东西硬塞给他。代理人服务得很差的委托人会找另一个代理人。服务报酬不好的仆人会要求涨工资；不满其工作条件的人会寻求改变。简言之，这些都是人们在其中寻找某个结果的关系；每一方都关心另一方提供它的能力。如果所寻求的东西阙如，人们将希望关系失效或终止。在这样的关系中保守，即要享有当前和可得到的东西，只是因为它正中我们的想象力，成了熟悉的东西，而不管它不能满足任何要求，是显示一种极端保守主义的行为，一种拒绝一切要求行使任何别的气质的关系的非理性倾向。当这些关系限于供求关系而对由亲近产生的忠诚和依恋不留余地时，甚至它们也似乎缺乏某种适合它们的东西。

但有另一种关系，人们并不在那里寻求结果，人们为了它们本身从事它们，欣赏它们所是的东西，而不是它们提供的东西。友谊也是这样。这里，依恋从熟悉的亲密中产生，靠相互共享个性来维持。继续改变卖肉给自己的人，直到得到想要的肉，继续教育自己的代理人，直到他做要求他做的事，并不是不适合于有关的关系的行为；但因为朋友没有如我们期望的那样做，并拒绝被教育去符合我们的要求就抛弃朋友，却是一个完全误解友谊性质的人的行为。朋友与互相造成的东西无关，而只与相互欣赏有关；这种欣赏的条件是准备接受现存的东西，没有任何改变或改善的欲望。朋友不是人们以某种方式委托去行动的什么人，他提供某些必需品，他有某种有用的能力，他有某些纯粹令人愉快的品质，或他有某些可接受的观点；他是从事想象的人，他激起思索，引起兴趣、同情、快乐和忠诚，只是因为所进入的关系。一个朋友不能代替另一个；一个朋友之死与一个人的成衣商退休到底是完全不同的。朋友与朋友的关系是戏剧性的，而不是功利的；关系是亲近的关系，不是有用的关系；所涉的气质是保守的，而不是"进步的"。对于友谊千真万确的事，对于其他经验也一样——例如，爱国主义的经验和对话的经验——它们每一个都要求一种保守的气质作为享有它的条件。

但此外，有些活动并不涉及人际关系，人们可以不是为了奖励，而是为了它们产生的欢乐从事它们，对于这些活动来说，唯一合适的气质就是保守的气质。想想钓鱼。如果你的计划只是捕鱼，那么过分保守就是愚蠢的。你要找出最好的渔具，抛弃证明是不成功的实践，你不会无益地老在一些特殊的地方，怜悯稍纵即逝，忠诚消失得无影无踪；你甚至很明智地将任何事情都试一下，希望得到改进。但钓鱼可以是一种不为了捕鱼的利益，而是为了其自身的缘故从事的活动；渔夫可以晚上空手而归却同样心满意足。如果这样的话，这种活动成了一种仪式，保守的气质适得其所。如果你不在乎捕不捕鱼，为何在意最好的渔具？要紧的是享受操作技术（或者，也许只是消磨时间）[1]，对于任何渔具都是如此，只要它是熟悉的，而不是出奇的不合适。

---

① 文王观于臧，见一丈人钓，而其钓莫钓；非持其钓有钓者也，常钓也。文王欲举而授之政，而恐大臣父兄之弗安也；欲终而释之，而不忍百姓之无天也。（《庄子·田子方》）

那么，只要所寻求的不是从事业的成功中产生，而是从从事活动的熟悉中产生的享受，一切活动都是保守气质的标志。有许多这样的活动。福克斯将赌博算在其中，他说赌给人两种极度的快乐，赢的快乐和输的快乐。实际上我可以设想这类活动中只有一种似乎是要求非保守的气质：爱时尚，即为改变而改变，而不管会产生什么的任性的快乐。

但除了这类不是无足轻重、我们只能依靠保守气质来从事的活动外，在其他活动的行为中有些时候这也是最合适的气质；实际上几乎没有什么活动不在这点或那点上需要它。无论何时，只要稳定比改进更有利，确定性比推测更有价值，熟悉比完美更合意，一致同意的错误比有争议的真理更优越，疾病比治疗更可忍受，期望的满足比期望本身的“正义”更重要，有某种规则比根本没规则的冒险更好，保守的气质就比任何别的气质更合适；在对人类行为的任何解读时，这些情况都涵盖了一个不容忽视的事实范围。必须认为那些把保守气质的人（甚至在粗劣地称为“进步的”社会）看作是孤独地在和环境压倒一切的潮流搏斗的游泳者，已使他们的双目看不到一个广大的人类活动领域。

在多数人不是为了它们自身的缘故而从事的活动中，在一定的观察层面上，出现了执行的计划与所用的手段，事情和完成事情所用的工具之间的区别。当然，这不是一个绝对的区别；计划常常由可得到的工具激起和支配，工具很少设计来适合一个特殊的计划。在一个时候是计划的东西，在另一个时候是工具。此外，至少有一个重要的例外：诗人的活动。然而，这是一个相对的对某种有用性的区别，因为它要我们注意对这种情况的两个组成部分适当的不同态度。

一般而言，可以说在工具问题上我们的气质比我们对计划的态度要适当地保守些；或者，换言之，工具不像计划那么经常要遭更新，因为，除了在难得的时候，工具不是设计来适合一个特殊计划，然后扔到一边，它们是设计来适合整个一类计划的。这是可理解的，因为大部分工具都需要使用技巧，技巧与实践和熟悉是不可分的：一个有技巧的人，不管他是一个水手、一个厨师或一个会计，都是熟悉某类工具的人。

实际上，一个木匠在运用他自己的工具时，通常要比运用木匠们共同使用的其他这类工具时更为得心应手；律师使用他自己（作过注释的）那本波洛克论合股法摘要或贾曼论遗嘱的书要比使用这两部书任何其他的印本更容易。熟悉是工具使用的本质；只要人是使用工具的动物，他就倾向于保守。

许多常用的工具历经几代人都保持不变；其他工具的设计则经历了相当程度的修改；我们的工具总是被新发明扩大，被新设计改进。厨房、工厂、车间、建筑工地和办公室展现为一种特有的长期试用和新发明的设备的混合。但是，尽管如此，在进行任何一种商业时，在从事一个特殊的计划时——不管是烤一个馅饼或上一个马掌，筹一笔贷款或筹办一个公司，卖鱼或卖保险给顾客，造船或制一套衣服，种麦或挖马铃薯，建造港口或构筑拦河坝——这时候我们都认为对我们使用的工具持保守态度特别合适。如果是一个大的计划，我们会把它交给一个有所需知识的人负责，我们期望他雇用知道他们自己的职责，并能熟练使用某些工具的下属。在这个工具使用者的等级制度的某一点上，人们可以建议，为了做这个特殊的工作，需要增加或改变现有的工具。这样的建议有可能来自这个等级制度中间的什么地方：我们不会希望一个设计者说“我必须走开，去做某个基本研究，那需要我五年时间，然后我能继续这个工作”（他的工具包是一包知识，我们希望他随身带着，知道怎么用它）；我们基本上不希望此人的工具不适合他特殊角色的需要。但即使作了这样一个建议，并且该建议被贯彻到底，也不会破坏在所使用的工具整体上保守气质的合适性。实际上，非常明显，在这时候，如果我们在工具方面的气质一般而言不是保守的话，什么工作也不能做，任何事都做不成。既然做这种或那种事占据了我们大部分时间，没有某种工具几乎什么都不能做，保守的气质在我们的性格中不可避免地占据了一个很大的位置。

木匠来做一件工作，也许是一件恰恰像是他以前从未做过的工作；但他带着他熟悉的工具包来了，他唯一做这工作的机会在他使用他掌握的东西的技巧。当管子工去拿他的工具时，如果他的目的是发明新的，或改进旧的工具，那么他离开的时间就要比通常情况长得多。在市场上，没有人会问钱的价值。如果在称一磅奶酪或打一品特啤酒前，人们反复讨论这些度量衡的特殊尺度与别的尺度相比的相对有用性，那生意就绝做不成。外科医生不会在手术中间停下来重新设计他的工具。玛丽勒本板球俱乐部不会在比赛中间，甚至不会在板球赛季中批准球拍新的宽度，球新的重量或三柱门新的长度。当你的房子失火时，你不会和一个防火研究所联系去设计一种新的救火车；就像狄斯累利指出的，除非你是疯子，你会去叫教区的救火车。一个音乐家可以即兴作曲，但如同时人们希望他即兴创造一种乐器的话，他可能会觉得自己受到了不合适的对待。实际上，在做一件特别复杂的工作时，工人常常宁可使用一件他非常熟悉的工具，而不愿使用他包里另一种他还未掌握其用法的新玩意儿。当然，在某个时候某个地方人们为了促使革新和着手改进我们使用的工具，会在这种事情上很激进，但这些情况显然是有利于发挥保守气质的。

与计划截然不同，一般对于工具千真万确的东西，对某种共同使用的工具，即一般行为规则，就更是如此。如果由相对免于变化产生的熟悉对于锤子、钳子、球拍和球是适宜的，那么它对例如办公室的日常工作就是极为适宜的了。毫无疑问，日常工作是可以改进的；但它们变得越熟悉，就越有用。在日常工作方面没有保守气质显然是愚蠢的。当然，可能要求免除保守的例外也时刻存在：但对于日常工作，保守而不是改良的倾向无疑是适宜的。想想公共会议的行为，下院争论的规则或一个法庭的程序。这些安排主要的优点是，它们是固定和熟悉的；它们确立和满足了某些期望，它们允许以方便的程序来说无论什么相关的事，它们防止无关的冲突，保存人的精力。它们是典型的工具——适宜用于各种不同但相似的工作的工具。它们是反思和选择的产物，它们没有什么神圣不可侵犯的，它们可以改变和改进；但如果一般而言我们对于它们的倾向不是保守的，如果我们倾向处处争论它们和改变它们，它们会很快失去它们的价值。虽然可能偶尔中止它们是有用的，但在它们运作时不应该变革或改进它们是极为适宜的。或再想想一个游戏的规则。这些规则也是反思和选择的产物，有时候根据当前的经验重新考虑它们是适宜的；但对它们完全没有保守倾向或考虑一举将它们全部熔于一炉却是不合适的；在玩得激烈乱作一团时改变或改进它们则极不合适。实际上，每一方越渴望赢，一套不变的规则就越有价值。在游戏过程中玩游戏的人可以发明新的策略，他们可以临时想出新的进攻和防守的方法，他们可以做选择的任何事情来挫败他们的对手的期望，除了发明新规则。那是一种得小心谨慎，而且只在淡季进行的活动。

关于保守气质的相关性和它甚至在像我们这样主要倾向于相反方向的性格中的适宜性，有更多的话可说。我没有说道德，没有说宗教；但也许我已说了足够多的话来表明，即使在所有时刻和所有方面保守远不是我们的思想习惯，以致它几乎是不可理解的，然而，我们的活动几乎没有不在所有时刻要求与保守气质结成伙伴关系，有时还承认它是主要伙伴；在有些活动中它严格说来是主人。

三

那么，我们怎样解释政治方面保守的气质？在作这种探究时，我感兴趣的不仅是这种气质在任何环境下的可理解性，而且是它在我们自己当代环境下的可理解性。

已经考虑过这个问题的作者一般都将我们的注意力引向关于一般世界，关于一般人类，关于一般联合，甚至关于宇宙的信仰；他们告诉我们，只有当我们将保守的气质理解为对这些信仰的某种反思，政治中的保守气质才能得到正确的解释。例如，据说政治中的保守主义是人类行为方面一般的保守气质的一个合适的对应物：在商业、在道德和宗教上是改良主义者，而在政治上保守被认为是不一致的。据说政治上保守是由于保持了某些宗教信仰才这样；例如，对从人类经验中概括来的自然规律的信仰，对在自然和人类历史中反映了神圣目的的天意秩序的信仰，人类的责任就是使自己的行为与之相符，违背它就意味着不正义和灾难。此外，据说政治中保守的气质反映了一种被称为人类社会的“有机”理论的东西；它被与人格的绝对价值的信仰相联系，与人类原罪的原始倾向的信仰相联系。一个英国人的“保守主义”甚至被与保皇主义和英国圣公会教义联系在一起。

现在，把人们可能被激起的对这种情况所做的次要抱怨放在一边，在我看来它似乎有一个大缺点。的确，政治活动中倾向保守的人持有许多这些信仰，这些人也相信这些信仰以某种方式使他们的气质更巩固，或甚至他们的气质就建立在这些信仰之上，这可能也是真的；但如我理解它的，政治上保守的气质既不需要我们应该认为这些信仰是真的，甚至也不需要我们应该假设它们是真的。实际上，我并不认为它们必然与任何特殊的关于宇宙，关于一般世界或关于一般人类的信仰相联系。它所联系的是某些关于治理活动和治理工具的信仰，正是根据这些论题，而不是其他论题的信仰，它似乎是可理解的。在详尽阐述我的观点前，先简单地陈述一下，使政治上保守气质可理解的东西与自然规律或一个天意的秩序无关，与道德和宗教无关；它是遵守我们当前的生活方式，与此相关的是相信（在我们看来只需将它看作假设）治理是一个特殊有限的活动，即规定和保护一般的行为规则，这些规则不是被理解为强加实质活动的计划，而是使人们能以最小的挫折从事他们自己选择的活动的工具，因此它是一个适宜保守对待的事。

让我们在我认为是合适的开始地方开始；不是在上帝和天使的住处，而是从已经那样的我们自己开始。我和我的邻居，我的合伙人，我的同胞，我的朋友，我的敌人和那些我漠然置之的人，都是从事极为多样活动的人。我们很容易在一切可想象的主题上持多种多样的观点，在厌倦了它们或它们被证明不管用了后，我们倾向于改变这些信念。我们每一个人都追求他自己的道路；没人从事的计划是不可能的，没有事情会愚蠢到没人去干。有人毕生试图向犹太人推销英国圣公会的教义问答手册。世界的一半汲汲于试图使另一半要它迄今为止从不感到缺乏的东西。我们所有的人都倾向于对我们自己关心的事情很热情，不管它是制造东西还是推销东西，是商业还是体育，宗教还是学术，诗、酒还是药。我们所有人都有他自己的偏爱。对于有些人来说，他们乐意接受作选择的机会（那是大量的）的邀请；其他人则不那么热切欢迎它们，甚至觉得它们是负担。有些人梦想新的、更好的世界；其他人更倾向于走熟悉的路，甚至无所事事。有些人易于悲叹变化之快，其他人则对之欢欣鼓舞；所有人都承认它。我们不时变得疲倦，沉沉睡去：盯着一个商店橱窗，看不到我们要的东西是一种令人愉快的调剂；我们感谢丑陋，只是因为它不受注意。但是，我们多半是通过寻求满足彼此无尽产生的欲望来追求幸福。我们进入利益关系，情感关系，竞争、合伙、监护、爱、友谊、妒忌和恨的关系，它们有些要比其他的更持久。我们相互达成协议；我们对彼此的行为有期望；我们赞同，我们无动于衷，我们非难。这种活动的多样性和观点的多样性容易产生冲突：我们追求的道路直穿别人的路，我们不是都会同意同一种行为。但大体上我们彼此相处融洽，有时让步，有时坚持，有时妥协。我们的行为小半是由与别人的活动相似的活动，多半是由未经考虑和不引人注目的调整组成。

为什么所有这一切会是这样无关紧要的。并不必然如此。可以很容易想象人类处境的不同状况，我们知道，在别的什么地方和其他时候，活动是，或曾经是远不那么多样与多变，观点远不那么不一样，极不可能引起冲突；但总的来说，我们承认这是我们的状况。它是一个后天的状况，虽然无人设计或特别选择它而不选择所有其他的状况。它不是“人性”释放的产物，而是被后天培养起来的，对自己作选择的喜爱所推动的人类的产物。关于它引领我们去何处，我们知道得就像我们知道二十年时间里帽子的时尚或汽车的设计一样多。

纵观人类活动舞台，有些人被缺乏秩序和一致性激怒，在他们看来这似乎是它的主要特征；它浪费、阻挠、消耗了人类精力，它不仅缺乏预先计划的目的，而且甚至没有任何可看清的运动方向。它提供一种类似赛车那样的刺激；但它没有组织妥善的商业事务的那种满足。这些人夸大了当前的混乱；没有计划是如此明显，小的调整，甚至制止混乱的较大规模的安排，在他们看来似乎是无效的；他们感觉不到无条理的生气，而只感到它的不方便。但重要的不是他们观察力的局限，而是他们思想的倾向。他们感到有某些事应该去做以将这所谓的混乱变为秩序，因为这不是有理性的人度过他们一生的方式。就像阿波罗看见达佛涅[①]的头发漫不经心地挂在她脖子周围时那样，他们叹息着对自己说："如果适当安排一下的话会是怎样啊。"此外，他们告诉我们，他们已经在梦中看到一种适合全人类的光荣的、无冲突的生活样式，他们将这个梦理解为他们寻求消除多样性和冲突的诱因的保证，而它们正是我们当前生活样式的特色。当然，他们的梦并不是完全一样的；但他们在这点上是共同的：每一个都是关于一个已经消除了冲突诱因的人类环境状况的梦幻，一个人类活动协调一致，走在一个单一的方向和所有资源得到充分利用的梦幻。这种人将政府的职能适当地理解为将他们梦想的人类环境状况强加于它的国民。治理就是把一个私人梦想变为一种公共的、强制的生活样式。因此，政治成了种种梦想与政府坚持这种对其职能的理解和提供适当工具的活动的遭遇。

我不打算批评这种向壮观的政治风格的跳跃，按照这种风格，治理被理解为不断接受购买人类精力资源的报价，以便把它们集中在一个单一的方向上；它根本不是不可理解的，我们处境中有许多东西激发它。我的目的只是指出有另一种完全不同的对政府的理解，它同样是可理解的，在某些方面也许对我们的处境更合适。

这另一种关于治理和政府工具方面的气质——一种保守的气质——人们会发现是在接受如我所描述的当前人类处境状况中产生的：作我们自己的选择，在这么做时觉得快乐，每个人以热情从事的各种事情，每

① 达佛涅（Daphne）：希腊神话中居住在山林水泽的仙女，为逃避阿波罗的求爱，变成一棵桂树。——译者注

个人所持信仰的不同，但深信它是唯一的真理；创造性，变易和缺乏任何大的计划；过度，过于活跃和非正式妥协。政府的职能不是将别的信仰和活动强加给它的国民，不是指导或教育他们，不是用另一种方式使他们更好或更幸福，不是去指引他们，激励他们去行动，领导他们或协调他们的活动，使得任何冲突的诱因都不会发生；政府的职能只是统治。这是一种特殊和有限的活动，当它与任何别的活动结合在一起时，很容易腐败，但在各种情况下，它都是必不可少的。统治者的形象是仲裁人，他的事情就是执行游戏规则；或主席，他根据已知的规则指导争论，但他自己不参与争论。

现在这种气质的人一般维护他们的信念，认为政府对人类处境的当前状况的适当态度是通过诉诸某些一般观念加以接受。他们坚决主张在人类选择的自由游戏中有绝对的价值，私有财产（选择的象征）是一种自然权利，只有享有不同观点与活动，才能指望正确的信仰和好的行为揭示它们自己。但我并不认为理解这种气质需要这些或任何相似的信仰。更小和更自然的事就行了：看到人类处境的这种状况实际上是潮流，我们已经学会享受它和如何处理它；看到我们不是受保护的孩子，而是不认为自己有任何义务去证明作出自己选择的偏好的成人；看到假定那些统治的人有高超的智慧，这种智慧向他们揭示了一系列较好的信仰与活动，给了他们将一种完全不同的生活样式强加给他们的国民的权威，是超出了人类的经验。简言之，如果人们问这种气质的人：为什么政府应该接受流行的不同观点与活动，而不是将他们自己的梦想强加给他们的国民？他这么回答就足矣：为什么不？他们的梦想并非不同于任何别人的梦想；如果不得不去听别人详细叙述的梦想是令人厌烦的，那么被迫再次实现它们则是无法忍受的。我们容忍偏癖者，这么做是我们的习惯；但为什么我们应该被他们统治？有些人将他们的精力和他们的财富用于某种特别的义愤，并力图将之强加给每一个人，不是通过支持其他人类似的义愤来压制国民的活动，而是通过限制任何人可以发的议论的多少，保护它的国民免受那些人的损害，难道不是（保守气质的人问）政府的一个可理解的任务？

然而，如果这种认识是政府问题上保守主义者气质的根源，他并不假定政府的职能是什么也不做。如他所理解的，有工作可做，但它只有靠真正接受当前的信仰和当前的活动才能做，仅仅因为它们是当前进行的。简言之，他赋予政府的职能是解决这多种多样的信仰和活动产生的某些冲突；维护和平，不是通过禁止从偏爱中产生的选择和多样性，不是通过强加实质的统一，而是通过一视同仁地将程序的一般规则实施于所有国民。

那么，如保守主义者在这个问题上理解的，政府不是始于另一个不同和更好的世界的梦想，而是始于注意到甚至热情之人在他们事业的行为中实践的自我治理；它始于日常利益的相互调整，这些调整是设计来使那些容易冲突的人免于在冲突中两败俱伤。有时这些调整只是双方间彼此不妨碍的协议；有时它们有更广泛的应用和更持久的性质，例如国际防止海上冲突规定。简言之，政府的暗示得在仪式程序中找，而不是在宗教或哲学中找；在享受有秩序和平和的行为中找，而不是在寻求真理或完美中找。

但有热烈信仰和事业的人的自我治理容易在最需要它的时候出问题。它常常解决较小的利益冲突是够了，但超出这些冲突它就不能依靠了。需要一个更精确的、不太容易腐败的仪式程序来解决我们的生活样式容易产生的大规模冲突，使我们免于我们容易陷入的大规模挫折。这种仪式程序的管理人就是“政府”，它施加的规则是“法律”。人们可以想象一个政府在利益冲突的情况下从事仲裁人的活动，却没有法律的支援在做这事，就像人们可以想象一个没有规则和在有争议的情况下可以上诉的仲裁人的游戏，仲裁人在所有场合只是用他自己的判断来发明一种特别的方式，使争执者免于两败俱伤。但这样一种安排的不经济显而易见，只能指望它对那些倾向于相信统治者是受到了超自然启示的人，对那些倾向于赋予他一个完全不同的职能——领袖，或导师，或管理者——的人发生。在一切事情中，关于政府的保守气质根源于这个信念，在政府依靠对于它的国民当前的活动和信仰的认可的地方，唯一合适的统治方式就是依靠制订和实施行为规则。简言之，在政府问题上保守是一种保守主义的反映，我们承认这种保守主义对于行为规则是合适的。

那么，治理，如保守主义者所理解的，就是为那些在各种处境中最不可能产生无益的利益冲突的行为方式提供法律纽带（vinculum juris）；为那些受其他以相反方式行事的人之苦的人提供补救和赔偿的手段；有时惩罚那些不顾规则追求自己利益的人；当然，提供足够的力量来维持这种仲裁者的权威。因此，治理被认为是一种特殊而有限的活动；不是管理一个事业，而是统治从事极为多样的自选事业的那些人。它与具体的人无关，而是与活动有关；并且仅仅在它们倾向彼此冲突上与活动有关。它不关心道德的对与错，它不是设计来使人好或更好；它不是由于“人类天然的腐败”而必不可少的，而只是因为他们当前的倾向太越轨；它的职责是使它的国民在他们选来寻求他们幸福的活动中彼此相安无事。如果这种观点还要有任何一般观念的话，那也许是一个不能保持其国民的忠诚的政府是无价值的；一个（用清教徒的老话说）“为真理而命令”的政府做不到这一点（因为它的一些国民会认为它的“真理”是错的），一个对“真理”和“错误”同样漠然置之，而只追求和平的政府，却不会给必要的忠诚设置障碍。

现在已非常清楚了，任何以这种方式思考政府的人都应该不会喜欢创新：政府提供行为规则，在规则中，熟悉是至关重要的美德。然而，他给其他思想留下了余地。人类处境的当前状况是新的活动（常常从新发明中产生）不断出现，并迅速扩展它们自己，信仰被不断修改或抛弃；对于规则来说，不适合当前的活动和信仰就像不熟悉一样是无用的。例如，在商业行为中各种各样的发明和相当多的变化现在似乎已使现行的版权法不适合了。人们可能认为报纸、汽车、飞机在英国的法律中都未得到适当的承认；它们都引起了要求去除的烦恼。或再有，上世纪末我们的政府广泛编纂了我们的大部分法律，因而既使之与流行的信仰和活动方式有更密切的关系，又针对各种处境对它作了小小的调整，这种调整是我们普通法运作的特点。但许多这些法令现在无希望地过时了。有一些老的国会法令（像商船法），治理着广大而重要的活动部门，却更加不适合当前的情况。那么，如果规则要适合它们治理的活动，就要求创新。但是，就像保守主义所理解的，规则的修改应该始终反映活动和信仰的变化，而绝不是强加活动的变化和那些服从规则的人的信仰，并且在任何时候都不应该大到破坏全体的地步。因此，保守主义者与设计来对付只是假设的形势的创新无关；他宁可实施一条他已有的规则，也不愿意发明一条新的规则；他会认为，推迟修改规则，直到它设计来反映的那种情况变化显然已经持续了一段时间，是合适的；他会怀疑要求超出形势所要求的变化的建议，怀疑要求超常权力以造成巨大变化的统治者，他们的言论与像“公善”或“社会正义”这样的观念联系在一起，怀疑紧握武器，寻机屠龙的社会救星；他认为谨慎考虑创新的时机是恰当的；简言之，他倾向于将政治理解为一种活动，在这活动中一套有用的工具要不时整修，保持齐备，而不是理解为一个不断重新装备的机会。

所有这些可以帮助理解在政府问题上的保守气质；例如，可以详细阐述细节以表明，这种气质的人是如何理解政府的另一大事，外交政策行为；表明他为什么予以我们称之为“私有财产制度”的那套复杂安排如此高的价值；表明他拒绝政治是经济投射的影子这种观点是适当的；表明为什么他相信适于政府的主要（也许是唯一）特殊的经济活动是维持稳定的通货。但是，在这里，我想还有别的要说。

对有些人来说，“政府”好像是一个巨大的权力储藏，它使他们去梦想可以拿它做什么用。他们有各个方面最喜爱的计划，他们真诚地相信，夺得这个权力之源，必要时增加它，用它来将他们最喜爱的计划强加给他们的同胞，是为了人类的利益，他们把这理解为治理者的冒险。因此，他们倾向于承认政府是一种热情的工具；政治的艺术是燃起和指导欲望。简言之，治理被理解成就像任何一种别的活动——制造和推销一种品牌的肥皂，开发一个地方的资源，或发展一个住宅区——只是权力在这里（多半）已经动员起来了，企业值得注意只是因为它的目的在于垄断，只是由于它许诺一旦夺得权力之源就会成功。当然，一个这种私有企业政客如今会一无进展，除非人们的要求非常模糊，以至于他们能被怂恿去要求他只能提供的东西，或他们的要求奴性十足，宁可要提供富裕的许诺，也不愿要选择和自行负责的活动。它并不都像它看起来那么一帆风顺：一个这种政客常常错误判断了形势；那么，简言之，甚至在民主政治中，我们也会体会到骆驼对赶骆驼人的看法。

现在，政治方面的保守气质反映了一种完全不同的治理活动观。这种气质的人将政府职责理解为不是去燃起热情和给它新的目标作为能源，而是给已经太热情的人的活动注入一种节制的成分；去抑制、去泄气、去平定和调停；不是去拨旺欲望的火焰，而是去把它们扑灭。所有这些，不是因为热情是罪恶，节制是美德，而是因为如果热情的人要避免陷入两败俱伤的遭遇，节制是不可少的。这种政府不需要被看作是仁慈天意的代理人，道德法则的看守人，或神圣秩序的象征。它提供的是某种它的国民（如果他们是像我们这样的人的话）可能很容易承认是有价值的东西；实际上，在某种程度上，它是某种他们在日常的事务或消遣过程中为他们自己做的事。他们几乎不需要人们提醒他们它是必不可少的，像经验者塞克斯都① 告诉我们的那样，古代波斯人习惯在一个国王去世时通过将一切法律抛到一边度过五天恐怖的日子来周期性地提醒他们自己。一般而言，他们并不是不愿意为这种服务付不太过分的费用；他们承认对这种政府的合适态度是忠诚（有时是自信的忠诚，其他时候也许是悉尼·戈多尔芬② 心情沉重的忠诚），尊敬和有些怀疑，不是

① 塞克斯都·恩披里柯（Sextus Empiricus）：活动于3世纪初的哲学家、历史学家。他在其《皮朗主义纲要》和《反对独断论者》两部著作中对希腊怀疑主义作了全面的记述。——译者注

② 悉尼·戈多尔芬（Sidney Godolphin）：英国内战期间为国王查理一世而战的贵族，于1643年阵亡。虽然他为国王而战，但他对查理一世的智慧有很大的怀疑。可他仍然忠于国王的权威，尽管在心里对它有疑问。“心情沉重的忠诚”即指他这种带有深刻悲哀和遗憾的忠诚。——译者注

爱戴或奉献或热爱。因此，治理被理解为一种次要的活动；但人们也承认它是一种特殊的活动，不容易与任何别的活动结合在一起，因为所有其他活动（除了纯粹注视景色）都需要支持一方，放弃无关的一方，后者（在这种事物观上）不仅适于法官，也适于被理解为有一种司法职能的立法者。这样一个政府的国民要求它应该是强大的、活跃的、坚决的、经济的，既不反复无常的，也不过分积极：他们不需要不根据规则来指导游戏的裁判员，偏袒一方的裁判员，玩他自己游戏的裁判员，或总是自行吹哨的裁判员；毕竟，游戏就是要做的事，我们既不需要在做游戏时保守，目前也不倾向保守。

但是，在这种样式的治理中，有某种东西比仅仅由熟悉和合适的规则所强加的约束更需要加以观察。当然，它将用法律来支持政府，而不是用建议或引诱或任何别的手段；一个乐于助人的内务秘书或一个险恶的财政大臣。但人们可以指望它将对它国民的信仰和实质活动的中立景象本身产生一种约束的习惯。一个这种政府在我们战斗的狂热中，在信仰的激情冲突中，在我们要拯救我们邻人或全人类的灵魂的热情中，注射了一种不是理性（我们怎么竟希望那样？），而是准备来用一种罪恶对抗另一种罪恶的反讽的成分，本身不妄称智慧而抑制放肆的戏弄成分，化解紧张的嘲笑的成分，惯性和怀疑主义的成分：实际上，可以说，我们保持一个这种政府为我们做我们既无时间也无爱好去为我们自己做的怀疑主义。它就像人们甚至在最热的夏日在平原上感到的那种高山的清凉感觉。或者，把隐喻丢在后面，它就像“调节器”，通过控制它各部分运转的速度，使一只引擎免于在压力下崩溃。

那么，使保守主义者有意取这种治理活动观的就不是纯粹的偏见；不需要任何傲慢的形而上学信仰诱发它或使之可理解。它只是与这种观察相关联，在活动注重于进取心的地方，另一种活动秩序是必不可少的相对物，它注重约束，当指定给它的权力被用来推进它特别喜爱的计划时，它不可避免要腐败。一个同时是运动员之一的“裁判员”不是裁判员；我们不倾向于保守的“规则”不是规则，而会激起混乱；梦想和统治结合在一起产生暴政。

四

那么，政治保守主义在一个倾向于冒险和进取的人民那里，在一个喜欢变化和用“进步”[①]来使他们的喜好合理化的人民那里并不是完全不可理解的。为了认识到明显的“进步”对于一个政府来说是不合适的，人们不需要想到“进步”的信仰是一切信仰中最残酷和无益的，唤起了贪婪之心却没有满足它。实际上，在政府问题上的保守倾向对于依靠自己做某事和想某事的人，对于有技巧要实践或要发思想财的人，对于热情不需要点燃，欲望不需要激起，更好的世界的梦想不需要激励的人，似乎是尤其合适的。这种人知道施加秩序却不指导事务，浓缩义务从而给快乐留有余地的规则的价值。他们甚至准备容忍由法律确立的基督教会的秩序；但这不是因为他们相信它代表了某个无懈可击的宗教真理，而只是因为它限制了各宗派不适当的竞争，和（如休谟所说的）缓和了“太卖力的教士的祸患”。

现在，不管这些信仰是否推荐说它们自己对于我们的处境和对于我们可能在那些统治我们的人那里发现的能力而言是合理的和合适的，在我看来，它们和类似它们的信仰使政治方面的保守气质可理解。这种气质在不是我们自己的处境中有多合适，是否政府问题上的保守在一个没有冒险精神的、懒散的或无精打采的民族的处境中会有同样的相关性，是一个我们无须试图回答的问题：我们如我们所是的那样关心我们自己。我自己认为这将在任何处境中占据一个重要的位置。但我希望我已经澄清的是，在政府问题上保守与在几乎所有别的活动中激进并不是完

---

① 我没有忘记问我自己这个问题：那么为什么我们如此忽视适于我们处境的东西，使主张采取有力行动的冒险家成为近代政治家的老套？我已试图在别处回答它。

全不一致的。在我看来，关于这种气质，从蒙田、帕斯卡、霍布斯和休谟那里比从柏克和边沁那里有更多的东西可学。

在可以指出的这种事物观的许多必然结果中，我要提到一个，即政治是一个不适于年轻人的活动，不是因为他们的罪恶，而是由于在我看来至少是他们的优点的东西。

没有人会自称很容易获得或保持这种政治样式所要求的中立心态。控制自己的信仰和欲望，承认事物当前的状态，感觉手头事物的平衡，容忍讨厌的东西，区分犯罪和过失，尊重礼节，甚至在它似乎导致错误时，这些是难得的成就；它们是不能在年轻人那里找到的成就。

每个人的年轻时代都是一个梦，一种快乐的精神病，一种甜蜜的唯我论。没什么东西在他们那里有固定的形态，没什么有固定的价值；一切都是一种可能性，我们幸福地靠赊欠来生活。没有义务要遵守，没有账要记。没什么预先详细指定，一切都是能用它来理解的东西。世界就是一面镜子，我们在里面寻找我们自己欲望的映象。激烈感情的诱惑是不可抵挡的。当我们年轻时，我们不愿意对世界让步；我们从来感觉不到我们手头事物的平衡——除非它是一个板球球拍。我们不善于区分我们喜欢的东西和我们尊重的东西；紧迫是我们的重要性标准；我们不容易理解平凡的需要不是可鄙的。我们对约束不耐烦；我们像雪莱一样，很容易相信养成一个习惯就是失败。这些，在我看来，当我们年轻时，是我们的优点；但它们离适合参与我描述的那种样式的政治的气质是何等遥远。因为生活是个梦，我们论证说（用似乎有理但却错误的逻辑），政治必定是梦想的冲突，我们希望把我们自己的梦强加给它。有些不幸的人，像皮特（可笑地被称作“小皮特”）①，生来就老了，几乎在他们的摇篮里就适宜搞政治；其他人，也许更幸运，并不像俗话说的人们

① 小皮特（William Pitt, Younger, 1759—1806），英国首相（1783—1801；1804—1806 在位），改组东印度公司，改革财政和关税制度，组织反法联盟，进行反对法国革命政权和拿破仑的战争。——译者注

只年轻一次，他们永远长不大。但这些是例外。对于大部分人来说，存在着康拉德叫做“阴影线”（shadow line）的东西，当我们过了这条线，它就展开一个坚实的物质世界，每一个都有固定的形态，每一个都有它的平衡点，每一个都有它的价值；一个事实的、而不是诗意形象的世界，在这个世界中，我们已花费在一件事情上的东西不能花费在另一件上；一个除了我们自己还住着其他人的世界，这些人不能归为我们自己激情的纯粹映象。在这个平凡世界中变得安然自得使我们有资格（“政治科学”的知识绝不能使我们有资格）去从事保守气质的人理解为政治活动的事，如果我们是那样情愿，而且没有更好的东西去思考的话。

（选自欧克肖特《政治中的理性主义》，张汝伦译）

第十四讲　论自由社会中政府的作用

[美] 弗里德曼

米尔顿·弗里德曼（Milton Friedman，1912—2006），美国经济学家，曾当选美国经济学会会长，开放市场以及企业私营化的先驱之一，1976年诺贝尔经济学奖得主。

【编者按：《资本主义与自由》是弗里德曼阐述新自由主义经济观点的代表性论著。绝对的自由并不存在，在思想上不自我矛盾的自由主义者，并不是无政府主义者。因此我们需要政府为我们提供能够改变规则的手段，调解我们之间对于规则意义上的分歧，并迫使那些不参加游戏的少数几个人遵守规则。这就是自由社会中政府的基本作用。当然，垄断、类似的市场不完全性和邻近影响，也会成为政府采取行动的正当理由。对于不负责任的人而言，家长主义支配下的政府行动，也是必需的。】

对集权社会普遍的不满意见是他们用目的来为手段辩护。从字面上看，这种不满显然是不合逻辑的。假使目的不能为手段辩护，那什么能为手段辩护呢？但这个简单的回答并没有解决这个不满的问题，而只是说明：这个不满表达得不够完善。否定目的为手段辩护是间接地主张所谈论的目的并不是最后的目的，而最后的目的本身是使用适当的手段。不管是否为一个理想的目的，任何仅仅通过坏的手段而能达到的目的，必须让位于使用合适的手段而达到的较基本的目的。

对一个自由主义者而言，合适的手段是自由讨论和自愿合作。这也就意味着：任何强制的形式都是不合适的。理想的情况是：在自由和充分讨论的基础上具有责任心的个人之间取得一致的意见。这是前面所强调的自由目的的另一个表示方法。

从这个观点来看，正像早已说过的那样，市场的作用在于在没有顺从的情况下可以取得一致的意见。它实际上是一种有效的比例代表制。另一方面，直接通过政治渠道的行动特征是：它趋于需要或强制执行相当大的程度的顺从。典型的争论问题必须决定“是”还是“否”，最多也不过能提供非常有限的不同选择。甚至使用比例代表制这一直接政治形式也不会改变上述结论。事实上，能够代表各个不同集体的个数是非常有限的，而和市场所能代表的不同集体的个数相比，则有限的程度更为突出。更为重要的事实是：最后的结果一般会是制定对所有的集体都适用的法律，而不是对每一个代表的“党”制定一个特殊的法律。这事实意味着：比例代表制的政治形式，远不能实现在没有顺从的条件下的意见一致。它具有无效和片面的趋向。因此，它的作用是破坏没有顺从的条件下的取得一致意见的基础。

显然存在着某些使有效的比例代表制成为不可能的事项。我不能获得我想要的国防费用数量，而你也不能获得你要的不同的数量。关于这种不可分割的事项，我们可以讨论、争论和进行投票，但一经决定，我们必须顺从。正是由于这些不可分割的事项的存在——保护个人和国家免于受到强制性的行动显然是最基本的问题——才使我们不全然依靠通过市场的个人的行动。假使我们为这些不可分割的项目而使用我们的一些资源，我们必须使用政治渠道来调和我们之间的差距。

虽然使用政治渠道是不可避免的，它趋向于削弱一个稳定的社会所必需的社会结合在一起的力量。假使共同行动的协议只限于有限范围的人们无论如何也会同意的问题，那么，削弱的程度会是最少的。对取得协议的问题范围的每一次扩展会进一步绷紧把社会连在一起的脆弱的线。假使事情发展到触及人们感情深处而又有不同意见的问题，那很可能要瓦解这个社会。有关基本价值的根本性的差异如果不是永远不可能，那也很少能用投票的方法得以解决。它们在最后只能通过斗争而得以决定，并不是得以解决。历史上的宗教战争和内战是这种判断的流血的证明。

广泛地使用市场可以减少社会结构的紧张程度，因为，它使它所进行的任何活动都没有顺从的必要。市场所涉及的范围愈广，纯然需要政治解决的问题愈少，从而需要达成协议的问题愈少。反过来说，需要达成协议的问题愈少，在维持一个自由社会的条件下取得协议的可能性愈大。

意见一致当然是一种理想。实际上，我们花不起那么多时间和精力来在每一个问题上达到完全的一致。我们不得不降低标准，这样，我们因之而以某种形式的少数服从多数的办法作为权宜之计。我们愿意采用少数服从多数的办法的程度以及有效的多数达到何种程度，这取决于所涉及的问题的严重性质。这一事实很清楚地表明少数服从多数的办法是个权宜之计，而本身不是一个基本原则。假使事情不太重要，而少数人遭受否决又不会引起强烈反应，那么，仅过半数就可以通过。另一方面，假使少数人对牵涉到的问题具有强烈的感觉，那么，甚至明确的多数票也无济于事。在我们中间很少有人愿意，譬如说，把言论自由问题按照明确的多数票来决定。我们的法律制度中充满了不同问题要求不同程度的多数的事例。那些包含在宪法里的问题是极端的情况。这些是重要的原则问题，以致我们仅愿意对权宜之计作出最小的让步。在最初接受这些原则时，我们要求类似基本上一致通过的办法，而对这些原则的改变，我们也同样要求类似基本上一致通过的办法。

包含在我们宪法中的和包含在其他相类似的成文法或不成文法中的某些问题不采用多数裁决的原则的自我克制条例，以及在这些宪法或相应的文件中的禁止对个人施行强制办法的特殊条款，它们本身可以被看作为通过自由讨论而得到的东西，以及能反映对手段的基本一致意见的东西。

尽管我们的论述仍然是概略性的，我现在更详细地考察哪些范围完全不能通过市场来加以处理，或者哪些能够加以处理，但其代价是如此之高，以致我们宁可采用政治渠道的解决办法。

作为规则制定者和裁判员的政府

对人们日常的活动和活动在其中进行的一般习惯和法律体制加以区

别是很重要的事情。日常的活动犹如游戏的参加者在游戏中的活动，而体制则犹如他们的游戏规则。正如一场好的游戏要求双方成员遵守游戏规则和接受裁判员对规则的解释和执行那样，一个良好的社会也要求它的成员同意于支配他们之间关系的一般条件，同意于对这些条件的不同解释的一些裁决的方法，以及同意于强制执行普遍接受的规则的某些方法。在一个社会中，正和在一个游戏中一样，极大部分的一般条件是意识之外的不假思索便接受的习惯的后果。对习惯的轻微的改变最多也不过使我们对它加以具体地考虑，虽然一系列轻微的变化的累积的影响在一场比赛或一个社会的性质上可以构成游戏或社会性质的剧烈的改变。还有，在一场游戏和一个社会中，除非在大部分的时间内，大多数的参加者在没有外界制裁的情况下遵守这些规则，除非整个社会具有基本相同的意见，任何形式的规则都无法存在。但是，我们不能单单依靠习惯或这种一致性来解释和实施这些规则；我们需要一个裁判员。因此，这些就是一个自由社会政府的基本作用：提供给我们能够改变规则的手段，调解我们之间对于规则意义上的分歧，和迫使否则就不会参加游戏的少数几个人遵守这些规则。

在这些方面出现了对政府的需要，因为，绝对自由是不可能的。不论无政府主义作为一种哲学具有多大的吸引力，但在不完善人们的世界里，它是行不通的。各个人的自由可能相互冲突。当冲突存在时，必须限制一个人的自由以便保存另一个人的自由——正像最高法院的一位法官说过的那样："我移动我的拳头的自由必须受到你的下巴的接近程度的限制。"

决定政府采取适当行动的主要问题是如何解决不同个人的自由之间的这些冲突。在某些情况下，回答是容易的。对于一个人谋杀他邻居的自由必须由于保存其他人生存的自由而被牺牲掉这一命题，要想取得几乎一致的意见是没有多大困难的。在别的情况下，回答是困难的。在经济领域内，关于联合自由和竞争自由之间的冲突出现了一个重要的问题。用"自由"来形容"企业"有什么意义呢？在美国，"自由"

被理解为每一个人都有自由来建立企业的意思。这就是说：现有的企业不能自由地排除竞争者，除非是以相等的价格出售较好的产品或以较低的价格出售同等产品。另一方面，按照欧洲大陆的传统解释，它的意义一般是：企业有自由来做它所要做的事情，包括决定价格，划分市场以及采用别的技术以便排除潜在的竞争者。在这一领域中的最困难的具体问题来自关于劳动者的联合。在这里，联合自由和竞争自由的问题特别尖锐。

在给财产权下定义这个更为基本的经济领域中，回答是既困难又重要的。正像几个世纪以来的发展和体现在我们的立法里那样，财产的概念已成为我们之中如此大的一个部分，以致我们趋向于把它认为是当然的，而不去辨认财产的内容和财产所有者的那些权利是复杂的社会产物而不是自行证明的命题。我的土地有所有权，以及我能任意使用我财产的自由是否能准许我拒绝另外的人乘飞机飞越我的田地呢？或者他是否有权优先使用他的飞机呢？或者这是否取决于他飞得多高呢？或者是否取决于飞机的噪音有多响呢？自愿交换是否要求他为了飞越我的田地而付款给我呢？或者我是否必须付款给他，以禁止他飞越我的田地呢？仅仅提到使用费、版权、专利权；公司的股票；河岸权，以及其他类似的东西，也许可以突出地表现出在财产定义中的一般被接受了的社会规则。它也可以告诉我们：在很多情况下，具体地加以规定的以及普遍被接受了的财产定义的存在，要比定义的内容远为重要。

出现特别困难问题的另一个经济领域是货币制度。政府对货币制度的责任很早已经被认识到。宪法明确规定议会有权“铸造货币，调整其价值和外币的价值”。或许没有其他经济活动的领域，在其中，政府的行动是如此一致地被接受。这种习惯性的和迄今已经几乎不假思索地承认政府的责任使我们彻底地理解这种责任具有更多的必要性，因为它增加了政府从适合于自由社会的活动扩展到不适合自由社会的那些活动的危险性，增加了从提供货币机构到决定个人之间资源的分配的危险性。关于这个问题我们将在第三章里详细地加以讨论。

总之，通过自愿交换而组织的经济活动系以下列假设条件为前提：通过政府我们提供了法律和秩序的维护，以便防止一人受到另一人的强制行为，提供了自愿参与的合同的强制执行，提供了财产权的意义的定义，提供了对这种权利解释和强制执行的办法以及提供了货币机构。

政府由于技术垄断和邻近影响而采取的行动

上面论述的政府作用是从事于一些市场本身所不能从事的事情，即决定、调解和强制执行游戏的规则。我们也可能要通过政府做一些市场在想象上是可能做到的，而由于技术和类似的原因使这样做具有困难的那些事项。所有这一切事项可以被归结成严格地自愿交换是非常昂贵或在实际上是不可能的情况。这种情况一般有两个总的类别：垄断和类似的市场的不完全性，以及邻近影响。

只有在几乎是相等的其他的选择存在时，交换才真正是自愿的。垄断意味着没有其他的选择，从而妨碍实际的交换自由。在实践上，垄断如果不是一般地那也是经常地起源于政府的支持和个人之间的相互勾结。关于这些，问题是避免政府对垄断的扶植，或是鼓励有效地强制执行条文规定，如包含在反托拉斯法内的那些条文。然而，垄断也可能由于在技术上单一的制造商或企业效率最高而产生。我敢于指出：这些情况要比所设想的为少，但是它们无疑地会出现。一个简单的例子或许是一个城市里的电话业务。我将把这些情况称为“技术的”垄断。

当技术条件使垄断成为市场竞争的力量的自然结果时，似乎存在着三种情况：私人垄断、国家垄断或公共调节。所有三种情况都是不好的，因此，我们必须在坏的事物中选择最好的。在美国考察对垄断的公共调节的亨利·西蒙斯发现：结果是如此令人不满，以至于他得出结论，认为国家垄断害处较少。而考察国家对德国铁路垄断的著名德国自由主义者瓦尔特·欧肯发现：结果是如此的令人不满，以至于他作出结论，认为公共调节害处较少。研究了上述二者以后，我勉强地作出结论，认为：假使可以容忍的话，那么，私人垄断可能是害处最少的。

假使社会是静止不变的，从而导致技术垄断的条件肯定也是如此，那么，我对我的结论没有多少信心。然而，在一个迅速改变的社会中，造成技术垄断的条件经常变动，从而，我怀疑：对于这种条件的改变，公共调节和国家垄断可能比私人垄断会作出较少的反应，较难于被排除掉。

美国的铁路是最好的例子。由于19世纪的技术领域的原因，铁路的很大程度的垄断也许是不可避免的，这也是设立州际商业委员会的原因。但是，条件起了变化。公路和空运的出现把铁路的垄断成分减少到不足道的比例。然而，我们并没有排除掉州际商业委员会，相反，开始是作为一个保护公众免受铁路剥削的机构的州际商业委员会已经成为一个保护铁路免受卡车和其他交通工具的竞争的机构。在最近，甚至于保护现有的卡车公司免受新参加者的竞争。同样，在英国，当铁路被国有化时，卡车运输业在最初也成为国家垄断。假使美国铁路从来不受公共调节，我们几乎可以肯定：现在的交通包括铁路在内已经是没有或者几乎没有剩余的垄断成分的一种竞争性很大的行业。

然而，在私人垄断、国家垄断和公共调节之间选择危害较少的一个不能一次作出决定后永远不加改变，而与客观情况无关。假使技术垄断是某种被认为是必要的劳务或商品，假使它的垄断力量是相当大的，那么，即使是短期的，私人不受调节的垄断作用可能是不可容忍的，从而，公共调节或国家垄断可能危害较少。

技术垄断有时可以用来论证既存的国家垄断的存在的必要性。它本身并不能论证通过使其他任何人与之相竞争成为非法行为而建立起来的国家垄断。例如，没有办法来论证我们目前对邮局的国家垄断的必要性。有人可能会进行争辩，认为传递邮件是一个技术垄断，而国家垄断危害最少。按照这种方法，我们或许能论证政府邮局的必要性，但不能论证当前禁止任何其他人传递邮件的法律的存在的必要性。假使传递邮件是技术垄断，因此谁也不能与政府进行竞争。假使它不是技术垄断，政府就没有理由经营邮局。查明这事唯一的检验方法就是让其他人自由参与这项活动。

为什么我们具有邮局垄断的历史原因，是因为骏马快递这家商业在横贯美洲大陆的邮件传递上具有如此之好的成果，以致政府在开始从事横贯大陆的邮递业务时，它不能有效地与之进行竞争从而亏了本。结果是制定了法律，使任何其他人传递邮件成为非法的。这就是为什么亚当斯捷运公司在今天是一家投资公司而不是一个运输业公司的原因。我推测：假使传递邮件业务对所有的人开放，就会有大量厂商参加这项工作，从而这个陈旧落后的企业就会很快地得到彻底改革。

不可能严格地自愿交换的第二种情况出现于当个人的行动对其他个人有影响，而又不能为之向他们收费或补偿的时候。这是“邻近影响”的问题。一个明显的例子是河流的污染。污染河流的人实际上是迫使其他人用好水来换取坏水，这些其他人可能愿意按照一定价格进行交换。但是，对单独行动的个人来说，要想回避交换或取得应有的补偿是不可能的。

较不明显的例子是公路的使用。在这种情况下，在技术上是可能指出具体的个人因而向他收取使用费，于是有可能由私人经营。然而，对于具有许多出入口的人人可使用的公路而言，如果向每一个人按使用的多少收费，那么，征收的费用会是非常高的。因为，必须在所有的出入口处建立收费棚或类似的设施。汽油税是大致按照使用公路的多少向个人收费的非常低廉的一种方法，可是这种方法不能把具体的支付和具体使用紧密地连在一起。因此，使私营企业提供劳务和收取费用而不建立广泛的私人垄断是不大可能的。

这些考虑不适用于交通频繁和出入口有限的长距离的高速公路。对于这些而言，收取费用的成本是少量的，而在很多情况下，正在使用这种办法。同时，往往存在着大量的可供选择的途径，从而，没有严重的垄断问题。因而，具有充分理由来说明它们应该为私人所有并为私人所经营。在如此的情况下，经营公路的企业应该取得由于在它的公路上旅行而付的汽油税。

公园是一个有趣的例子，因为它们可以说明邻近影响能否被用来作为论据的事例之间的差别。同时，也因为几乎每一个人在最初想到这个问题时总是把国家公园的经营看作显然是政府应有的职能。可是，事实上，邻近影响可以为市立公园提供存在的理由，而并不能为国家公园如黄石公园（或科罗拉多大峡谷公园）提供存在的理由。这两者之间究竟有什么基本的差异呢？以市立公园而论，识别从中获得好处的人们和向那些获得好处的人们收费是非常困难的事。假使一个公园位于城市中心，那四周的房屋从空旷的场地得到好处，从那里通过或从旁边走过的人们也得到好处。在各个大门口收费和对每个能眺望公园的窗户征收每年的费用需要很高的代价并且是非常困难的。另一方面，黄石公园的入口是很少的，大多数人来到公园，都得停留一定的时间，所以完全可以建立收费棚和收门票。现在的确是这样做了，虽然收费不足以维持整个的开支。假使公众对这种活动具有足够的为之而付钱的需要，那么，私营企业肯定会有积极性来提供这些公园。当然，许多这种性质的私营企业目前是存在着。我自己看不出有任何能为这个领域中的政府活动提供理由的邻近影响或重要的垄断影响。

像那些我已经放在邻近影响的标题下来考虑的事情已被使用来使几乎每一个可能的政府干涉成为合理化。然而，在很多情况下，这种合理化是企图利用，而不是正确地使用邻近影响的概念。邻近影响的作用是两方面的，它们能构成限制政府活动、又能构成扩展政府活动的理由。邻近影响妨碍了自愿交换，因为要鉴别对第三方的影响和衡量其大小是困难的。但是，这种困难也出现在政府的活动中。要知道邻近影响在什么时候大到足够的程度，以致值得为了克服它们而花费特殊费用是困难的，而以适当形式来分配这些费用甚至还要困难。结果，当政府从事活动来克服邻近影响时，由于它未能向私人财产收取费用或作出补偿，它将部分地造成另外的一些邻近影响。在原先的和新造成的邻近影响中究竟何者更为严重，那只能通过具体情况来加以判断；即使如此，判断也只能是大致的。此外，使用政府来克服邻近影响本身具有一个非常重要的与政府行动的特殊场合没有关系的邻近影响。政府的每一个干预行动直接限制了个人自由的范围，并且由于第一章里详尽阐述的理由而间接地威胁了自由的保存。

我们的原则并没有提供明确的界线来规定：应该在何种程度上来利用政府以便共同完成我们各自通过严格地自愿交换难以完成或不可能完成的事情。在任何企图干预的具体情况下，我们必须编造一个平衡表，个别地列出其优点和缺点。我们的原则告诉我们，哪几个项目放在一边，哪几个项目放在另一边。原则也给了我们一些决定各个项目的重要性的基础，特别是，我们总是要把政府干预的企图以及它威胁自由的邻近影响记在缺点的一边，并且给这个影响以相当的分量。至于给它和其他项目多少分量，得取决于具体情况。例如，假使现在政府的干涉是次要的，我们将把较小的权数给予增加政府干预的消极影响。这就是为什么很多早期的自由主义者，如 H. 西蒙斯在那时的政府规模小于现在的标准的时候，愿意让政府从事今天的自由主义者所反对的活动的原因，因为，现在的政府已经过分地扩大了。

政府根据家长主义理由而采取的行动

只有对负责任的个人而言，自由才是可以维护的目标。我们不主张对疯人和儿童的自由。在负责的和不负责的个人之间不可避免地必须划出一条界线。然而，这意味着：在我们自由的最终目标中，存在着一种基本的含混之处。对我们认为是不负责的那些人来说，家长主义是不可避免的。

最明显的或许是疯人的情况。我们既不愿意他们有自由，也不愿意枪毙他们。假使我们能够依靠个人的自愿的活动来照顾疯人的生活，这当然是很好的。但是我认为，我们不能排除这种慈善活动不够多的可能性。不够多的原因至少在于其中牵涉到的邻近影响，即如果另一人对照顾疯人作出贡献大，我便得到好处。由于这个原因，我们可能愿意通过政府来安排对疯人的照顾。

儿童提供了较为困难的情况。在我们的社会中最后起作用的单位是家庭而不是个人。然而，把家庭作为一个单位在相当大的程度上是由于权宜之计而不是由于原则。我们相信：双亲一般是最适当的人来保护他们的孩子并且提供一切使孩子发展成为适合于自由的负责任的个人。但是我们不相信：双亲具有可以任意对待其他人的自由。儿童在胚胎中是负责任的个体，而一个相信自由的人认为：应该保护他们的最终的权利。

以不同的和似乎是生硬的方式来说，儿童同时是消费品和社会的潜在的负责任的成员。个人有随意使用他们的经济资源的自由，包括他们使用资源来生育孩子的自由——好像是购买儿童劳务作为一种特殊形式的消费品。但是，一旦作出了这种选择，儿童本身便具有他们自己的价值和他们自己的不单纯是双亲自由的延伸的自由。

支持政府行动的家长主义方面的理由在很多方面对一个自由主义者来说是最有问题的，因为，它涉及承认一个原则，即某些人可以为别人作出决定。对于这个原则在许多方面的应用，自由主义者是反对的，而且他还正确地把这个原则看作为他思想上的主要对立面，这种或那种形式的集体主义的标志，不论集体主义是否为共产主义、社会主义或福利国家。然而，假装认为问题比实际情况更为简单是无济于事的。对家长主义的办法的需要是回避不了的。正像迪塞于 1914 年写的关于一个保护智力不健全的人的法令那样："智力缺陷法案是沿着没有一个健全的人会拒绝进入的途径的第一步，但是假使在这条路上走得太远，它会使政治家碰到如果不在相当大的程度上干预个人自由就难以克服的困难。"[①] 现在没有公式可以告诉我们应该停止在何处。我们必须依靠我们的靠不住的判断；而在一经得出判断后，我们必须依靠我们的能力去说服我们的同胞使他们相信这个判断是正确的，或者依靠他们的能力来说服我们改变我们的观点。在这里和在其

① A. V. 迪塞：《19 世纪英国的法律和舆论之间的关系的讲稿》（第二版，伦敦，麦克米伦公司，1914 年），第 1 页。

他地方一样，我们必须具有信心，相信不完善的和有偏见的人们会通过自由讨论和逐步地改正错误而达到一致的意见。

结论

从事下列事项的政府：包括维持法律和秩序、规定财产权的内容、作为我们能改变财产权的内容和其他经济游戏的规则的机构、对解释规则的争执作出裁决、强制执行合同、促进竞争、提供货币机构、从事对抗技术垄断的活动和从事广泛地被认为重要到使政府能进行干预的邻近影响的消除，同时，又包括补充私人的慈善事业和私人家庭对不论是疯人还是儿童那样的不能负责任的人的照顾——这样的政府显然可以执行重要的职能。在思想上不自我矛盾的自由主义者并不是无政府主义者。

然而，同样真实的是：这样一个政府的职能显然有限，而且会约束自己，不从事于像美国联邦和州政府以及西方其他国家的相应的机构现在所从事的那样繁多的活动。下面几章将略为详细地论述这些活动的一部分，而某几种活动已经在上面加以讨论，但是，在本章的结尾，简单地列出美国政府现在从事的而根据上述的原理我看不出有任何正确的理由来从事的某些活动也许会对自由主义所认为的政府应有的作用提供适当的范围和比重：

1．对农业的评价支持方案。

2．进口关税或出口限制，例如当前石油进口的限额，糖的限额等。

3．政府对产品的控制，例如通过农业方案或通过得克萨斯铁路委员会对石油的摊派。

4．租金控制，如目前纽约仍然在执行的那样，或对价格和工资比较普遍的控制，如在第二次世界大战时和在其后所实行的那样。

5．法定最低工资率，或法定最高价格，例如商业银行能付给活期存款的法定最高利息率为零，或者能付给储蓄和定期存款固定的法定最高利息率。

6．具体调节工业的条例，例如州际商业委员会对交通运输业的调节。当最初对铁路行使调节时，由于技术垄断的原因，调节具有某种程度的必要性；而现在，对任何交通工具都没有必要。另一个例子是对银行业的具体调节。

7．一个类似的例子。但是，由于它所含有的审查和对言论自由的侵犯而特别值得注意。它是联邦通讯委员会对电台和电视的控制。

8．目前的社会保险方案，特别是老年人和退休方案。它们实际上迫使人们（a）用他们收入中规定的部分来购买退休养老金，（b）从公众经营的企业中购买年金。

9．在不同的城市和州里对提供执照加以限制，从而把特殊企业或职业限制在有执照的人的范围以内，而任何愿意参与上述活动的人在支付规定的费用以后又不一定能得到执照。

10．所谓"公共住宅"以及大量的其他津贴方案，目的在于促进住宅的兴建，如联邦住宅管理局和退伍军人管理局所保证的抵押贷款和类似的事项。

11．和平时期的征兵制。适当的自由市场的方式的安排应该是志愿的军队，也就是说，募兵制。为了吸引需要的数量的人员，没有理由不为之而支付应有的价格。目前的安排是不公平和无原则的。它严重地干扰了年轻人形成他们生活的自由，或许甚至于比市场的代替办法要支付更大的代价。（为战时提供储备的普遍军事训练是一个不同的问题；它的必要性可以用自由主义者的观点加以论证。）

12．上面提到的国家公园。

13．法律上禁止以营利为目标的邮件传递。

14．上面提及的为公共所有和经营的收费的公路。

这个清单是远远不够全面的。

（选自弗里德曼《资本主义与自由》，张瑞玉译）

第十五讲　不断扩张的总统职权

[美] 伯恩斯、佩尔塔森、克罗宁

詹姆斯·麦格雷戈·伯恩斯（James MacGregor Burns），曾长期在美国威廉姆斯学院任教，并荣获伍德罗·威尔逊教授称号，在领导力研究领域享有盛誉。

杰克·沃尔特·佩尔塔森（Jack Walter Peltason）是从事司法审判过程和公法研究的著名学者。作为前美国教育委员会主席，佩尔塔森曾在国会和州会议中任高等教育代表。

托马斯·爱德华·克罗宁（Thomas Edward Cronin）是研究美国总统、领导和政策制定过程的著名学者。曾在白宫任职，担任总统助手。

【编者按：自罗斯福新政以来，人们一直期望总统采取有效的措施，抑制通货膨胀，减少失业，削减税收，保持经济的稳定与繁荣。总统任务的持续增加，导致的一个直接结果就是总统的职权处于不断扩大之中。于是，有人质疑总统的权力违背了权力分立与制衡的宪法原则。同样响亮的另一种声音，却指出总统的权力尚不足以应对频发的危机，未能保障经济社会的稳健发展。究竟总统职权是过大了还是不够大？按照伯恩斯的观点："在任何特定时刻，行政权力大小的确切范围，在一定程度上是任职者的性格和能力，加上当时的需要和我们国家生存的要求的结果。"】

总统职权是过大了还是不够大?

某些批评家认为总统职权很快会变得与民主理想发生了矛盾。他们往往把总统一职看成是一个高高在上的专制机构，是维持现状的大本营，是工业界—军界—政界复合体的中心——而且是"权势集团"的心脏。他们指责说，当今的总统所负责任比以往任何时候都少，而且他们有权力绕过制宪者所设计的正规的制约和平衡。批评者还抱怨说，总统现在凭借保密、紧急状态权和电视的"电子王权"操纵着公众对现实的思考。

许多公众较多地注意总统权威的目的，而较少注意权威的范围或它们的运用，只有当总统似乎是在代表他们所赞同的利益时，他们才说这种权力应当不受制约。另一些批评家则更多地关心程序问题，如果总统的行动在大多数时候反映了大部分人的愿望，便认为程序运行正常。

另一方面，两党的积极分子把总统看作是普通百姓有力的代言人。纵观20世纪，积极进取的总统往往带来使进步力量满意的变革。新政以及从肯尼迪—约翰逊时期在民权问题上的创议即是例子。当然，不能保证一位积极行动的总统一定能使进步人士满意。越南战争提供了一个反面的例子。里根的削减税收和预算则是另一个例子。

伟大的总统历来都是强有力的总统，他们撇开精英人士的权势集团去接近群众并为群众服务。杰斐逊和杰克逊就是这样战胜他们那个时代地位稳固的精英的；两位罗斯福也是这样战胜当时的“经济巨头”的。虽然总统常常有必要向已经存在的精英人士让步，但有时候他也拥有与“权势集团”对抗的权力。总统们喜欢引用富兰克林·罗斯福的话，他在某些企业家因他实施“激进的”新政而咒骂他时，在1936年再次竞选的高潮中他大声叫喊：“我愿意人们这样说起我的第一届政府：在那里，自私和贪图权力的势力遇到了对手。我愿意让人们这样说起我的第二届政府：在那里，这些势力遇到了他们的主宰者！”

在尼克松政府的水门丑闻发生之后，许多人很有说服力地主张，我们的制约和平衡制度必须加强。但是一经水门事件烟消云散成为过去，而国家又面临通货膨胀、失业、庞大的联邦政府赤字、严重的贸易不平衡，以及其他难以计数的、看来无人能够解决——包括福特总统和卡特总统——的问题时，公众似乎又要求一个比较强有力的国家领导。

罗纳德·里根在两任短暂的、有人会说是失败的总统之后来到任上。他依靠“中产阶级”及保守的利益集团与国会的势力集团相抗衡，并在其第一任期内获得了某些成功。但他的第二任期出现了猛增的预算赤字，一些立法的失败以及若干著名的丑闻——包括他的一些白宫助手和顾问的被控和定罪。国会阻挠了某些任命，并且运用它的调查力量去反对里根某些价值不大的创议。

1989年，乔治·布什以一次令人难忘的总统选举团的胜利来到任上，但与此同时，给他的授权又是暧昧的。他是20世纪第一位在不仅由别的党控制着国会两院，而且两院席位实际上由别的党占优势的情况下入主白宫的总统。因此，与其前任们相比，布什面临着一个意见分歧更为严重的政府。

宪法的制约和平衡原则看来一直在起作用，但是，在最近数十年间一个党控制国会、另一个党控制白宫的情况下，这个原则似乎运作得更好。关于伊朗反政府武装的听证会和对总统提名的详细调查报告（包括参议院 1987 年不批准罗伯特·博克进入最高法院以及 1989 年不批准约翰·托尔出任国防部长），都足以说明问题。然而一位临时的观察家至今还在建议，如果我们有这样一种议会制度，即总统和国会经常处于同一个党的控制之下，情况可能要好一些。这将有助于减少由于党派争议而引起的瘫痪。它也可能防止推诿责任，这是我们政府混乱——关于谁应负责任的混乱——状况的原因之一。

这也许是事实，但是我们并不喜爱这样一种议会制度。这就是各位总统，譬如布什，经常在主要的外交和经济政策问题上寻求一种获得两党支持的处理办法的缘故。但是两党支持并不意味着两个部门必须经常意见一致。在处理办法上以及问题的实质上，存在并且经常会出现不一致。可以肯定，两党支持也不仅仅意味着国会总是同意总统的意愿。反对派的责任就是反对，尤其在反对派控制着同样重要的政府部门而且相信总统的政策可以有所改进的时候。一般来说，这就是我们的制度的运作方式。

公众的态度以及研究总统的专家们的态度是难以压制的，而且经常在起变化。看来每个人都偏爱强有力的领导；但这并不一定是指强有力的行政领导。显然，我们需要强有力的总统，如果他能遵照我们的希望行事的话。否则，我们就希望他受到制约与平衡的限制。确实，我们全部的制衡之举给积极行动的总统造成了困难的前景。

总统的任务

开国元勋设置了一个权力有限的总统职位，他们希望总统一职能够摆脱政党和派别的影响，推行国会通过的法律，与外国政府交往，并协助各州平息骚乱。他们希望总统坚强有力，足以与国会抗衡，但又不至于强大到压倒国会。他们似乎设想，总统应该是一位由选举产生的君主，他有牢固的个人权威，他为公众利益服务，并减少最坏的派别的恶劣影响。宪法制定者反对多元的或集体的行政首脑；不能有与施政者分离的礼仪上的元首。总统任期为四年，可以无限期地改选连任。总统虽然独立于立法机构之外，仍然可以与国会分享相当大的权力。这种安排的实质就是与国会之间权力的混合或分享。为了实现变革，分立的各部门必须合作共事，彼此协商。总统的重要任命必须经过参议院批准；国会可以由任何一院三分之二多数票的表决推翻行政首脑的否决；总统只有经过三分之二参议员的咨询和同意才能签订条约。当然，一切拨款（钱袋权）均由国会而不是由总统立法规定。

即使是一个权力如此有限、为制约与平衡制度所束缚的总统，在1787年也曾使一些美国人担心。制宪者审慎地给予总统泛泛不清的权力。他们考虑到，总统必须有自由决断的权力，以便在其他政府部门不能履行其职责或未能对紧急状态作出反应的时候，可以由他采取行动。但是乔治·华盛顿成为第一任政府首脑这一事实使他们安心了。他们还认识到，至少在书面上，国会是真正的第一部门。一个相对一致的国会可以使总统日子很不好过，例如，它可以拒绝认可总统的重要任命，拒绝通过总统提议的立法，拒绝对关键性计划的拨款，并拒绝批准条约。它还可以推翻（override）行政首脑的否决。但是历史记录表明，大多数总统所享有的国会合作远比这里所指的大得多。现代的总统比那些19世纪的总统更有权力，尽管他们的宪法权力没有改变。

回顾过去的将近两个世纪，我国总统的“成绩记录”是良好的。或许没有任何别的国家有掌握着这样权力的人，如此小心地遵循由一部成文宪法为他们规定的限制。但是，以此来描述总统的权力是不充分的。在任何特定时刻，行政权力大小的确切范围，在一定程度上是任职者的性格和能力，加上当时的需要和我们国家生存的要求的结果。总的说来，总统权力的历史是一部稳定而发展不平衡的历史。在四十一位曾担任总统职务的人中，约有三分之一扩大了总统的权力。例如，杰克逊、林肯以及两位罗斯福，通过对危机的反应以及对事情轻重缓急的安排，强化了总统机构及其权力。

在这种行政权力扩张中，国会以及法院经常成为自愿的合作者。在紧急状态时，国会经常匆匆忙忙地将自行决断权委托给行政部门；而且立法部门有时似乎没有能力对付高技术的、要求持续管理或始终一贯的判断的事务。有些人认为国会最欠缺的是运用它已有权力的决心。这种解释似乎很难令人满意，因为国会的情况在众多立法机构中并不是独一无二的。在过去两个世纪中，所有民主国家以及各级政府的权力都已从立法者转移到行政官员的手中。英国的首相，法国的总统，我国的各州的州长和各市的市长，普遍地担当着比他们在100年前更具支配地位的角色。

战争的威胁明显地增加了总统在国家事务中的影响力。冷战破灭了大部分对孤立主义（isolationism）的残留怀恋。庞大的常备军、核武器和冷战结合起来，导致了总统在国家安全事务中的支配地位。电视也促成了总统影响力的增长。由于能利用黄金时间露面，总统可以直接向人民说明自己的主张。这种情况导致总统绕过，并有时无视国会、华盛顿的新闻界甚至是政党领袖，削弱了曾经强加于总统的制约。

联邦在国内事务及经济事务中作用的大幅度增长也扩大了总统的职责，并且促成了总统机构的膨胀。不便交给任何一个部门处理的问题，经常推到白宫来。如果新的计划涉及几个联邦机构，就得要求接近总统的人制定一项协调政策并调停冲突。白宫的助手们不无道理地声称，总统是政府中唯一有可能确定和协调国家优先事项的地方。总统还经常设置一些中央检查和协调单位。这些机构协助制定新的政策，处理各部门之间的权限纠纷，并且为那些希望其观点在决策中受到重视的、组织良好的利益集团提供接触的途径。

总统职权的膨胀也曾受到公众期望的怂恿。尽管我们可能不喜欢或指责某些个别的总统，民众对总统制度的态度仍然是肯定的。我们非常需要对我们总统的相信和信赖。这也许因为我们没有皇室家族，没有国教，没有脱离行政职务的一般礼仪性元首。为了努力达到不切实际的期望，有些总统使他们自己承担过重。总统为了得到名望的维护和鼓舞，频频去投广大公众所好。这样做可能帮助总统暂时增进他们的公众形象，甚至在国会中偶尔获胜，但他们可能在利用公众支持作为筹码，去获得对他们有好处的交易方面进行过多的投机。他们还可能破坏与国会的关系，并且使得政党在提出政策意见以及让总统和其他选举产生的官员，对工作负责方面不起重要作用。

今天人们要求总统担任无数未经宪法详细载明的任务，我们希望行政首脑成为国际和平的缔造者、国民精神的建设者、首席政治家，以及全民的统一代表。我们希望每一位新总统在事实上都具备我们所有伟大总统的一切不管正确与否，我们相信我们那些最伟大的总统是才干、坚韧、乐观的典范，是能够阐明当前重大问题并动员国民起来行动的人。我们喜欢想象我们伟大的总统是那样一种领袖，他们不仅仅代表国家的精粹，推动事业的前进，而且能够唤起美国人民最崇高的道德责任心。我们伟大总统的这些传说形象，往往使现代总统在履行任务时感到为难。

除了在对外政策、经济以及国内政策等方面显而易见的领导职责之外，人们还期望总统担负七种主要的领导职能。综合考察这些政策领域和职能，我们可以得出有关美国总统的任务的轮廓。(参见表 1)

总统任务概述

表 1　政策职责举例

领导职能	对外政策	经　济	国内政策
危机处理	处理伊朗危机，美国在黎巴嫩的部队	罗斯福对 30 年代大萧条的处理	控制移民和毒品流入
作为象征的和精神建设的领袖	布什为裕仁天皇的葬礼而作的东京之行	对美国生产能力作乐观估计	慰问洪水和灾区的受害者，帮助阿拉斯加清理石油溢出
高级官员的任命	遴选参谋长联席会议主席	雇用明智的经济顾问	任命首席法官

续表

领导职能	对外政策	经　济	国内政策
优先事项的确定及疑难问题的说明	确定美国与苏联的关系——中程核武器条约	提出减税或增加岁入计划纲要	确定环境保护的优先项目
建立立法和政治的联合	为援助萨尔瓦多及与反政府分子作斗争	布什对最低工资议案的否决	在国内开支上作斗争
计划的贯彻和管理	使中东和平协议起作用	帮助压缩联邦赤字	检查法律是否得到忠实执行
监督政府工作并及早发现可能发生的问题	评价美国同日本与墨西哥的关系	监督国内税务局的工作	评估联邦社会福利计划的影响

作为危机处理者的总统

宪法第二条第二款载明，“总统为合众国陆海军总司令。”虽然这是宪法所列举的第一项总统权力，制宪者却打算使这项军事职责成为有限的职责——远远不如一位国王所拥有的军权。也就是说，总统可能类似第一陆军上将和第一海军上将，但结果是，这项军事职责变得极其重要：总统掌握着核武器的按钮，而且似乎对有限战争也大权独揽。

在发生危机和全国性紧急事件的时刻，美国人民本能地转向总统这位行政首脑，期望于他的不仅是要提供行政上和政治上的领导，而且要有自信、负责、能够坚定掌舵的领袖风度。公众的需要迫使总统，如同林肯和富兰克林·罗斯福在当年国家紧急状态中所做过的那样来行事：保卫联邦，维护美国人民生死攸关的利益。

近两个世纪以来，国家的发展和一再发生的危机使得总统权力的增长超过了宪法规定的范围。国会制定决策的复杂程序，它的众多的议员以及它的宪法任务使它成为一个比总统更加公开、更加慎重、更为意见分歧的机构。当重大危机发生时，国会照例要举行辩论，但是可以断定的结果是授权给总统，责成他去采取任何必要的行动。

总统作为总司令的职能的转变，其主要因素是美国在世界上，尤其是自第二次世界大战以来的作用的变化。战后年代，每一位总统都竭力论证这种观点，即军事实力尤其是军事优势超过苏联，是保障国家安全的主要途径，他们的观点赢得了广泛的支持。有些国家逐渐地滋长了对我们援助的依赖，这些援助很快地转化为许多条约、公约和行政协定(executive agreement)。从那时起，几乎每一个对我国广泛的同盟网络的政治稳定的威胁，都成了对我们是否忠实承担自己义务的考验。这些义务，加上对核战争的恐惧以及威慑力量的重要性，促使国会在这个领域给予总统很大的灵活处置权。

人们期望总统在本国范围内同样成为危机处理者。每当形势恶化时，我们要求由总统来制订计划、解决问题；当纽约市和克莱斯勒汽车公司濒临破产时，人们转向白宫寻求帮助。当恐怖分子袭击美国公民时，人们设想他们的总统将会给予反击。当一次像1989年在阿拉斯加海岸发生过的那样的悲惨的原油溢出事故发生时，人们期望白宫插手解决并给予援助。无论如何，在许多次危机中，总统往往不比突发事件以及环境压力的受害者好过些。有的时候，总统感到出乎意料，被失去控制的事态发展所击垮，而陷于被动招架的境地。

作为精神建设的领袖的总统

总统是国家的头号知名人士，他们所做的每件事几乎都是新闻。仅仅是去一下教堂或是观看一次体育比赛，都会引起人们的注意。他们的行动可以引起希望或失落感、荣誉感或耻辱感。

宪法制定者们并没有充分预料到总统必须履行象征的以及精神建设的职能。宪法授予总统某些权威性的职能，诸如接见大使及准予赦免，但是随着时间的推移，总统已获得巨大的象征意义。不管我们自认为多么开明或富有理性，我们都以某种方式对象征物和仪式作出反应。总统往往影响我们对于权威、合法性以及对我们政治制度的信心的印象。

尽管美国人喜欢把自己视为精明的实用主义者，他们——像任何地方的人一样——并不能面对过多的现实。人不能总是单凭理智来生活。神话和幻想是古老的逃避方式。而人民求助于国家领袖，就像部落人求助于巫师——作出解释、治疗疾病、获得授权和保证，以及某种目标感。

美国人对总统要求很多：公正，可靠，危机领导，议程安排以及管理才能，同时还要具有某些部落首领或祭司的职能。许多人在一个过于简单化了的总统形象中寻找安慰，把他看成是在国家巨舟中掌舵的勇士和船长，看成解放者、先知、自由民主的捍卫者，以及美国式理想的代言人。

乔治·华盛顿和他的顾问们在1789年一开始就认识到，总统这项职务需要象征化的领导。他们明白，干练有力的领导必须象征社会的精粹，我们的传统、价值和目的的精粹。干练有力的领导应该向国家伟业注入想象力和目的感。

民众需要领导

总统的个人行为影响到千百万美国人民如何看待他们的政治忠诚和公民责任心。当然，总统的象征影响并不总是用于支持有意义的事业，有时候总统并没有达到我们对道德领导的期望。“总统是最强烈、最持久的情感的焦点。……总统是……集中人民对政治前途的希望和忧虑的唯一人物。除了完成他所有的例行职责之外，他必须坚持做到这一点——否则就是失败。”

有些人说，如果我们的总统是首相，只要求他以一种尽可能有效和可行的办法管理政府事务，而并不同时作为我们国家的元首，对每个人来说将要容易得多。但是情况并非如此，美国人不打算创造一个与总统分离的国家元首职位。况且，这样做将会削弱一个早已脆弱了的制度。

总统的国家元首职责似乎往往是琐碎而无足轻重的。例如，在垒球比赛季节投掷第一个球，购买圣诞节或复活节的纪念票[①]，按下启动大型电力工程的按钮，慰问遭受恐怖分子袭击的美国受害者中的幸存者。做这些事并不需要多少行政才干，但是，我们也不断要求总统维护我们的共同传统，促进国家统一，并且创造一种更好的、可以让全国形形色色

① 慈善机构印发的，贴在信封上的装饰小票。——译者注

的利益集团共同工作的气氛。

总统的困窘

在通常的情况下总统自称要成为“全民的领袖”或国家的象征，这是与他作为政党领袖的事实相冲突的。对总统的某些期望基本上是相互矛盾的。一方面，总统是政党领袖，是大体上与一个特定政党相联系的一部分人的代言人和代表。从这一点来讲，这位行政首脑不仅要指导政党的全国性组织，作为主要立法者，还要在支持或反对某些团体的问题上采取特殊的立场。另一方面，作为礼仪性领袖和国家元首，总统试图为全民工作。一位行政首脑必须忠实地执行法律，无论这项法律在国会内是由民主党多数还是由共和党多数通过的。但在选择部属以及运用法律方面，总统往往首先考虑选举他的那些人的利益，这是可以理解的。总统角色之间的这些关系是不好处理的。例如，总统可能希望就某一问题向全国发表演说——通常行政首脑可以免费使用电视和广播时间。但是如果选举迫近，反对党往往指责总统实际上是在以政党领袖身份行事，并认为该政党必须因使用广播或电视时间而付款。在总统的视察旅行上也发生与此相同的问题，尤其是当它们被用来作为政治性谈话和广泛的竞选活动机会的时候。

在大多数时间里总统可以不是很困难地设法把国家首脑和政党领袖两个职位结合在一起。多数人能够理解，总统担任两项职务，并在情况需要时从一项转到另一项。这与随着总统任务而来的象征性权力并无不相宜之处。只有在它们使公众相信象征等于成就时，或者当礼仪性职责妨碍总统履行其他重要职责时，这些象征性权力才成为问题。

精神建设任务的含义比仅仅是礼仪上的、啦啦队的或类似随军牧师的职责要丰富得多。总统领导最卓越之处是表现出自信，使人民能全力以赴，为全国的普遍利益发挥巨大的能量。我们最优秀的领袖们已经可以提供这种特殊的而且往往触摸不到的因素。尽管可能不大容易对它下定义，我们却以它来判断一位总统的成功和名望。我们非常清楚地知道，这并不是什么宪法授予的东西，也不是方便地储藏在白宫里面供每一位新任者使用的东西。

作为用人者的总统

仅仅一项任命所获得的成就，往往可以超过几十次总统政策创议。艾森豪威尔提名厄尔·沃伦为合众国首席大法官一事可能是他在国内政策领域里所作的唯一一项最有重大意义的决定。沃伦在这个位置上服务了十五年以上，主持实施了在民权和公民自由问题上的巨大变革。里根总统对于最高法院成员的任命，威廉·伦奎斯特、桑德拉·奥康纳、安东宁·斯卡利亚和安东尼奥·肯尼迪，也将会产生长远的影响。以类似方式作出的对国务卿、高级经济顾问、内政部长或白宫高级助理的选择也可以对长远的国家政策产生巨大影响。

有才干的总统精明地运用他们的任命权——总统握有五千多项任命，包括几百名联邦法官，以及军事和外交部门的高级职位——不仅是为了报答竞选支持者和加强与国会的联系，也是为了传达优先事项和政策指示（但应注意，许多任命必须经由参议院批准后作出，因而在某种程度上限制了总统的任命权）。因为总统任命的高级官员也是白宫与在专业的联邦机构和军事部门任职的几百万人之间的主要联系环节，在这些关键性位置上，行政首脑需要最优秀的管理人员和鼓动家。除了识别和任用他们以外，总统还要努力争取这些官员尽可能久地留在政府里面。

人事变动问题是尖锐的，许多有才干的人升至高级职位——比如进入内阁或总统的私人顾问班子——在那里待上十八个月或两年，供职三年以上的人不到三分之一。这些高级联邦职位的薪金并没有私人机构中相应职位那么多，而且住在华盛顿花费很大。

由于1978年“政府中道德法”对总统任命官员要求各种各样的经济公开，以及公务与私利的矛盾之规定，使得某些潜在的任命对象打消了从政的念头。他们必须填写许多报表，而且必须在复杂的、耗费时间而又令人难堪的国会听证会上作证（如同前参议员约翰·托尔所揭露的那样）。评论家们说这些法令造成了使个人陷于困窘的风险，并使任命对象的隐私受到更多的考察。媒体对这些应聘担任政府职务的市民领袖的考察也变得更加严厉。为当代总统物色人才者报告说，他们在找到一名愿意接受任命的人员前往往已选了两次或三次。“没有别的国家如此严重地依靠非专业人员来担任政府管理工作……如果能干的美国人拒绝担任公职的机会，如果他们只肯担任一个短暂时期，或者如果他们对公职机关面临的挑战缺乏准备，那么，这个制度将不能实现它的承诺。”这个制度给了总统又一沉重的负担。

总统必须对在官僚机构内工作的最有才干的人员加强控制，还要经常把他们提拔到行政部门高层次的较高职位上。简而言之，总统的人事管理职责比任何人（包括总统本人）所料想的要大得多，而且需要花费更多的时间。

总统作为优先事项确定者

按照常规，总统负有就对外政策、经济增长和稳定以及提高美国生活质量等方面提出创议的责任。但事实上并非总是如此。但是从伍德罗·威尔逊时起，尤其是“新政”以来，人们期望总统促进和平，防止经济萧条，并能对保证国内进步提出改革建议。在国家政策制定上，持续已久的趋势是朝向更大的集中：联邦计划的设想是由探求竞选问题或立法计划资料的总统捕捉住的，并由总统办事机构的工作人员或总统的专门工作组和委员会以及国会加以推敲完善的。

国家安全政策

一般来说，总统在处理对外政策和军事事务方面比在国内事务方面更有回旋余地。制宪者预计到了与其他国家交往中行动迅速与意见统一的特殊需要。宪法授权总统掌握两件重要的外交政策工具——外交使团和武装部队。它还给予行政首脑与其他国家谈判条约和协定的职责，尽管这些事务必定要提交国会表决。

在对外政策的倡议方面国会给予总统广泛的自由决断权，因为外交常常需要行动迅速。总统可以迅速行事，而国会则通常不能做到这一点。最高法院曾经在这个领域里支持强有力的总统权威。在1936年柯蒂斯－赖特一案中，法院讲到“总统作为联邦在国际关系领域内的唯一机关的独有权力——这项权力的行使无须以国会法令为依据，但是，如同任何其他政府权力一样，它必须在宪法适当条款的规定下才能行使”。这是笼统的词句。但是一个会办事而且能够统一意见的有决心的国会，在对外关系方面不缺乏权力。国会必须批准并拨付支持对外政策的款项。国会是一个辩论和批评的讲坛，而且，正像它至少在越南战争之后想做的那样，它可以规定发动战争的条件。

经济政策

自“新政”以来，人们一直期望总统采取行动来防止失业，抑制通货膨胀，削减税收，保证经济增长和繁荣，并且去做他们认为必要的和适当的事情以避免经济萧条。宪法并未给予白宫这些责任，但总统们知道，如果他们行动不力，他们将会遭到赫伯特·胡佛那样的命运——他因被认为在大萧条期间无所作为，多年来一直受到民主党的指责。近来的选举也在很大程度上取决于经济状况。

总统在经济政策方面的主要顾问是财政部长、经济顾问委员会的三位委员，以及管理和预算局局长。间接地，联邦储备州长委员会主席也常常是白宫在经济方面的重要顾问。尽管总统有时也从别处获得有关经济问题的建议，然而关于采取何种措施的建议通常来自以上人员。经济问题的增多及其复杂性使总统掌握了更多的主动权。为保持现代经济运作所需要的细致的平衡工作，意味着总统必须定期作出关键性的财政预算政策决定。

国内政策

作为一名领袖，他会知道哪里有他的追随者。林肯并没有开创反奴隶制运动，肯尼迪和约翰逊并没有发起民权运动，乔治·布什并没有倡议“反毒品战”运动。但是他们都在各自的时代里卷入了这些争论，因为总统不可能长期无视分裂或鼓舞一个国家的问题。

现代总统一职的精髓在于他解决社会矛盾的潜在能力。诚然，在许多时候总统会尽可能地避免冲突，采取拖延、委托他人代为处理或其他方法对有争议事项延缓作出决定。然而，一位干练有力的总统将会去阐明当前的主要问题，说明什么是可能做到的，并且把政府机构组织起来，使重要目标得以实现。

一位总统——加上国会的合作——可以确定国家目标和提出立法建议，然而，仔细的考察表明，在大多数情况下，总统在国内政策上的“新倡议”就是国会在以前的会议上已经考虑过的议案。就像赫赫有名的“新政”立法，在被富兰克林·罗斯福所采用的若干年前就已有了相当明确的来历。里根和布什的许多倡议也是国会活动家和特殊利益集团长期活动的结果。

作为立法和政治联合的建立者的总统

宪法规定“总统应随时向国会提出有关国情的报告，并将他认为必要而妥善的议案提请国会审议”。从一开始起，强有力的总统就利用了这项权力。华盛顿和亚当斯亲自来到国会陈述报告和议案；杰斐逊及在他之后的许多总统则递送书面咨文，但是威尔逊恢复了亲自而且往往是引人注目地陈述咨文的惯例。富兰克林·罗斯福利用亲自露面（像其后许多总统那样）去吸引全国对他的计划的注意。布什在他当选之后立即访问国会——并且在其他一些时候又去国会与议员们混在一起或向国家提交重要报告。

不很明显，但或许同样重要的，是从白宫急速递送到国会大厦的频繁的书面咨文。这些咨文涉及种类繁多的公众问题，它们可能没有引起更多的轰动，但是在阐明行政当局的立场以及对友好的议员加以引导方面却是很重要的。此外，这些咨文往往附有详细的立法草案；国会议员可以几乎不作变更地据此提出议案。这些白宫提案，总统私人班子里或行政部门、行政机关里的草案起草专家的作品，可能被国会所强调或淡化，但许多原始条款将会仍然保留下去。

一位有才干的总统也是一位有才干的政客或政治家[①]，是在美国权力体系中最明显、也可能最有影响的动员者。对许多美国人来说，“政客”

① 原文为Politician，兼有政客、政治家两种含义，由下文可知。——译者注

是个贬义词，它指的是那种一心图谋私利、诡计多端、不可捉摸的人物。难怪许多从政者自称为“超然于政治之外”。但是，“政治家”就有另外一种比较具有建设性的含义，他帮助处理冲突，懂得如何进行谈判，讨价还价，并且协助调和不同观点，使得难办的事情和人们希望得到的东西能够成为现实。总统无法逃避建立政治联合的工作。在作为候选人时，他们向人民作过承诺。为了办好事情和改选连任，总统必须与许多人以及无数具有不同程度的忠诚和责任感的利益集团合作。总统不可避免地卷入了立法的、官僚机构的以及游说的政治活动之中。

总统对他所承诺的事情的履行程度比通常公众所意识到的要多些。大部分总统在竞选中或进入白宫以后不久提出的倡议，大多获得了至少是部分的成功。虽说总统控制着大多数他决定推荐给国会的东西，但是其他机构，尤其是国会，控制着总统实现目标的可能性。……

总统在政党组织中没有正式职务，但是这位行政首脑对国家政策的影响和对几千项任命的影响，博得了政党领袖的尊敬。总统和政党彼此需要。总统需要政党的支持，以便制订立法计划。政党需要总统的指导和威望，以及从白宫中流出的政治“油水”。

政党全国组织完全控制在总统手中。形式上，政党全国委员会选定全国委员会主席；实际上，总统授意委员会他所希望的候选人，然后由委员们选举此人。如今的总统可以雇用或解雇政党全国委员会主席，就像他们更换部长，甚或他们自己的工作人员一样。总统关于政党的全国性政策的声明比任何政党委员会的声明或该党纲领本身更具权威性。总统可以给予一位候选人很多的好评，并使他在华盛顿名声大振。他也可以给予或拒绝给予竞选支持，甚至于财政资助。

政党领袖的有限权力

然而，总统控制政党的权力是有限的，而且往往最需要这种权力的时候却趋于终结。总统对国会、州以及地方官职的本党候选人的选择很少有影响。总统有时也难以得到国会中本党议员个人的关键性投票。这部分是因为总统对州和地方组织的控制有限。还因为，政党组织本身也控制不了他们在职的候选人：大多数候选人很少通过有组织的政党的努力，而是凭借自己个人的竞选赢得职位。当然，各地情况有所不同，但在大多数情况下，注重候选人的个人化政治比注重政党和问题的纲领性政治更有成效。

总统必须与国会和各州的政党领导人讨价还价和谈判，就像他们与其他独立的权力中心打交道一样。由于缺少全党的充分支持，总统通常退而依靠那些早先使他获得提名的私人组织。

作为行政官员的总统

宪法责成总统"监督一切法律的切实执行"。但是总统必须把大量的行政权力托付给其他人，因为他永远日理万机，其他职责要耗费他许多注意力，所以他们只能依靠部属。至少从理论上说，命令是按行政系统下达的，从总统到部长，到司局处主管人员，再到较低级的官员。如同所有的高级行政人员一样，总统有一个工作班子协助工作，并向他提出建议。这种系统及工作班子组织存在于任何庞大的行政实体之中，无论是军队、通用汽车公司还是联合国。

总统已变得深深依赖他的私人班子了，无论是在国会、内阁或者政党里，总统都找不到那种通常出现在最密切的助手之间的忠诚和专注。① 况且，总统已经把大多数内阁部长视为能够提出对同他们有特殊关系的朋友和利益集团有利的主张的鼓吹者。总统显然认为，他自己的助手会向他提供较为公正和客观的意见，但是，单单听取最密切助手的意见会付出巨大的代价。白宫通常被想象为一座宫廷，在那里，强有力的总统造成了这样一种环境：任何坚持陈述令人不快意见的助手将被清除出去。"幸存下来的宫廷卫士早已学会用战舰那样的灰色涂料来掩饰自己。……宠臣和谏官之间的斗争，必然是宠臣获胜。这是总统接触现实的最大障碍。……"一位敏锐的作家还写道："……如果说总统需要得

① 这里并不是提倡白宫所有的助手和顾问必须相互类似或经常显示团体精神。有关里根时期白宫之间的混乱和相互攻讦见戴维·斯托克曼的《政治的胜利》(哈珀—罗出版公司, 1986 年版)。

到他的白宫工作班子的保护以防范各部门，那么，他也需要各部门保持警惕，来防范他的白宫工作班子，这种工作班子很容易产生这种思想，认为只有他们了解总统的目的、需要和心思，直到总统成为他们的工具，并且相信他的利益因有了他们才能安全可靠。”

从19世纪初以来，总统身边的工作人员人数持续增长。在当时，只有数十人为总统服务，每年费用不到几十万美元。现在，白宫班子的人员已超过五百人，每年的费用达到数百万美元。这个1939年由国会批准设立的总统办事机构是富兰克林·罗斯福的行政管理委员会建议成立的。总统办事机构向总统提供为履行不断增加的职责而显然需要的帮助。这些不断增加的职责是随着经济大萧条，以及政府任务的扩大而加在总统身上的。

体制化的总统办事机构

总统办事机构（executive office of the president）由行政管理和预算局、经济顾问委员会以及其他几个参谋单位组成。最重要而且最有争议的当然是白宫办公厅，这是最接近总统的班子，工作范围超出白宫本身，没有固定的编制。事实上，它的部分价值在于其灵活性和适应性。无论如何，大多数总统都有一名约会秘书，一名新闻秘书，一名通信秘书，一名法律顾问，一名国家安全顾问，几名军事助理以及几名立法、行政和政治助理。白宫办公厅的工作班子可按职责分为：（1）国内政策；（2）经济政策；（3）国家安全或外交政策；（4）行政与人事工作（包括私人文书档案工作以及为总统安排工作日程）；（5）国会关系；（6）公共关系。

总统的助手有时坚称自己只是总统的耳目，因为他们很少制定重要决策，而且从不跻身于总统和各部部长之间。但是，白宫班子的急速扩展以及出现强有力的班子负责人的必然性已经使这种传统景象近乎消失。有些白宫助手对官僚主义和国会的梗塞乃至政治怠工很不耐烦，以至于认为只有总统才是整个政府。分权对他们毫无意义，他们忽视了他们在更大的宪政体系中的位置。请听一位尼克松的助手的话：“奉行总统政策不应有很多的回旋余地，应该是像一家公司，在那里，副总经理们（内阁官员）与总经理紧密联系在一起，换一个极端的说法，总经理说跳，他们只该问跳多高。”一位卡特的助手告诉本文的一位作者说，给内阁成员这么多的权力“大概是卡特总统的最大错误”。

行政管理和预算局仍然是总统参谋机构的中枢。该局局长向总统提供数百个政府机构的详细情况——在预算里应向他们提供多少钱，他们在做什么工作，行政管理和预算局寻求改进各机构的计划、管理和统计工作。它力图使各个机构与国会打交道时遵循总统的改革行事；各个机构向国会陈述改革建议必须首先经过该局审核。

预算不仅仅是一个财政计划，它反映着权力斗争，指明政策方向（及意图）。对总统来说，预算是一种对那些试图与政客和利益集团联手，并打算阻挠总统优先事项的行政官员的控制手段。通过漫长的预算编制过程，总统利用行政管理和预算局作为保持和加强自己影响的手段。

内阁

很难找到一个比内阁更为特殊的机构。宪法没有专门提到内阁的字样。但是自乔治·华盛顿政府以来，每一位总统都有内阁。华盛顿的内阁由国务卿、财政部长、陆军部长加上司法部长组成。现在，内阁成员的选定已成为总统选举的头等大事。内阁包括总统、副总统、领导十四个行政部门的部长，以及其他一些成员。内阁始终是一个笼统指称的机构，谁属于内阁并不总是很清楚的。例如，近年来，某些行政部门的主管官员和白宫顾问已被列入内阁一级。

在议会制国家里所实行的那种内阁制政体，在美国根本不存在。事实上，法律并未要求总统组织内阁或举行定期的会议。肯尼迪、约翰逊和尼克松都宁肯与专门涉及某个问题的阁员开小会。肯尼迪认为与农业部长和劳工部长讨论国防部的事是毫无道理的，他觉得内阁会议对已经很忙的人来说只是浪费宝贵的时间。在他执政期间，重大决策往往是在总统与两三个主要部的部长以及白宫班子高级人员的非正式会议上作出的。卡特和里根都曾试图恢复内阁，他们两人在任职的头两年经常召开内阁会议，但是他们在职的时间越长，就越少召开内阁的全体会议。一位里根的高级助理竟然承认，里根在内阁会议上经常打瞌睡。

表 2　内阁成员（1990 年）

副总统	卫生和公众服务部长
国务卿	住房和城市发展部长
财政部长	运输部长
国防部长	能源部长
司法部长	教育部长
内政部长	退伍军人事务部长
农业部长	中央情报局长
商务部长	行政管理和预算局长
劳工部长	白宫首席助理

白宫首席助理总统私人顾问以及设在白宫的各种内阁委员会或审查单位（例如国家安全委员会和行政管理和预算局）已经获得了高于许多部长和内阁部长的地位。出现这种情况的部分原因是这些人很自然地身处白宫之内或临近白宫。还因为，总统认为他的部长们采取狭隘的“鼓吹者”观点：管农业的内阁官员成为一个代表农场主的刺耳的鼓吹者；住房与城市发展部内阁官员似乎是住房建筑业的代表，在某种程度上也是市长的代表；其他许多阁员也是如此——特别是那些专心致志于国内政策事务的人。由于总统与内阁成员之间良好关系的削弱，总统在挫折中经常要倚重白宫班子的高级助手去处理纠纷，协调政策。其结果，几乎总是形成白宫高级助手与他们的内阁对手之间的紧张关系。私人班子近在总统耳边，毕竟更有影响力。

有些总统成立各种各样的内阁委员会，试图使关键部门的和白宫的顾问围绕主要政策问题结合起来。福特总统喜欢这种制度。以癖好分授职责著称的里根总统同样倚重这些内阁委员会。他通常让一位内阁成员或者白宫高级助手主管委员会，这些委员会以1947年建立的国家安全委员会作为模式。以上这些尝试旨在分散政策问题的讨论，并且做到努力合作。与此同时，还使内阁成员真正感到，重大改革的制定是跟他们商量过的，而且是让他们参与了的。为了表明充分重视内阁成员的意见，委员会通常要集中由白宫或“核心内阁”特别小组所作的其他决议来作最后的决定。[①]

就个人而言，内阁成员往往是重要的顾问和行政官员。但是内阁作为一个决策机构，并没有新闻报道让我们相信的那样重要。在目前，要把内阁会议当成共同研究制定广泛的政策大纲，或者决定根本性战略的地方，还需要有一次想象力的飞跃。

（选自伯恩斯、佩尔塔森、克罗宁《民治政府》，
陆震纶、郑明哲等译）

① “核心内阁”的概念在托马斯·E. 克罗宁的《总统职位现状》第二版（利特尔·布朗出版社1980年版）中有所发展。

第十六讲　论福利行政与安全保障行政下的法治国危机

[德] 哈贝马斯

尤尔根·哈贝马斯（Jürgen Habermas，1929—　），当代杰出的思想家，西方马克思主义重要流派——法兰克福学派第二代的代表人物，历任海德堡大学、法兰克福大学教授。其著作广泛涉及社会科学和人文科学的不同领域，如《公共领域的结构转型》《交往行为理论》《合法化危机》等。

【编者按：哈贝马斯以哲学家的高度，整理出了行政任务复杂性增长的主要线索，在一个大致的分期下，政府相继专门完成了下列行政任务：起初是古典的维持秩序任务，然后是对社会补偿的公正分配，最后是应对集体性的危险情况。在此基础上，他概括了三种理想类型的国家形式：法治国、福利国家和安全保障国家。后两种国家形态中，计划性、服务性的政府行政与风险预防的政府角色，均属于高度情境化的行政实践方式。传统法治国下条件性纲领的规范模式，在此遭遇了困境。对交往行动理论的关注，促使哈贝马斯提出程序主义法律观，以期解救法治国于危机之中。】

法治国的危机和程序主义的法律观

到现在为止我是着眼于权利之实现而讨论程序的法律范式的，但这种新的法律观也涉及（甚至主要涉及）在复杂社会中民主法治国可以如何扩展这个问题。我们已经看到，向福利国家模式过渡的理由在于，主观权利不仅可能受到行政部门非法干预的损害，而且也会受到行政部门拒不提供[1] 服务的损害。社会的结构性变化使人们想到享受平等自由的普遍权利所具有的客观法内容。这并没有带来新的规范性视角："那个对形式法范式具有决定意义的假设，即认为只有个人主义的正义才确保社会团结，只有契约自由才确保一种有实效的、正当的诚信保护，看来是站不住脚的。在抵抗干预的消极权利之外出现了许多提供服务的积极

① 英译本此处加："为实际行使权利所必需的"。

责任，这并不意味着在那个以相互性原则作为基础的法律观中发生了一个根本转变。”尽管如此，新的受益权利的尤其自相矛盾的效果，确实发生了变化。也就是说，这些权利之能够明白无疑地加强私人自主地追求生活规划的程度，取决于拥有受益权者在多大程度上不仅仅是享受以家长主义方式所提供的利益，而是本身也参与诠释那些可以用来在事实不平等面前确立法律平等的标准。在抽象的层面上，这些条件是通过立法者的民主合法化过程和法治国的权力分立来加以满足的。但一些具体的例子，比方说取自女性主义平等政治领域的那些例子，则使人对如此轻而易举的回答产生怀疑。随着政府任务的数量增长和质量变化，合法化任务也发生了变化；法律越是被当作政治导控和社会规划的手段而使用，法律的民主产生必须承担的合法化负担就越是沉重。

当然，通过立法者的政治纲领，具体内容和目的论视角就已经进入了法律之内。即使是资产阶级的形式法，也要受到一些集体目标——比方说国防政策和税收政策——的影响。但在这些情况下，集体目标的追求必须以一种特定方式从属于法律的主要功能（也就是对行为期待的规范化），因而政治有可能被诠释为对于权利的实现。[①] 这个要求也适用于一个用法律手段来导控社会过程的能动国家的有集体约束力的决定。如果政治把法律形式用于实现它所要实现的任何目的，因而破坏法律的自身功能，法律和政治权力的构成性条件就会遭到违反。即使在福利国家中，法律也不能完全被归结为政治，如果内在于法律的事实性与有效性的张力——因而法律的规范性质——不至于要消解掉的话：“法律成为政治的工具，但同时它也为政治规定了法律可以被它利用的程序条件。”法律形式施加给政治的限制是结构性的，而并非（如新自由主义所担心的那样）是数量上的。政策的数量要导致法律媒介不堪重负，只有当政治过程损害了法治国原则中所阐明的那些合法的立法过程的程序条件的时候，归根结底，只有当以政治自主的方式展开权利体系所需要的民主

① 英译本此处加：“因为法律具有其自身的结构，并不是可以任意伸缩的，”。

程序受到损害的时候。也就是说，一旦覆盖着法律形式外套的政策的制定过程不再服从以民主方式产生法律的条件，我们也就失去了用来对这些政策进行规范性判断的标准。在执行这样的纲领的时候，用来衡量行政权力之运用的效率（Effektivität）标准，就取代了法律调节的合法性（Letitimität）标准。事实上，这个危险随着国家被指望承担更多的任务而有增长趋势。这样一来，对一个自成一体的行政系统来说，用于实现政治目标的工具化的法律就变成用来解决功能性整合问题——而且仅仅是解决这种问题——的诸手段中的一个。根据这个前提，“这两个标准之间的范畴差别没有得到展开，而是作了经验主义的重新解释。合法的政治性意见形成和意志形成过程和有效率的执行过程，被理解为通过政治规划进行卓有成效的结构性社会改造的两种等价的可能性条件”。

但是，合法化问题是不能够归结为国家导控能力的匮乏的。合法化匮乏的根源是法律的民主产生过程中的故障，这种类型的问题常常是与未能解决的导控问题的后果交织在一起的。把合法化问题仅仅当作导控问题的应变量，是从这样一个错误假定出发的，即福利国家所积极运用的法律被百依百顺地用来对任何相互竞争的价值取向进行没有标准的兼容和协调。这种图景是一个错误的范式性法律观的虚构。即使它具有描述性内容，它所描述的也是这样一种模糊观点：标准之成为不确定之物，似乎就意味着调节性法律被抽离了合法的立法过程的基础。这种模糊观点可以用程序主义法律观加以澄清，因为，这样的标准只能形成于公共论坛之中——在那里，人们用语言来表达压抑和蔑视的生活史经历。[①] 一旦建制化的意见形成和意志形成过程与非强制的阐释需要过程失去联系，它就失去了它无法靠自己来产生的参数。于是法律平等和事实平等的辩证法就回归为一种第二自然状况；支配它的那些标准，是从一个广泛地自我编制议程的行政部门的适应过程中产生出来的不确定之物。把法律当作工具用于追求集体目标的那些政府机构，在与其最强

① 英译本此处加：“，并且就同样情况同样处理、不同情况不同处理的标准进行争辩”。

大的当事人相一致的情况下独立成为一个集体物品和价值（kollektiver Güter）的管理部门，而不依据不可工具化之权利的实现的方案来监督对目标本身的选择。

不具合法性的权力的独立化趋势，今天是显而易见的。但是，在描述这些趋势的时候不仅记录法治国的削弱，而且把它们作为国家和社会中结构性变化之不可避免的结果，则是很成问题的。我将先回顾有关法治国危机的几种熟悉观点，并追溯赋予这些危机诊断以宿命论含义的功能主义背景理解（1）。然后我将设法从程序主义法律范式的角度出发对人们所诊断的“宪法的有效性降低”现象做出说明（2）。最后我将对一个自我组织的法律共同体的“方案”作一些简短的评论（3）。

（1）当代法律批判的核心，是在一个越来越承担量多、质新的任务的国家中，议会制定的法律的约束力降低、权力分立的原则受到威胁。只要经典的政府行政能够集中精力于一个由经济自我导控所支配的经济社会的维持秩序任务，原则上只有当这种由宪法持久地确立、得到法治国保障的秩序受到扰乱的时候，它才有必要去进行干预。适合于这些情形的是普遍的、抽象的法规，它们用确定的法律概念来精确地表述典型事实，并且把它同明确无误地定义的法律后果相联系；因为这种法律秩序的意义就在于确保公民的法律自由免遭国家机构——其职能仅限于维持秩序的国家机器——的侵犯。但是，一旦行政部门受福利国家立法者的要求而承担进行计划和政治导控的任务，古典意义上的法规就不足以为行政部门的实践提供规划了。古典的干预性行政（Eingriffsverwaltung）活动的特点是反应性的、两极性的和选择性的；在这种政府行政之外，出现了具有完全不同实践方式的计划性的、服务性的政府行政。现代的服务性行政（Leistungsverwaltung）承担的是提供基本生活保障、准备基础设施、制订计划和预防风险，也就是说承担广义的政治导控任务。这种政府行政的行动是面向未来的、面上铺开的，而且，它们的干预所涉及的是公民之间和社会群体之间的关系。现代行政实践方式表现出“如此高程度的复杂性、情境依赖性和不确定性，以至于它无法事先在想象中被充分认识，也无法事后在规范上加以最后确定。古典的规范类型是条件性纲领，它列出一些事实作为国家可以正当地进行干预的条件，并确定一些国家可以运用的措施作为法律后果。在这里，这种规范模式大致上是失效了”。法律形式的范围已经扩大，把具体法规（Maβnahmegesetze）、试行法规（experimentierende Zeitgesetze）和预备性法令（prognoseunischere Lenkungsgesetze）也包括在内。总包性条款（Blankettverweisungen）、一般性条款（Generalklauseln）和所有不确定的法律概念涌入立法者的语言中，激起了令美国法学界和德国法学界同样感到不安的有关“法律不确定性”的讨论。

这里我们感兴趣的是法律的实质化对于权力部门之功能分化所造成的结果。司法部门发展法律的趋势扩展成一种隐性立法，从而既危害司法权力部门的合法化基础，也危害司法活动的合理性；对这种现象的批评，我们已经作了比较详细的讨论。更令人不安的是对于导控性行政部门的宪法监控的匮乏。当然，行政部门与其当事人之间的权威主义关系早就代之以受法院监督的行政法关系（它对于双方都具有约束力）了。此外，对行政行为的司法审查的领域，也通过法规前提（Gesetzesvorbehalt）原则的扩展而得到了扩大。但是，这并不足以补偿调节性法律的约束性减弱，因为行政部门在履行其导控任务时，常常根本用不着进行法律技术意义上的干预：“哪里没有干预，哪里就不需要法规前提；哪里没有法规前提，哪里就没有法规约束；而哪里没有法规约束，哪里就没有法院进行的合法规性审查。但是这种匮乏甚至也延伸到干预领域本身之中。在那里，如果所涉及的是……由立法者本身所造成的社会关系和社会结构，而这种社会关系和结构影响那些具有彼此冲突的基本权利立场的大型社会集团，法规前提原则就失去了它的保护基本权利的功能。”在这样的领域中，行政部门为自己编制议程，并按照一些准则而实施这些议程，比如比例性原则（Verhältnismäßigkeit），或者合理性条款和疑难度条款（Zumutbarkeits-und Härteklauseln）——根据这些得名于司法活动的条款，以规范上中立的方式同法律规定打交道，已不再可能。

由于政府的社会规划性活动，尤其是由于预防性活动必须在其中展开的时间限度的日益扩展，上述问题变得更加尖锐了。政府越来越卷入一些新的、受科学技术影响的风险的产生，不管是因为其行动，还是因为其不作为。随着这种风险——比方说产生于核能或基因技术的风险——的出现，提出了为未来世代而采取预防措施的问题，这种问题要求人们（当然也是要求立法者）具有更广的视域来代表他人进行利益感受。一般来说，风险社会的种种危险向专家的分析能力和预测能力，也向承担预防风险职责的行政权力的处理问题能力、采取行动准备和应急措施速度，提出了如此高的要求，以至于福利国家中存在的法规约束问题和法律确定性问题一下子激化起来。一方面，这种主动活跃的行动纲领，这种复杂的、对未来有长远影响的、依赖于预测的、要求自我纠正的行动纲领，立法者的预防性规范只能对它们进行部分的规范性调节，并把它们与民主过程连接起来。另一方面，用于经典性预防目的、也就是更适合于应付物质性风险而不是潜在的对于大规模人群的危险的那些强制性导控手段，已经失效。考虑到忙于预防的政府行政必须根据有争议技术考虑来填满的自由裁量空间，即使把基本权利保护作能动的理解，也无法确保提供充足的法律保护："仅仅提供程序法地位而不是明确的实质性权力，决不能改善相关的人们的境遇。"在这里，丹宁格看到"重点从一个基于法律确定性（Rechtssicherheit）的系统转向了一个基于法律价值保障（Rechtgütersicherheit）的系统"，它"修改和消解了"个人的法律保护。此外，随着对政府的保护责任的宪法监督导致把法治国建设成、武装成一个"安全保障国家"（Sicherheitsstaat），福利国家的既提供授权又提供监护的辩证法也变得更加尖锐了："这尤其适用于基本权利自由的范围转变，这种转变是在这样的情况下发生的，即一个社会产生了那么多的安全风险，以至于它只能通过大大扩展监视机构才能保护受到威胁的基本权利价值。"

但是，导控任务的增长所导致的结果不仅仅是行政权力独立于边缘化的立法部门而自成一体。这种增长还把国家卷入同各社会功能系统、大型组织、社团等等的谈判之中，而这些系统和组织在很大程度上逃避（通过制裁、收费和财政刺激所实施的）强制性导控，对它们只能采用说服性的交往手段："并不存在相对于间接导控的服从义务。……政策措施变成了协商的对象，在这个过程中私人的导控对象可以使国家尊重他们服从这些措施的诚意。……国家和社会相遇于这同一个层面。"随着强势社会团体参与行使公共权力——但并没有获得这样做的合法性基础，也不承担通常由政府机构所承担的责任——，国家主权受到了相应的破坏。正如刚才提到的，拥有超宪法谈判能力的这些社会行动者，是宪法框架所难以限制的。就连政党——根据德国基本法第 21 条，它们有权利"参与人民的政治意志的形成"——也渐渐地发展成一个包括所有政府部门在内的独立的权力卡特尔，而宪法（出于正当的理由）并没有为这样的卡特尔留下一席之地。曾经发挥把政治舆论影响转换为交往权力之催化剂作用的政党，现在占据了政治系统的核心领域，但并没有插入功能性的权力分立之中。它们实际上是以这样三种方式来运用其超政府整合功能的：a）通过其招募人员能力，这种能力延伸到行政、司法和大众传媒以及其他社会部门；b）通过对政治决策中心的转移，从具有正式责任的各种委员会转移到非正式协议和党派调解的密室中去；c）通过对公共领域的工具化，把它用于获准进入行政权力的目的。

对这种或类似的危机诊断作什么样的表述和评价，人们可能会有不同意见。但这些诊断点中了法治国中的一些危机趋势，对这些趋势，息事宁人（Abwiegelung）和回到自由主义的法律观去都不是正确的回答。但是，说新的政府导控任务的复杂性超出了法律媒介本身的承受能力，这种结论并不能令人信服。只有当法治国的危机被描述为是没有出路的时候，法律的社会整合力才是结构上不堪重负的。这种无出路论的根源，我想可能是那种偏向于功能主义的、只关注政府活动的法律观。

关于政府任务之复杂性增长的主要线索，有这样一种大致的分期，根据这种分期，政府必须相继地专门完成这样一些任务：起初是古典的维持秩序任务，然后是对社会补偿的公正分配，最后是应付集体性的危险情况。制约绝对主义的国家权力，克服资本主义产生的贫困，预防由科学技术引起的风险，这些任务提供了各个时代的议题和目标：法律确定性、社会福利和风险预防。适合于这些目标的，被认为是一些理想类型的国家形式——法治国（Rechtsstaat）、福利国家（Sozialstaat）和安全保障国家（Sicherheitsstaat）。这些理想类型的名字就已经表明，只有法治国这种历史形态才与法律本身具有密切联系。自由主义法治国的干预性行政的工作手段是法律，而福利国家的规划性活动和预防性国家的间接导控则越来越必须借助于其他资源：借助于货币和具有货币价值的基本服务，以及信息和专家知识。只有古典的干预性行政才能用法律这种规范性手段来解决它的问题；而社会福利国家和安全保障国家的政府行政则依赖于一种扩大了的货币基础和一种新的知识基础——并且，在适应于一种认知性行动模式时，还必须与这种规范性法律手段保持距离。

如果人们感兴趣的是一种有效率政府行政的功能条件的话，这种分析性视角可以是很有收获的。但是，一种功能主义的考察结果不应该一下子转变成法律范式。从这种角度所看到的事务化趋势，实际上仅仅意味着亟待解决的那些问题的法律性质越来越少；但这并不意味着相应的行政实践必须越来越摆脱法律调节。说行政实践必须越来越摆脱法律调节，这个观点仅仅是对每个阶段上相继突出表现的问题所作的那种命名的结果。根据这种命名，只有自由主义的国家才能借助于法律媒介来解决它的问题，也就是建立法律确定性。只有着眼于干预性行政和自由主义经济社会之间的互补性，政府活动之效率的条件才会与一种（获得形式法保障的）合法性的本质条件相互重合。在往后的几个阶段，可以清楚地看到效率的条件与合法性的条件绝不是非重合不可的。对于根据法治国原则组织起来并进行社会规划或间接导控的政府行政来说，这种情况产生了新的目标冲突。但这些冲突并不自动地导致法律失去其相关性，或者使得法治国规范完全失效。有没有可能用其他方式来保障法律上的自由和平等，这个问题可以用另外一种分析视角加以回答。如果先考察在政府行政的功能转换情况下权利体系有没有可能实现，那个从行政社会学角度所进行的分期就显得过于粗糙了。从法理学角度来看，对新的确定性风险并没有提出任何新的问题，而是至多加剧了那个老问题：在福利国家发展中已经为人熟知的调节性法律的约束力降低的问题。只有考虑到由来已久的把个人法律保护延伸到集体法律保护的趋势，预防性规范才造成了一个新的问题。

在我们的讨论当中，更重要的是这样一点，即行政权力独立于法治国规范化而自成一体，绝不是没有后果的。也就是说，一个自我编制议程的行政部门不得不放弃古典分权格局所蕴含的处理规范性理由时的中立立场。在这方面，我们恰恰没有看到一个事务化趋势。行政部门在多大程度上承担了政治立法者的任务，并且在执行中发展它自己的纲领，它就在多大程度上必须自己来决定论证规范和运用规范的问题。但是，这些实践问题是不可能从效率的角度加以解决的，而要求以合理的方式处理规范性理由。一种以认知方式来工作的行政部门，是缺少这样工作的交往预设和程序的。对无法就事论事解决的实践问题的技治论否定和经验论重新定义，所导致的绝不是对问题的事务化处理；相反，它导致的是对于“各种价值复合体的无标准混合”（贡特尔）这样一种第二自然状况。法治国之侵蚀的症状确实标志着一些危机倾向；但这些倾向所显示的与其说是法治国原则对越来越复杂的政府活动提出了无法解决的过分要求，不如说是法治国原则的建制化程度还不够充分。

（选自哈贝马斯《在事实与规范之间》，童世骏译）

第十七讲　论民营化的原因与形式

[美] 萨瓦斯

萨瓦斯（E. S. Savas），美国纽约城市大学巴鲁克学院教授，素有“世界民营化大师”之美誉，曾任职于美国联邦、州和纽约市等各级政府部门。

【编者按：在当代行政改革的浪潮中，“企业化政府”是一个重要的改革方向。行政机关的无效率、产品与服务质量低劣、财政赤字增加等低绩效现象，加深了民众对政府的不满，也使得民营化成为可能的矫正方式。其中，民营化过程中的委托授权、撤资和政府淡出，被视为行政机关卸下福利国家的沉重包袱，注入效率价值的必经环节。也正是在此意义上，萨瓦斯宣称：“民营化就是新公共管理。”】

我们已经审查过民营化的理论基础，现在我们提出几个实际问题：实行民营化的原因是什么？即什么问题导致民营化作为潜在的补救措施出现？民营化的目标是什么？民营化的核心要素是什么？民营化取得成功需要什么理想的政策环境？民营化的形式有哪些？怎样对民营化过程实施有效管理？

一、民营化的原因

对政府的不满和政府活动频繁出现的问题使得民营化成为可能的矫正方法。当然，对不良政府绩效的抱怨在世界范围内司空见惯，而且许多牢骚和嘲讽已成为传统和文化的组成部分，但仍有足够的证据证明这种不满是正当的。

民营化的必要性：症状与诊断

绩效不佳在政府服务和国有企业中有相同的表现形式，正是这些症状导致了对民营化的呼唤和其他深层次改革。不论政府机构、政府活动、国有企业还是政府资产，只要具备下列任一特点，都将是实行民营化的对象。

- 无效率，人浮于事，生产率低下；
- 产品和服务质量低劣；
- 营利性政府企业持续亏损和债务增加；
- 缺乏管理技能或足够的管理权限；
- 对公众缺乏回应性；
- 设备维护质量低下；
- 资本投入不足；
- 过度的垂直一体化；
- 管理方法或产品过时，缺乏营销能力；
- 目标多样化且相互矛盾；
- 机构使命缺乏相关性甚至误导；
- 资产未充分利用或使用效益不佳；
- 存在违法经营行为；
- 存在盗窃和腐败现象。

之所以出现上述弊病，主要原因是政府活动是由垄断者实施的，它们缺乏有效利用资源和节约的动力，且不会因绩效不佳而受到惩罚。当然有一些政府机构做得很好，但上述问题——许多问题是相互联系的——在许多政府活动中俯拾皆是。诚然，这些现象在民营部门同样存在，但如果民营部门经营不善要么被兼并要么破产，而政府部门经营不善不仅不会被兼并，而且可能获得更多的预算——期望借此提高其绩效，尽管这种做法往往是徒劳的。下面对各种弊病分别加以说明。

无效率。关于政府机构低效率、人浮于事、生产率低下等不良绩效的例证，我们将在下一章作系统论述，届时我们将对公共部门和私营部门以及公共部门民营化前后的不同绩效进行比较。政府企业低效率的一个典型例子是德国电信（Deutsche Telecom）——德国电信行业的垄断经营者，该公司的雇员 / 顾客比是美国公司的两倍。传统政府服务的低效率在固体垃圾收集业最为明显。许多研究表明，由政府垄断的垃圾收集行业所付成本比私营承包者高出 30%—40%。

质量低劣。公共供水系统水质低劣在发展中国家不幸已司空见惯，但 1996 年人们发现，华盛顿特区的水质对人的健康也构成威胁。波士顿房管局——一个为穷人提供住房服务的市政机构——被判接管，主审法官用“无以形容的恶劣条件”，从而使住户蒙受“无法估量的痛苦”等语言，指责房管局主任“管理不善、懈怠、无能和不负责任”。

这家机构为居民提供的住房“往往是天花板漏水；基础服务如供热、供水、供电经常中断；窗户常常是热天打不开，冷天关不上；房间里老鼠和虫子到处爬；房子周围垃圾成山，野狗成群出没……”

亏损和债务。尽管一些国有企业并不以收支平衡或赚钱为目标，但它却是许多其他国有企业的目标。然而，即使在营利性国有企业中，亏损或负债往往是常规而非例外情况。这是世界范围内民营化的最重要的推动力。形成这种现象的原因主要是缺少真正的经济责任。换言之，政府机构和国有企业面临软预算约束，它们通常可以利用政治压力获取更多的补贴。

在成千上万个亏损事例中，阿根廷国有航空和铁路运输系统可谓典型。在实行民营化之前，它们每天各亏损 100 万和 500 万美元。在美国，政府曾向联合铁路运输公司——1976 年由一些破产的货运公司组成——注入 70 亿美元。1987 年以公众认股形式出售该公司时，联邦政府仅获得 16.5 亿美元。在私营企业的经营下，该公司迅速发展，10 年之后就以近 100 亿美元出手。市政场馆和会议中心通常亏损，不能获取经济收益以弥补修建它们时付出的高昂成本。纽约市有一经营赛马的市属公司，设立的目的是为公立学校筹集资金。但在交纳标准税费之后，该公司的收支基本持平——据说它是世界上唯一不盈利的赛马经营公司。出现这种情况的主要原因是什么呢？人员录用主要靠裙带关系，雇员待遇过高而工作量不足，从那些有政治背景的业主手中高价租用房产和其他设施。

缺乏管理技能和权威。政府部门管理技能缺乏的主要原因有两个：一是选拔人员时只注重政治资格；二是同私营部门相比，政府部门高层管理人员的薪水相对较低。即使是优秀的管理者，也往往因为公务员条例的重重限制裹足不前，或者是被出于政治考虑而单方面安排的劳动合同剥夺了奖优罚劣的权力。(一个传奇故事：成吉思汗用不及纽约市公务员数量一半的军队征服了亚洲，他在管理方面的自由裁量权比当今的行政主管大得多——可以把波斯奖励给一个将军，也可以砍掉一个表现拙劣的人的脑袋。)

缺乏回应性。公共服务缺乏回应性的典型事例发生在阿根廷。在国家电信公司民营化之前，装一部电话平均要等待 17 年的时间。

设备维护质量低下，资本投入不足。车辆的保养维护出自运营资金，而购买新车出自资本预算，购买新车比保养维护旧车更容易。因此，当发现有些市政部门居然有 40%的车辆“无法正常使用”时，人们不应感到惊奇，这意味着车辆购置的数量远远超过了履行职责的需要。但另一方面，由于资本投入不足而无法及时购置急需的资产和设备的情况时有发生。笔者曾遇到一个公共部门的负责人，他恳求上级拨款购买装运垃圾的卡车。市议会的答复是：本年度只拨款购买警车，下年度购买消防车，因为这两类服务远比市政服务重要。

过度的垂直一体化。这个词可以用来描述计划经济体制下的通常行为：国有企业为员工提供住房、医疗、度假地；为员工的子女提供学校、娱乐设施，有时甚至直接生产和提供食品、蜂蜜、香肠（就像我参观过的乌克兰一家电子厂所做的那样）。作为纽约市的第一副行政长官，我发现我们的公园管理部门正在以高于市场价数倍的成本生产野餐桌椅和游乐设施。这也是一个过度垂直一体化的例证。上述第一世界和第二世界的例证在第三世界同样存在。巴基斯坦国际航空公司有一个为其提供空中食品的家禽养殖场。人们感到纳闷，养鸡与飞行之间是否存在管理技术的可转移性。

产品过时和营销能力的缺乏。电子厂的蜂蜜和香肠很可口，不幸的是生产的录音机却过时了。随着部分社会主义国家的解体，企业家开始从东亚进口现代化的电子产品，过时的录音机毫无销路。营销能力在原社会主义体制下并不重要，因为短缺是家常便饭，工厂完全按照中央计划机构的指令进行生产，消费者需求无关紧要。

目标多样化且相互冲突。匈牙利一家国有农场的负责人值得同情和可怜，因为他被赋予了多样化且相互冲突和矛盾的目标：(1) 在东部开办一个养猪场以推动当地的经济发展——尽管饲料必须花高价从西部购进，且猪肉的主要市场在西部；(2) 大量雇用工人以解决当地的失业问题；(3) 经营的结果必须是盈利。类似的例子是要求在某地建铝厂，但该地与铝矿和铝产品市场却相距千里之遥。这种荒唐情况在美国也存在，政府实验室的选址往往依据相互冲突的目标，如推动当地经济发展并提供高质量的科研产品，却完全无视在当地招募和留住优秀科学家很困难这一现实。再举一个别的例子。在纽约有一些为无家可归者提供的临时住所，人们对恶劣条件的抱怨促使市政府实施民营化，即与非营利组织签订承包合同。结果是居住条件如此舒适，新来者不想离开！我们的目标到底是吸引另有居所的居民，还是为无家可归者提供适当的临时住所呢？

机构使命之间缺乏相关性甚至造成误导。公司和国有企业的设立是为了满足特定的需要，但它们的行动往往被误导——特定需要要么不再存在，要么早已得到满足，机构本身已失去存在的意义。它们之所以能够生存，完全是惰性、顽固的官僚势力和受益者诸因素综合作用的结果。尽管电力使用在美国早已普及，但美国的乡村电力发展局（Rural Electrification Administration）一直在运行。类似的例子还有农产品市场管委会，其设立的目的据说是保持物价稳定和保障食品供应。作为“生命超过使命”的机构的典型，该委员会引起公众注意的唯一场合是下令销毁成千上万吨水果，以防止价格下跌。在加拿大，1996 年，一名农夫被判拘押 5 个月，因为他没有把大麦卖给加拿大谷物当局，而是驱车两英里穿越边境在美国出售。

市场管理机构在非洲起的作用极坏。种种荒谬的管理机制是饥荒的重要原因：市场管理委员会被赋予了购买和出售特定农产品的排他性权力，而其他政府机构则垄断了向农民销售诸如种子、化肥等投入品的权力。为了取悦城市居民并赢得他们的政治支持，它们通过强行压低农产品价格的方式维持食品价格的低水平，同时高价销售农业生产资料。(居住集中的城市居民在政治上显然比分散的农民更有影响力。）可预料的结果是：赔钱的农民转向了自给自足的农业经济——生产粮食完全为糊口而非到市场出售，最终导致城市的饥荒。

资产未充分利用或使用效益不佳。政府机构倾向于占空地和空置的建筑，期望借此扩大项目规模。(“我们能这样做，因为我们仅有这些地方！”）美国的精神健康设施即为一例，在专门从事心理医疗的机构数量被削减后，许多资产被弃置不用。

公正地说，许多问题是政客强加在公共部门管理者头上的。当政府为了挽救就业岗位而接管失败的私营企业时，这种事情就会发生。政府借口“挽救就业岗位”而实施的行为往往会引起更多更持久的灾难。对那些实施“使用者付费”制度的公共服务来说，政府可能控制收费价格甚至完全取消收费以“使公众支付得起”，结果是该服务资源枯竭并直接导致短缺和绩效下降。美国城市的公共汽车服务就可以说明这一问题(采用凭单制可以达到相同的目标，公众能支付得起，也更有效)。政府承担一些大型的高风险、结果不确定且回报周期长的投资项目如空间探测也许是正当的，但由于这些项目带来了众多的受益人，政府在它们变成沉重的负担甚至毫无成功希望时也乐于继续实施。美国的合成燃料公司（Synthetic Fuels Corporation）是另外一个例子，它完全建立在国家将面临能源短缺这样一个错误判断之上。

存在违法经营行为。政府机构的行为有时是违法的，或者对其他机构而言是违法的。例如，纽约州电力局（New York State Power Authority）的原子能电厂经常违反安全标准，仅在1992年就被联邦原子能管理委员会罚款50万美元。田纳西河流域管理局也经营原子能发电厂，它被指责提交错误报告，掩盖事故的严重性并误导公众。

盗窃和腐败。这一问题在公共部门和私营部门当然都存在，但公共部门此类问题一旦被曝光，它就会成为民营化的动力。利用国有企业中饱私囊并为亲信谋取私利是菲律宾前总统费迪南德·马科斯（Ferdinand Marcos）倒台的主要原因，也是新政府实行大规模民营化的重要原因。

在政府一些不寻常的行为中可以发现另外一种腐败行为，如美国西部在联邦土地上围捕野马的做法。土地管理局（Bureau of Land Management）的官员和职员被指责非法把马匹运到屠宰场而敛财。这些马匹本应经过拍卖程序，其收入也应进入政府财政而不是私人腰包。

特里·安德森（Terry Anderson）和简·肖（Jane Shaw）报道了一个类似的案例，我们可以从中吸取重要教训。西雅图曾有一个有名的城市公园——雷文纳公园（Ravenna Park），正是公有制导致了这个公园的毁灭。19世纪后期，私人组建了该公园并使它成为冷杉树的保护地。它对公众开放，每天吸引8000名到10000名的游客，一张门票仅相当于今天的3美元。25年之后，城市宣布该公园归市政府所有并确定为公共公园。在随后的14年中，所有巨大的冷杉树都消失了，显然它们是被公园职工砍掉并非法出售了。今天，这里成为刑事案件高发区，原先最大的冷杉树（直径达20英尺）生长的地方成了水泥网球场。当公园归私人所有时，拥有者会顾及公众对公共公园的需求，懂得组建并保护好公园以获取经济收益；一旦公园为公共所有，公共部门雇员——他们没有所有权，因而与公园没有长期的利害关系——会认为砍树烧柴更合算。这个故事告诉我们，私人所有权可以实现公共目标，而公有制却未必。亚里士多德两千多年前曾对此作了精辟的阐释："一个物品的共同拥有者越多，它所受到的关爱就越少。”

政府推行民营化的原因：调查结论

社会调查获得的信息有助于解释政府推行民营化的原因。1992年曾就推行民营化的原因对美国地方官员作过一次问卷调查。调查对象为人口超过10000的城镇和人口超过25000的县的行政长官，共涉及4935个地方政府；这次调查共收回1504张答卷，回复率为31%。表1表明，试图削减机构内部支出是实行民营化的主要原因（占回答者总数的90%）；财政方面的外部压力是实行民营化的第二个原因（占总数的53%）。换句话说，实行民营化是为了节省支出。一项较早些的调查发现，基础设施状况恶化也是民营化的一个重要原因。这就是说，基础设施的建设或更新十分必要，市政当局把民营化当作满足该需要的手段，尽管面临预算拮据的问题。(在1992年的调查中没有提供这一选项。)

表1　地方政府热衷民营化的理由

原　因	该理由被提及的百分比
试图削减机构内部开支	90
外部财政压力	53
私营部门的建议	23
政治气候	23
州/联邦的要求（政府间财政拨款附加条件）	20
对负债的关注	18
公民团体	8
其他	7

资料来源：改编自Rowan Miranda and Karlyn Andersen "Alternative Service Delivery in Local Government, 1982–1992", in *Municipal Yearbook* 1994 (Washington, D.C.: International City-Country Management Association), 26–35, fig.3/1。

1992年对美国州政府官员的一项调查涉及实行民营化的原因。问卷回答者来自29个州的158个机构。所有这些机构都采取过或几乎都采取过合同外包、设施民营化和资产出售这三种民营化形式。像地方官员一样，州政府官员也认为节省开支是实行民营化的主要原因。其他原因（仅在排序上略有区别）包括高质量的服务、执行迅速和提供那些用其他方式无法提供的服务。实行合同外包的另一个主要原因是为了避免劳资纠纷问题。

1997年对州政府官员进行的一项调查，问及民营化活动不断增加的原因，答案从多到少依次是：(1) 节省费用；(2) 对民营化的有力政治支持；(3) 增加工作灵活性，减少官僚作风；(4) 提高效率；(5) 缺乏人才和管理技能；(6) 推动创新；(7) 提高服务质量。

民营化的目标

政府实行民营化应该有具体的目标。解决本章开始所列的各种问题是实行民营化的一般目标，但是还有其他一些相关或重叠的目标。下列目标中有一些对发展中国家最为恰当。

- 减少政府开支；
- 通过出售资产并向出售后的资产征税来增加收入；
- 减少政府债务，如通过债务和股权交换；
- 提供政府通过其他途径不能提供的基础设施或设备；
- 为一些高技术活动引进专门技能；
- 快速发起或扩展服务；
- 减少政府在经济和其他方面的干预；
- 减少政府的社会角色（建立和强化市民社会）；
- 促进经济发展；
- 经济的非集中化和资产拥有权的普遍化；
- 表明坚持经济自由化的态度，增强商业信心；
- 加速资本市场的发展（通过设立和出售股份）；
- 吸引国内外投资，鼓励流动资本回归；
- 满足国外贷款方的要求（包括诸如世界银行这样的国际团体）；
- 提高人民生活水平；
- 获得公众支持（通过去除官僚制的弊病）；

· 奖励政治同盟者；

· 削弱政治对手（如工会）。

虽然上述所有目标都是值得追求的，但有一些却相互矛盾。此外，追求的目标和民营化对象的性质会影响到民营化方式的选择。例如，通过竞争程序把垄断经营的国企原封不动出售给单个买主且很少附加经营限制，这种做法有利于政府收入的最大化，但在公众看来，它既不能扩大所有权，也不能提高效率，而且不一定能吸引随后的投资。在巴拿马，我反对政府出售国有电信公司的方案，因为它虽然有利于政府积聚大量资金，但会立即引起价格上涨。与此相反，巴西政府非常明智地把价值300亿美元的国有垄断电信公司分成12份——3个地区性公司、8个移动通信公司和1个长途电话公司，这12个公司总价值达200亿美元。与原封不动出售垄断企业相比，出售竞争性业务无疑会大大减少政府的收益，但毫无疑问公众将会从低价中受益。具有讽刺意味的是，左派政党反对这样做，其理由是这样售价太低。

玛格丽特·撒切尔推行民营化计划的长期目标是改变人们的态度，使之认同自由市场经济制度，脱离潜进的社会主义。首要的近期目标则是扩大持股者在英国民众中的比例。这一目标通过多种途径来实现：向公众出售股份，而不是预先确定资格，在此基础上通过竞争性招标把企业出售给私营公司；发动大规模广告攻势，鼓励公众投资购买股票；折价将公司股份卖给雇员；设定单个个人购股数量的上限；股票定价低于其市场价值。（所有这些意味着，民营化的实施成本会提高，而政府收入会相对降低，因而与民营化的另一个目标——政府即期收益最大化——相冲突。）但撒切尔在实现自己的目标方面十分成功：短短13年，她使联合王国成年公民中直接持股者的比率从9%增加到25%。撒切尔的中期目标是使民营化方向不可逆转，即防止工党上台执政时摈弃民营化战略，同时削弱工会的力量，她认为工会力量过于强大是引起英国衰落的根本原因。在这些目标上她也取得了成功。98%以上的公共部门雇员拒绝工会和工党要求其抵制认购的号召，以优惠价购买了公司股票。后来，当工党发誓将新近民营化的企业重新收归国有时，遭到了加入工会但持有股份的工人们的激烈反对，工党只好退却并承诺再不这样做了。

在玻利维亚，民营化的目标是促进经济发展，甚至不惜以放弃政府收入为代价。出售企业的资金（占股份总额的一半）留给新近民营化的企业，但公众仍然从两方面获益：一是买主按照出售协议追加的大量投资；二是政府可以出售剩余股份并用以资助建立退休保障体系。

利用民营化来奖励政治同盟的例子发生在俄罗斯，民营化的方式对银行十分有利，而金融寡头是腹背受敌的叶利钦总统的强有力的支持者。民营化作为奖励政治同盟的手段的荒唐例子发生在尼加拉瓜。桑地诺民族解放阵线当政后不仅实施企业国有化，而且把政敌拥有的土地、房产和汽车等收归国有。在新一轮自由选举中落败向民主选举的新政府交接权力之前，该阵线匆忙实施民营化，把国有资产无偿赠送给自己的支持者！

从民营化对象（如联合铁路运输公司）的角度来看，民营化意味着许多绝佳的机会：更新和重塑企业文化、战略和组织结构；在各个经营环节强化成本意识；采取有效政策措施优化配置公司资源，包括撤资；更具市场导向并采取市场定价规则；放弃对补贴的依赖；从资本市场融资；也许由此获得在国际市场扩展的机会。

竞争：民营化成功的关键

任何民营化努力的首要目标是（或者说应该是）将竞争和市场力量引入到公共服务、国企运营和公共资产利用过程中。我们强烈反对私营部门垄断并试图打破限制竞争的垄断组织。1890 年的《谢尔曼反托拉斯法》，1914 年的《克莱顿反托拉斯法》，司法部下设的反垄断机构和各州的公用事业委员会，都在保护公众免受垄断——私人垄断——组织的损害。（现行规章制度的批评者宣称，它们更有可能是在保护垄断而非鼓励竞争。）众所周知，如果缺乏竞争和自由选择，公众利益就会受到损害。但在公共部门我们却反其道而行之，偏偏依靠垄断机构来提供公共服务，经营那些生产集体物品的最重要的公有企业。我们义无反顾地创造和维持这些垄断机构，所依据的只是一种天真的假设：如果垄断者是公共机构，它就会自然而然地为公共利益服务。此外，我们经常从避免重复性浪费的错误观念出发反对竞争。人们常常在这样一种幻觉中生活：只要政府承担供给者角色，完全依靠单一供应者将是提供核心公共服务的最佳途径。但是，公共垄断者与私营垄断者的行为不会有什么区别，其原因并非是垄断组织的雇员特别贪婪和腐败，而是因为在相同的大环境的激励下，人们必然作出相同的反应。所以，垄断机构具有低效、无能和缺乏回应性的天然倾向。

由于上述基本假设没有受到批判和审视，所以当探讨改善公共服务的途径时，人们往往着眼于政府本身，包括改善公共行政、职前教育、在职培训、公务员制度改革、绩效预算、计划—项目—预算系统（PPBS）、零基预算（ZBB）、电脑、定量方法、组织结构重组、组织发展、敏感性训练、激励系统改进、目标管理、生产力提高计划、劳资合作委员会、全面质量管理、流程重塑，如此等等。所有这些曾经或者将来还会有效，但它们未能意识到（当然更谈不上着力解决）政府垄断这一最根本的结构性问题，而这恰恰是政府服务绩效不佳的最主要原因。一旦意识到这一点，在解决政府机构绩效不佳问题时，人们就不会一味追求新的流行的管理技术，不会仅仅求助于道德呼吁、表示义愤或指责个人。必须借用市场力量，打破公共部门有意或无意建立起来的垄断机制。

公共服务中引入竞争要有意识采取一些战略措施，创造服务中的自由选择机会，完善竞争环境，在公众中培育接受和支持多样化选择的态度。服务供给中的自由选择是极端重要的，完全依赖单一的供应者，不管它是政府部门或者是私人企业，都是很危险的。如果没有选择和灵活性，公共服务的最终消费者——公民——会遭受无尽的盘剥和伤害。政府服务也应该提供选择权，这是因为，如果选择变成了强制，那么公民与公务员之间的关系会发生根本性转变，公务员就不再是公仆了。

公共服务的选择权提供了这样一种形式的保险：几个组织提供相同的服务，如果其中一家未能履行职责，经常受罢工影响，或者低效无能、缺乏回应性、服务质量低劣或价格过高，那么公民可以转向另一个供应商。此外，把公共服务的政策制定——决定提供什么类型、什么质量及多少数量的服务——与服务的生产和供应过程分离开来，可以给消费者（公民）更多的手段，省却了费力控制单一官僚机构（这一机构决定公民得到什么服务，得到多少，服务如何生产，公民支付多少费用）的麻烦。

类似的垄断权力会导致严重后果。当一种服务直接由财政支持而不经过定价和公民选择过程时，很难有一个有效的方法来判断公众对这种服务的支持程度，除非经历很长的时间。通常情况下，拥有选择权的顾客会寻找能满足其个性化需求的供应商。在选择权被剥夺的情况下，公民就不可能表达他们对服务的偏好，投票并不是公民偏好沟通和表达的有效机制。在缺少顾客选择的情况下，所谓的“公仆”拥有一个垄断的市场，缺乏动力去倾听虚幻的顾客的声音。公共服务的控制完全取决于相关利益集团的政治影响力。

竞争可以采取同一制度安排下鼓励不同生产者竞争的形式，也可以通过不同的制度安排来培育。例如，美国一民间咨询委员会呼吁情报分析中引入竞争，削弱中央情报局（Central Intelligence Agency）的垄断地位。虽然法国政府无意终止电视台的国家垄断，但面对法国广播电视管理局“无能、轻率、政策缺乏连贯性、浪费惊人”等公众抱怨，它只好采取把三个频道分别建成完全独立、相互竞争的政府机构的形式来平息众怒。随后，有两家民营电视台获得经营特许权，对三家政府电视台中的一个实施民营化的方案也已出台。

促进政府机构间竞争的一个别具一格并给人以启迪的案例来自解体前的南斯拉夫。斯洛文尼亚首府卢布尔雅那市（Ljubljana）需要市政规划服务，它通过正式招标方式，不仅向本市的城市规划部门，而且向邻近的克罗地亚首府萨格勒布市的城市规划部门发出投标邀请书。一个美国观察员评论道：在任何地方，他从来没有看到政府雇员像卢布尔雅那市政规划者那样卖力工作。把本市的规划工作外包给同行其他竞争对手无疑是一种莫大的耻辱，他们努力工作就是为了避免蒙受羞辱。

美国政府间协议中的竞争已经发挥作用。提供公共治安服务的县警察局长意识到，社区可以组成自己的警察部门取而代之，因此他必须提供成本收益比很高的治安服务。出售诸如学生贷款机构等政府资产和企业将把这些实体推向市场。它们将面临竞争并具有一定的竞争优势。

民营化的理想政策环境

企业和资产的民营化远远不够。民营化是一种手段而非目的。为取得预期目标，必须创造一个适宜的政策环境，特别是那些放弃社会主义而实行市场经济的发达国家、发展中国家和后社会主义国家。民营化应该成为整个经济体制改革的一部分。理想政策环境的构成要素与竞争性市场经济的构成要素基本相同：

· 市场定价，不存在价格控制或补贴；

· 个人拥有产权并可以行使所有者的权利；

· 不为竞争者设置市场准入障碍，不存在保护主义；

· 公平、系统和独立的法制体系，确保法律适用和执法平等，包括税法和合同法；

· 政府在提供贷款和外汇时公正而不徇私情；

· 政府在出售原材料和采购时不徇私情；

· 基于市场的利率，政府提供贷款时没有优惠；

· 在统一劳工法和民营化协议的框架内，民营化企业拥有雇用和解聘雇员的自由；

· 在民营化协议框架内，民营化企业有重组或改变业务的权利；

· 政治稳定；

· 货币稳定，通货膨胀受到控制。

毋庸置疑，上述理想政策环境不可能全部存在，虽然香港在回归中国之前的状况最为接近。除非同时实施经济自由化，国有企业民营化不可能取得重大经济效果。

后社会主义国家的民营化进程迅速而又管理不善，但它们正在缓慢而艰难地确立市场经济所必需的制度和法律。许多国家还在建设一些西方人习以为常的基本要素，如产权法、合同法、公司法、税法、反垄断法、劳动和社会保障法、破产法、银行法、信息披露要求、会计规则、独立的规制机构和独立的司法系统。

二、民营化的形式

民营化可以通过许多不同的技术和方法来实现，因此，不同国家和不同情境中讨论民营化会产生混淆和争论。人们使用许多概念来表述民营化，如公私伙伴关系、合同外包、非国有化、非政府化、非国家化、股份化、政府撤资等。这些都是民营化的同义词。其他词如公司化、商业化、市场化等既可以用来指民营化，也可以泛指使政府企业在市场环境下运营的一切努力。其中某些概念在英语中显得蹩脚，但在各国自己的语言中却很自然。另外一些词不够确切。例如，市政府出售所拥有的企业或资产不能被称为“非国有化”。是否应称之为“非市政化”？

上一章从静态分析角度归纳了提供公共物品和服务的10种制度安排。本章其余部分则从动态分析角度，讨论如何从依赖政府的制度安排向更多依靠私营部门的制度安排过渡。本节提供了一种系统分类，其中包括笔者观察到的政府服务、政府职能、政府企业和政府资产的民营化的所有方式。这种分类同时还具有简单明了的优点。随后各章将依次详述政府服务、政府企业和资产、基础设施民营化的具体过程。

政府服务活动、政府企业和国有资产的民营化方式通常可分为三大类：委托授权、政府撤资和政府淡出。每一类又包括几种具体的方式。

表 2 对这些作了总结。下面依次进行讨论。

表 2　民营化的形式

委托授权	合同承包	部分服务
		全部管理
	特许经营	场域特许使用
		租赁
	补助	
	凭单	
	法令委托	
政府撤资	出售	给合资企业
		给私营业主
		给公众
		给雇员
		给使用者或消费者
	无偿赠予	给合资企业
		给公众
		给雇员
		给使用者或消费者
		给原来的拥有者（归还）
		给特定的群体
	清算	
政府淡出	民间补缺	
	撤出（卸载）	
	放松规制	

委托授权

委托授权是民营化最常用的方式，它需要政府的积极行动。委托授权有时又称部分民营化，它要求政府持续而积极地介入，因为国家依然承担全部责任，只不过把实际生产活动委托给民营部门。委托授权通常通过合同承包、特许、补贴（补助或凭单）、法律授权等形式来实现。

合同承包。政府可以通过与营利或非营利性民间组织签订承包合同的形式实现某一活动的民营化。这是美国民营化最常见的方式，见于联邦、州和地方各级政府。合同承包并非新鲜事物：美洲大陆就是500多年前西班牙女王伊萨贝拉以合同方式雇用的私人探险家发现的。在英国，竞争性合同外包（招标）是对某些地方政府服务的强制性要求。

地方政府运用合同承包方式提供直接面向市民的服务，如固体垃圾收集、路面修护、街道清洁、积雪清除、树木维护等。这些第四章已详细讨论。各级政府部门经常通过合同承包获取辅助服务，如数据处理、贷款处理、建筑和工程、培训、视听服务、食品服务、雇员身体检查、邮件和文件处理、图书馆、洗衣店、设备维护、物品存储、运输，以及车辆维修等。美国最常见的64项市政服务中，平均有23%以合同方式外包给私营部门。州政府业务中，平均有14%合同外包给私营部门。地方政府的200多项服务由合同承包商提供。不论哪个党上台执政，合同承包方式在州和地方政府都急剧增长。根据596个城市的可比数据，1982—1992年间，合同外包增长了121%。

虽然合同外包一般要求政府向承包商付费，但这并非必然现象。在发展中国家，政府越来越多地将农村灌溉系统的管理权交给用水者协会（农民合作组织），后者在灌溉系统维护上表现出较政府部门高得多的效率。实际上，用水者协会签订维护合同时并没有得到报酬，其最大的回报是水资源的稳定供应。公共服务的竞争性合同承包制将在下一章详细讨论。

特许经营。特许经营是民营化的另一种形式。在特许制下，政府授予某一私人组织一种权利（通常是排他性权利）——直接向公众出售其服务或产品。民营部门通常为此向政府付费。特许有两种具体形式，一种形式涉及公共场域（public domain）的使用，包括领空、街道、地下空间、电波波段等。广播电视、航空、公共汽车和出租车公司以及公用事业单位（如电力、天然气、水、电话）在开展商业活动时都使用这些公共场域。这种安排通常称为“场域特许使用”。公私合作实施的基础设施建造、扩建或升级等项目都是特许经营，多数采取场域特许使用的形式。这些将在第九章详细讨论。

特许的第二种形式是租赁，即私营企业租用政府的有形资产从事商业活动。这种形式后社会主义国家经常使用，但很可能具有过渡性质，直至这些资产被出售。（其他方式包括向公众免费赠送股份和放松规制。前者已做讨论，后者将在后面讨论。）

租赁和场域特许使用之间并不存在本质差异。有人对两者作了这样的区分：租赁制下所有者（政府）承担资本投资责任，而在场域特许使用安排下，使用权获得者（特许证拥有者）承担资本投资的责任。这一区分对某些民营化项目很重要，但对基础设施民营化的意义不大，正如第九章将要看到的那样。

特许经营和合同承包都应在一个开放、透明、竞争的环境里进行。

补助。委托授权也可以通过补助的方式来实现。与亲自承担一项活动不同，政府通过提供补助来安排私营企业从事该项活动。在美国，补助方式被用于公共交通、为低收入者提供住房、远洋运输以及其他数不清的工作。补助与合同承包的区别在于：补助通常仅涉及最一般化的要求（如提供公共交通服务、建造住宅并以低于市场的价格出租、开展某一研究、推动艺术发展），而合同承包通常对某一服务提出非常具体的要求（如周四和周五上午 7—9 时清扫某条南北向街道的西侧）。

凭单制。政府可以通过向合格的服务对象签发凭单的方式，实现先前由国家提供的服务的委托授权。与补贴生产者的做法（如补助）不同，凭单是对合格的消费者提供的补贴。如第四章所描述的，凭单制被用于食品、房屋、教育、医疗、保健、日托及运输等公共服务的提供。凭单接受者在市场上购买上述物品和服务时，可以用凭单弥补资金的不足。第十章将进一步讨论凭单制在教育和社会服务中的运用。

法令委托。委托授权民营化方式的第五个也是最后一个形式是法令委托，即政府把提供某一服务并承担相关成本作为对私营企业的法定要求。在美国，失业保险就是法令委托的一个历史悠久的例子：私人雇主为其雇员提供这一福利。由于民营化意味着方向上的变化，因此，像补助、凭单、特许经营和合同承包一样，只有当法令委托导致政府作用的减少时，它才可以被称为民营化。在美国，如果政府直接经营的社会保障系统被一种强制性的个人退休账户所取代，这就是法令委托形式的民营化。反过来，如果基于市场的医疗保健变成了一种法定要求的雇主向雇员提供的福利，这就成为民营化的对立物，因为它增加而不是减少了政府的作用。许多人认为，美国有一种新的发展趋势：政府不再直接提供服务，而是通过对私人雇主增加法定要求的方式创立新的社会服务项目（如家庭休假、残疾人照顾、就业培训）。当然，其最终的经济效应是相同的：公众以支付高物价的方式间接为这些服务付费，而不是通过纳税方式直接支付。

撤资

撤资意味着放弃一个企业、某一职能或某一资产。像委托授权一样，撤资需要政府采取直接、明确的行动。与委托授权不同的是，撤资总体上说是一次性工作。企业可以作为一个继续经营的实体被出售或赠予他人，也可以采取清算的方式，即关闭并出售剩余资产。在国有企业数量庞大的地方，撤资一词常常被“非国有化”概念所取代。第八章将对撤资过程做进一步详细讨论。

出售。表 2 显示了以出售方式实现撤资的 5 种具体方法：(1) 建立合资企业（后面还会讨论）。(2) 将企业出售给私人买主，就像处理纽约市的维斯达旅馆那样。（该旅馆原属于市政府，后被卖给一个著名的旅店连锁企业。）(3) 将股份卖给公众，就像 1987 年处理美国联合铁路运输公司那样。(4) 将企业出售给管理者或雇员，就像处理英国国有卡车货运公司那样。(5) 将企业或资产出售给使用者或顾客。例如，将国有土地出售给牧民或林场工人，把农村电网或供水设施出售给当地使用者合作社。在阿根廷，一个为企业服务的铁路货运线路被出售给了客户团体。

据估计，美国各级政府拥有的不动产价值4万亿美元。政府出售不再需要的土地、建筑、设备和其他资产司空见惯，这也有助于防止政府部门的盲目扩张。最近，纽约市政府卖掉了两个广播电台和一个电视台。在联邦政府层次，自《田产法》颁布以来最大规模的民营化发生在克林顿时期：政府出售了国有的铀浓缩厂、氦处理厂、电力营销机构和油田。

国有企业可以不完全地出售：大部分、一半或小部分。可以建立合资企业，私营企业通过注入资本和提供技术获得一半股份，并掌握企业运营的控制权。私人投资保留在企业，政府并不直接从资本投入（即掌握的一半股份）中获取回报。不论采取合资还是其他形式的安排，不论保留还是放弃多数股份的所有权，政府必须放弃对企业的控制，否则，出售只能被视为集资行为而非民营化。出售也可以分步进行，即在一段时间内售出一部分股份，就像日本、德国出售国有电信公司所做的那样。

无偿赠予。撤资并不必然要求出售一个企业，无偿赠予也是撤资的形式之一。例如，可以将企业无偿赠送给雇员、使用者或消费者、公众、原所有者，也可以赠送给符合资格的特定群体。我们可以把合资视为无偿赠予的例子，因为国家将其股份转让给一个新创立的实体，并且不因此而索取回报。但把合资视为部分出售更合逻辑，因为国家仍然是部分所有者。

把企业无偿赠给雇员的一个例子发生在英国。政府拥有的英国铁路公司下属的英吉利海峡轮渡服务被赠给了管理者，由此终止了国库对该服务的无休止的补贴。纽约市立医院民营化的方案之一是，将这些医院无偿转让给新成立的居民代表委员会（即医院的使用者），这些委员会立足社区，具有地方性和非营利性特征。美国空中交通控制系统（air-traffic-control system）的民营化方案是将资产及其职责无偿转让或出售给机场使用者团体。

由于公众对水质和供水量的抱怨，肯尼亚政府供水部门将部分系统转让给乡村用水者协会；从此邻里相互合作，出资出劳力挖坑掘井，铺设供水管道，自己管理，提高了供水质量。因为消费者是所有者，系统运营实施自我管理，政府规制机构不再需要。

将国有企业转让给公众的新奇案例发生在加拿大。某省属不列颠哥伦比亚资源投资公司（British Columbia Resources Investment Corporation）的出售方案引起了一场激烈而旷日持久的政治争论。为阻止出售，反对者质疑售价。出售方案的倡议者处于两难境地：如果价格过低，他们会受到随意处置公众财产的指责；如果价格过高，交易就难以成功。省长灵机一动，提出了如下观点：这一公司归根到底属于人民，人民为获得所有权已经付过一次费，为什么要他们再付一次呢？可以无偿转让给他们！尽管事件复杂曲折，这一大胆举动终以向本省居民发放股票的形式成功实施。

国有企业无偿转让或以象征性价格出售给公民是后社会主义国家民营化的重要策略，这相当于归还曾被没收或充公的原业主的资产。

在阿尔巴尼亚和海地，我们可以见到将国家企业股份赠送给特定群体的例子。

清算。最后，撤资还可以通过关闭经营不善的企业来实现。这就是说，如果企业作为一个继续经营的实体难以找到买主，或者扭亏增盈无望，可以卖掉其资产。这可以称为民营化，因为企业资产重新进入市场，可望得到更好的利用。在后社会主义和发展中国家，成千上万的企业以清算形式实现了民营化。

淡出

如表 2 所示，除了撤资和委托授权，民营化还可以通过政府淡出来实现。与要求政府积极行动的前两种方式不同，淡出是一个消极和间接的过程，即政府逐渐被民营部门取代。换言之，随着市场发展越来越能满足人们的需要，国家逐渐走向消亡。淡出也被称为以消损的形式实现民营化，或者从贬义上说偷偷摸摸民营化。尽管人们常常意识不到，但淡出也是民营化的一种极其重要的形式，可以以相对少的政治争论和冲突有效地实现民营化。

政府淡出可以通过民间补缺、政府撤退和放松管制等形式来实现，它在很大程度上依赖地方的创新意识和企业家精神。可以通过向迄今为止一直无偿提供的政府服务和产品收取费用的办法加速淡出过程，这样既可以弄清政府提供的成本，也可以吸引私营部门的竞争者。

民间补缺。当公众感到政府产品或服务无法满足其需要，而私营部门意识到并采取措施满足公众需要时，这个过程可以被认为是民间补缺式政府淡出。补缺式淡出符合民营化定义，即更多依赖民营部门，更少依靠政府来满足公众的需要。公众逐渐转向民营部门获取服务。随着服务规模的扩大，如果政府提供的产品和服务继续被公众忽视，或者政府在服务提供中的角色相对缩小，民营部门扮演的角色就会越来越大。简言之，消费者放弃接受政府提供的服务。这方面一个最常见的例子是，由于政府提供的公交服务被认为不尽如人意或不能满足需要，民营公交服务日益增长。定点服务出租车、通勤车、小公共汽车等非正式、半合法或从技术上讲不合法的公交服务在全世界城市中不断涌现。美国许多大城市还可以看到教育领域的补缺式淡出：即使收入有限的父母也大批地让孩子退出公立学校，注册于不断扩展的私立学校或者在家中接受教育。

私人保安服务的出现是民间补缺式淡出的另一个例子。在美国，由于传统治安保护不能满足需要和公众对治安状况的不满，因此私人保安和民间巡逻队规模不断扩大。虽然后者没有完全取代前者，但在美国，警察队伍的增长主要发生在私营部门：到1990年，私人警察的数量已占美国警察总量的四分之三。

世界范围内一个共同的现象是，私营公司开始提供政府无法满足的基础设施服务。在一些贫穷的发展中国家，民营部门正在投资、建造、拥有和经营道路、桥梁、自来水系统和污水处理厂。发达国家也是这样，最明显的例子是连接英法的英吉利海峡海底隧道。这些有的是纯粹的私人投资（特许经营），有的则因复杂的公私合作安排而涉及一定程度的公共资金。这些将在本书的后面进行讨论。

政府撤退。民间补缺对政府来说可能是一种无意识的行为，政府也可以通过限制国有企业增长或缩小其规模并让私营部门进入相关领域的方法，有意识地实现撤退或“卸载”。这种做法也叫“灭绝式（by distinction）民营化”。描述这一过程的另外一个词是“封冻法”，即听任国有企业开工不足，资源闲置，经过一段时间走向衰亡。这有利于避免劳工问题引起的动荡。一个泰国官员称这种做法为“苗圃式”民营化（“Bonzai approach” to privatization）。政府停止给国有企业提供补贴，从而限制其扩展。停止输送营养，剪除冒头的枝条，鼓励民营部门的竞争者进入和增长，最终占领整个领域。这些被修剪的国有企业就像被忽视或生病的苗木一样，最终被取代。

在莱索托这个山地王国，国有汽车公司一直提供货运和客运服务，但长时期没有购置新车，而旧车不断退役。民营汽车公司逐渐取代了这一公司，它们购置了大批新车，包括市内公交车、长途旅游车、载重卡车。当我访问这个国家的时候，国有汽车公司只有66个雇员和25辆车，市场狭小且面临大量亏损。我提出的建议是清算，即出售所拥有的土地、建筑物和库存物资，完全退出这一领域。

政府撤退往往伴随着民间补缺。在英国，随着预算削减和公共医疗服务质量和能力的下降，私营医疗服务系统重新出现，人们渐渐转向私营部门获取服务。

卸载或撤退可以通过政府与私营供应商之间的正式合作来实现。当公共部门不便继续承担某一职责并被私营供应商取代时，这种情况就会发生。例如，私营公司可以为无家可归者居留所提供内部治安服务。这是一个很棘手的任务。但双方约定，如果这些私人保安求助，正规警官应立即提供帮助。一些国家授予校园保安和其他治安人员拘捕的权力，并且给予这些私人警察管理雇主财产区域附近街道的权力。人们鼓励非营利机构像博物馆、动物园、歌剧院、图书馆和社会服务机构等更多依赖私人捐助或慈善家，而不是指望政府的财政资助。免交财产税的非营利组织可以免费享受市政固体垃圾收集服务，而交税的私人公司不能免费享受这一服务，这是极不正常的。

政府从业已确立的公共服务中撤退并不容易，这需要建立新的政治共识，取代最初促使政府介入这一领域的旧的共识。然而，对现有政府服务的不满可以导致这种新共识的出现。这并不一定带来激烈的意识形态斗争，所需要的只是鼓励业已存在的力量的发展。在这一点上，就业成年人中照顾老年亲属的有关数据很有启发意义。对美国一个大保险公司的雇员进行的研究显示，在30岁以上的全日制雇员中，对年长亲戚和朋友提供经常性照顾的占28%，每周平均为此花费10.2个小时，其中有42%的人每天都接触年长者。这一调查结果最值得注意的地方在于，传统的家庭照顾模式被延续下来，即使那些在外从事全日制工作的人也能坚持这一模式。如果政府采取措施奖励、鼓励和促进这一做法（如在税收、分区政策和建筑条例等方面作相应的调整），这方面的政府服务需求就会大大减少。

城市和乡村社区中按地域建立的集体组织也会导致政府的撤退。一个新的基层政府正在美国出现：规模小到一栋楼房大到一个社区的协管区、邻里组织、市民协会、商业环境改善区等等。我们可以称之为微型集体、微型政治实体或利益共同体社区。它们正在提供一系列集体物品，包括街道和公园的清洁和维护、积雪清除、垃圾清理、志愿救护车服务、消防和巡逻服务、提供花木和吸引人的街道设施（如指示牌、垃圾桶、长椅、遮雨棚、街灯和自动售货机等）。这些地方的市政服务大大减少了。除了改善社区生活质量外，这些组织还有助于重建迫切需要的社区意识，恢复因长期荒废而生疏的公民技能。民众缺乏这些公民技能，民主就不可能长久维持。

这些集体组织最好在地域明确划定的成熟社区建立，社区成员收入水平相近，对用这种机制提供服务具有共识。社区领袖的领导作用很必要，地方政府的鼓励性姿态也很重要。后者可以采取对放弃市政服务的社区的居民实施退税的方式。这会给地方政府带来一些管理方面的小问题，但许多社区正在这样做，如休斯敦和密苏里的堪萨斯城。在堪萨斯城，房产业主协会可以选择放弃市政垃圾收集处理服务并由此获得一定比例的房产税退税。业主与私营公司签订合同，获得更高水平的服务。

鼓励自治协会创立并保证其活力的另一种办法是将其作为特殊核定区域，给予税收方面的权力。纽约州已有这方面的立法。除培养成员的公民技能外，这些微型组织的另一个优势是，成员可以选择贡献劳动而非贡献资金。在实物交换的时代，人们可以用谷物和牲畜交税。在市场经济条件下，人们必须用现金交税。面向志愿组织的政府卸载恢复了纳税者用实物（即他们的劳动）交税的自由。地下经济中的“账外收入”就有了相应的“账外税”，即用实物交税以换取集体物品。

这样--来，尽管政府在增长，但卸载行为同时发生。当政府无法继续提供价格适宜、质量上乘的集体物品时，尤其是在那些面临财政压力的城市，不满的市民就会组织起来弥补市政服务的不足。补缺往往与公民行动、放弃市政服务、市政服务中的政府撤退同时发生。志愿团体获取他们所期望的服务，把服务与地方需求和偏好更好地结合起来，由此行使了对周围环境质量的直接影响权。

放松规制。国有企业和政府活动得以继续存在的重要原因之一是，它们享有垄断地位，不允许民营部门进入并参与竞争。如果放松规制有助于民营部门挑战政府的垄断权甚至取而代之，它会促进民营化。在美国，随着规制的放松，竞争性私人公司递送的快件和包裹量急剧增长，抢占了美国邮政服务局（U. S. Postal Service）的市场份额。美国邮政服务局宣称拥有头等信件的排他性经营权并极力保护其特权，同时禁止竞争者使用客户的邮箱设施。但是，有关规制受到抨击，总统民营化委员会建议予以取消。在危地马拉，估计60%—80%的信件由250家左右的私人公司投递，人们认为它们比政府邮局更可靠。涉及不得遗失的重要信件，据说政府机构也使用私营邮递公司。

放松规制的另一个合适对象是日托服务。有史以来，父母一直是安排亲戚、朋友和邻居来照看他们的小孩，充分考虑到了受托人的品格特征和小孩的生活环境。然而近年来，日托服务已成为扩大政府介入和财政支持的对象。其结果造成了一个日趋复杂的规制体系，涵盖服务提供者的资格、护理人员的数目和类型、设施特性及设计要求等方面的规定。

一个心存疑虑而愤慨的日托经营者在华盛顿特区规划委员会的发言值得引用："你们真的在告诉我，不能在一个有大量职业母亲的中产阶级社区开办日托服务，却可以在繁华商业区的两个脱衣舞酒吧之间建立一个日托中心？"不管用心多么好，这些条条框框必然产生一个不可思议的结果：按照有关规定和标准，大多数家庭和居住条件将被政府宣布为不适合小孩生活。事实上，这种情况正在改变：随着凭单制的引入，父母可以向任何日托机构付费并得到服务。

在许多国家，多年的政府规制形成了难以逾越的官僚障碍，甚至导致经济停滞。赫尔南多·德索托（Hernando de Soto）曾举例说明，经由复杂烦琐的官方程序开办一个企业，或建造一幢房屋在秘鲁需要浪费多少时间：289 天才能注册一家工业企业，26 个月才能拿到运营执照。非正式经济（如"黑市"）比官方机构具有更高的生产率。（令人沮丧的是，在纽约获取一个营业执照甚至更难！）德索托极力倡导非规制化、非官僚化和权力非集中化。《经济学家》简明地总结了发展中国家的状况："糟糕的政府是第三世界国家贫困的主要根源，而减少政府干预则是最有效的解决之道。"

在国有机构享有农产品购销垄断权的国家，放松规制可使私人市场得到发展并且代替国有机构。以索马里为例，民营企业家被准许购销农产品后不到三年，以前拥有农产品购销垄断权的国营公司的市场份额从100%降到不足 5%。

通过废除那些禁止私人产权的法律，进而鼓励企业家和市场机制发挥作用，后社会主义国家复兴了濒临崩溃的国民经济。"市场化"是描述这一过程的另一个词，其目标是迫使企业面对市场约束，从而提高经济效率。放松规制的最终结果是建立需求驱动、市场导向的制度安排，满足尚未满足的社会需求。

总的来看，中国的实践提供了以淡出方式实现民营化的最好例子。第一步是 1978 年农业领域的放松规制。只要农民按照土地承包合同向国家上交粮食，他们在承包的土地上就可以行使所有者的一切权利。农业生产力得到大幅度提高，与过去集体农业经常因天灾人祸导致饥荒的状况形成鲜明的对比。农民由此增加的财富和随后的进一步放松规制，直接促成了以制造业为主的乡镇企业的大量涌现，对中国经济的增长繁荣做出了巨大的贡献。虽然一些人质疑这种情况是否可以称为民营化，但这与企业员工持股的民营化方式相类似。20 世纪 90 年代，这个社会主义国家又以停发工资、迫使员工离开濒临倒闭的企业另谋生路的方式，终止了对国有企业的财政支持；这就是政府撤退。与此同时，它还鼓励民营企业的形成与发展，而不像过去那样严格禁止。这就是放松规制。下岗工人在日益繁荣的民营部门找到工作或开始独立经商。由于强有力的控制，这个进程并没有带来严重的社会动荡。

三、民营化方式的比较

民营化的每一种方法都有其优点和缺点。表 3［引自丹尼尔·波塔什（Daniel Potash）］概括了表 2 所列的各种方法的主要特点。从中可以看出，最容易的做法是出售或无偿赠给使用者或消费者团体，但这一方法应用范围有限，且并非总是最佳方案。最有利的选择，即那些最有可能实现前述民营化目标的选择，往往会引起激烈的反对。第十一章将讨论这些障碍。

表 3　各种民营化方法的优点与缺点

方　式	优　点	缺　点
合同承包	提高效率；节约成本；透明	可能招致工人的反对
场域特许使用	利于吸引民间知识、技术和资本；节约成本	可能招致工人的反对
租赁式特许	利于吸引民间知识和技术；节约成本	可能招致工人的反对
补助	比直接由政府供应成本低	需要政府持续投入；过程不够透明
凭单制	给接受者更多选择自由；节约资金；没有腐败	需要政府持续投入

续表

方　式	优　点	缺　点
法令委托	把所有成本强加给民营部门	把所有成本强加给民营部门；掩盖了政府的角色
出售给合资企业	利于吸引民间知识、技术和投资；政府可获取一些收入；政府可保留部分所有权	不够透明
出售给私人买主	利于吸引民间知识、技术和投资；政府可获得收入	可能招致工人的反对；可能找不到买主；透明度较低
出售给公众	受公众欢迎；透明；增加政府收入	只适用于低风险情境；企业不能获得新投资
出售给管理者或雇员	可保留运营经验；受雇员欢迎	企业不能获得新投资、新知识和新技术
出售给使用者或消费者团体	受公众欢迎；利于解决存在的问题；可消除公共资金的浪费；政府可获取收入；过程透明	
无偿赠给合资企业	利于吸引民间知识、技术和投资；政府保留部分所有权	政府不能从中获取收入
无偿赠给公众	受公众欢迎	政府保留经营管理权；政府不能获取收入；无法吸引民间投资和知识
无偿赠给雇员	受雇员欢迎	政府不能获取收入；无法吸引民间投资和知识；对公众不公平
无偿赠给消费者团体	受公众欢迎；有利于解决存在的问题；可消除公共资金的浪费；透明	政府不能获取收入
无偿退给原所有者	公平	政府不能获取收入；公众不欢迎？
清算	利于解决问题；获得一些收入	会招致工人的反对
民间补缺	一种精妙的实施办法	会招致短期内的公众抱怨
政府撤退	可以渐进实施	会招致公众抱怨
放松规制	好政策	操作复杂；易遭既得利益集团的反对

（选自萨瓦斯《民营化与公私部门的伙伴关系》，周志忍等译）

第十八讲　论国家、政府与法律

[英] 哈洛、罗林斯

卡罗尔·哈洛（Carol Harlow），伦敦政治经济学院法律系教授，著名的公法学家。《法律与行政》一书现为英国许多大学的行政法教科书，也是英国公法领域中享有盛誉的一部学术著作。

理查德·罗林斯（Richard Rawlings），著名公法学家，与卡罗尔·哈洛合作出版有《法律与行政》《压力，通过法律》等书。

【编者按：每一种行政法理论背后，都蕴藏着一种国家理论。对国家、政府与法律关系的把握，必须置于特定的时代背景之中。在1900年，政府几乎不能干预人们的日常生活方式，也不需要向个人提供社会服务。与此相匹配的，是行政法上的“红灯理论”，也有人将控权论作为它的代名词。福利行政的发展，国家对社会的干预扩张到“从摇篮到坟墓”的一切领域。相应地，行政法上也出现了“绿灯理论”，表现出对政治与行政机构的特殊信任。行政法不断反映着国家形式的演变并对其作出回应。因此，行政法学的研究，必须将法律和法律理论与相关学科——特别是政治学和公共行政进行整合。】

一、法律与政治

每一种行政法理论背后，皆蕴藏着一种国家理论。拉斯基（H. Laski）曾言，除非把宪法视为其作为堡垒捍卫的经济制度的一种宣示，否则无法把握其本质。他这句话的意思是，政府系统本质是它运作其中的社会的一种宣示，除在此背景下，不可能对其作出正确的理解。1941年塞西尔·卡尔爵士在哈佛大学就行政法主题所作的一系列讲演中，也曾表达了类似的看法，他在讲演中指出：

眼下，当有人告诉我们下列情形时，我们必定点头赞同：尽管国家在过去只是警察、法官和保护人，但现在已成为教师、医生、建筑师、筑路工、城镇规划者、公共事业供应商及其他。此种对比并非新近的发现，托克维尔早在1866年就注意到国家“无处不在地进行更多的干预，管理更多的事业和更小型企业；就有关、围绕和尤其是针对私人事务，国家在向它们提供帮助、提出建议和采取强制措施方面，日益获得了更加稳固的地位”。[《托克维尔全集》(三)，第 501 页] 老纳索·威廉(Nassau William Senior)，一位边沁主义者，年纪大查德威克(Chadwick) 10 岁，是后者在原济贫法委员会的同事，曾证明了这一趋势的正当性。他认为，政府必须从事一切有利于被管理者福祉的事务(功利主义理论)；政府会犯错误，但不进行干预可能同样也是一种错误；它除犯积极性错误外，也可能犯消极性错误。这一观点最早可追溯至亚里士多德，亚里士多德曾言，城邦国家或伙伴型社会的出现旨在保护生命，其存在旨在保护正当的生活方式。正当的标准是什么？这是一个古老的问题，并且至今仍是争论激烈的政治性问题。行政法的一些问题在此论争中得以探讨。那些厌恶进行立法权的法律委任或通过制定法创立非司法性裁判所者，常常是那些不喜欢制定法背后的政策，并在各个阶段对这些政策进行抨击的人。一边是那些想踩加速器的人，另一边是那些想使用刹车的人。

在这一讲演中，卡尔不仅明确无误地接受要求行政法解决的问题同样也是政治问题的看法，而且也接受这些问题通常是以主观而非客观标准加以判断的，一切皆取决于观察者的观点。对卡尔的美国听众而言，这或许似乎司空见惯；然而，就英国法律界人士而言，对此必定难以接受。不过，正如洛克林在下列一段话中所表明的那样，19 世纪的学者已开始意识到了宪法与政治理论之间的关系，他们自身也完全植根于后者之中。在其后的创作中，洛克林本人也能够视公法与政治理论之间的密切关联为当然：

公法只是一种复杂的政治话语形态；公法领域内的争论只是政治论争的延伸。由于许多人都认为公法深深植根于它存在其中的社会、政治、经济和历史背景中，这样一种方法至少可以确保我们对公法性质的探求牢牢扎根于各个时代的现实之中。此外，关于法律的主张如果具有什么独到之处的话，那么采取这样一种研究方法还可以迫使我们尽力去论证它们具有什么样的独特性。而且，尽管对于许多人来说，这种研究方法可能看起来是全新的和激进的，但它实际上却并非如此。寻求在社会发展背景中表述和阐明公法问题是一种历史悠久的活动。

然而，一般的公法教科书通常并不认可法律与政治科学之间的关系。事实上，公平地说，多数教科书都在尽力将法律从政治背景中独立出来。主导的观点一直都是：法律不是政治学的一个分支。法律界人士和政治学家都认同这一观点：

司法理论一直未能构成英国政治思想的主要部分，人们始终认为法律是一个与政治思想和主张无涉的中立世界。虽然特定的法律和特定的法律裁判可能一直在认可毁誉参半的政治后果，但司法制度的总体特征和法律的一般假设几乎难以在有关国家的政治特征和目标的讨论中被考虑。当然，戴西曾对权利和法治的基础作出了说明，二者皆与其对有限的中央政府偏好相关联；继而他对行政法和委任立法的分析，也同样是在参照此偏好的情况下进行的。其后一个世纪中，“法治”一词被哈耶克用来表达其政治思想和信念，并使之合法化。但总体而言，法律思想在详细讨论的政治主张中鲜为人见。

此种视法律世界是非政治的、中立的与独立于政府、政治和行政世界的观点，深深植根于西方宪法与法律理论之中。我们首先对第一点进行分析。法治理想中暗含着将法律在某种程度上视为中立、公平、“凌驾”于统治者和政党政治的理念：

法治模式的核心特点和机构自治的保障，是政治意愿和法律裁判的分离。法律被提升到政治“之上”，即人们认为实在法所体现的准则，是为传统或宪法程序所证实的公众合意，这种合意已经消除了政治论争。因此，解释这一法律传统的机关必须与权力斗争相隔离和不受政治影响的污染。在解释和适用法律时，法官应当是那些在历史上确立的原则的客观代言人，是某种公认的非个人正义的被动分配者。他们具有最终决定权，是因为人们认为他们的裁判遵从某种外在的意志而非他们自己的意志。

通过这一方式，法治理想将自己锁定在古典的自由主义国家理想之上，此种类型的国家只具有有限功能，即基本是作为所有公民之间的中立裁判者。当欧克肖特（M. Oakeshott）用有限权力（“在我们的社会中，绝不允许任何领导、派别、政党或者‘团体’，任何多数人、任何政府享有无限权力”）概括自由时，即确立了此点。同样，法治理想也紧密地与权力分立的宪法理论保持同步，事实上二者常常难以区分。从权力分立之中，我们推演出两种思想：法官不是在“制定”法律而只是“宣示”法律，司法机关“独立于”或某种程度上中立于“政府”。这一 18 世纪控制权力的视角，构成了所有现代宪法的基础，并在两个世纪的政治中央集权化中得以幸存，因此是我们理解行政法发展的基本。

在《政治学基础》一书中，拉斯基用了一章来论述司法程序，因此更坚定了他的这一信念：法律制度是宏大的政治场景的一部分，对此卡尔以另外一种方式作出了分析。然而，在英国宪法理论中独立和中立的观念如此根深蒂固，以至于对它们提出质疑——拉斯基在将司法机关描绘为政府的一个部门时看起来就是这样做的，格里菲斯（J. Griffith）在《司法政治学》中的做法也广为人知——看起来可能是异端邪说。但是，并不是只有成为一个马克思主义者才会坚持认为：法律不是政治的，观念本身就是政治的，这一思想只是反映了有关理想国家功能的观念。两种法律思想都是伴随着 19 世纪自由主义或市场经济理论形成的，在这一理论下经济活动不是受到规制而是要留给私营企业，但它们并非一成不变。

二、国家、王权与政府

在玛格丽特·撒切尔成为英国首相两年后的 1981 年，成立了一个“非官方的皇家委员会”，该委员会的作用是在司法界和牛津全灵学院的资助下考察英国行政法的现状。下面就是委员会眼中的国家：

1900 年时，政府几乎根本不能干预人们的日常生活方式，事实上也不向个人提供社会服务。而当今的情况则完全相反，国家承担着范围不断拓展的责任。通过国有化，国家控制着多数基础工业及这些工业所提供的商品和服务；国家经营着从摇篮（通过出生前服务和产妇补助）到坟墓（死亡补助）提供补助的综合性社会服务制度，在此期间国家提供教育、卫生服务、疾病补助、失业补助和老年人津贴……国家也试图控制我们所生活其中的环境……国家权力的性质和范围的大幅度扩张，可以通过多种方式加以说明。第一，公共开支大幅增加。1870 年时，为 1 亿英镑，占国民总收入的 9%，人均 3 英镑。一百年后，为 200 亿英镑，占国民总收入的 43%，人均 400 英镑。当前，公共开支已逾 520 亿英镑，占国内国民总收入的 42%，人均约 1000 英镑……第二，受雇管理国家事务的人员数量大幅增加。1900 年中央政府有 50000 名公务员，1980 年有 548600 名非企业性公务员，如果再加上大约 600000 名地方政府官员和管理卫生服务的约 100000 名官员，而不包括诸如水政和下水道机关及国有企业这类机构的管理人员，已有大约 125 万官员。

尽管这段文字是描述性的，但透过这段描述，人们可以窥视到对国家正在做什么——及或许也是国家应当做什么的关注。如，委员会为什么强调在 1900 年之前国家几乎不能干预人们的生活方式？毕竟，国家一直在禁止犯罪这类行为，将其他行为视为不道德，常常规定人们的宗教或政治信仰。然而，仔细阅读这段文字，你可以看到委员会关注的是作为从事工业事务的国家（产品国家）和作为服务与补助提供者的国家（福利国家）。在此背景下，委员会主要关注的是，要查明在他们认为在 20 世纪国家权力及其活动领域已有极大扩张的情况下，个人的权利和自由是否得到充分的保护。

为了更充分地阐明有关国家的功能和性质，我们需要超越法律教科书，转向政治学家和历史学家的著作。按照标准的政治学科教科书的观点，现代国家有五个特点：

1. 人们承认国家是一个或一套独立的机构，有别于社会其他部分，因此需要确立公与私不同的范围。

2．国家是领土内的主权或最高权力，因此也是所有法律的最终权威，即有约束力的规则是由强制性的惩戒所支撑的。公法由国家官员所制定，并由正式的垄断性武力所支持。

3．国家主权扩展至特定领域中的所有个人，并且平等适用，即使对政府官员和立法者也是如此。因此，主权有别于在特定时间内占据国家特定职位的工作人员。

4．现代国家的工作人员大多是以官僚化方式征召和受训从事管理的。

5．国家管理通过向其臣民征收金钱税（税收）资助其活动。

在这一界定中，我们遇到的许多观念得以认可，读者将能够使法律标签适用于其他因素，如主权。不过，请思考作者对法律的界定："以强制性的惩戒所支撑的有约束力的规则"，这一定义是否在某种程度上是有限的，或者是过时的？其后的将表明这仅是诸多法律概念中的一种。

对公法的常见批评是，公法未能充分使国家概念化，而且这一术语必定难以获得法律的共鸣。如果我们转向德史密斯（S. de Smith）的通行教科书《宪法与行政法》，我们将会发现"国家"一词甚至并没有出现在索引之中。可以预见，在分析将王权的特权无错地定义为"为王权所特有的内在法律特征"时，我们得到的反而是视女王为"国家实体的象征"。在此，我们发现的是可以用"女王"替代"王权"的主张，但这一主张回避了许多问题。如果王权等同于女王，那么政府各部门的地位何在？如果王权仅由中央政府各部门所组成，那么地方政府和自治组织如何纳入到国家的框架之内？其后，我们将会发现某一机构是否构成国家的组成部分，可能决定其行为是否受司法控制问题。同时，"英王大臣们"的法律地位是什么？如果大臣只是英王的"衍生物"，那么他们可以依赖于程度不明的特权与豁免权。有关我国政府制度的其他许多问题至今仍无答案。德史密斯明显既对特权未能清晰确定的程度，也对行使这些特权的条件含糊不清而不快。然而，他却不得不醉心于简单的观察："在20世纪终结之前，毫无疑问诉讼事件将解决其中的某些问题，并引发新的问题。”

对此立场的批评事实上包括两个方面。一方面，公法学者因回避理论和政治性问题而受到谴责。他们满足于绘制国家的机构框架：中央政府部门、地方政府、机构、委员会，等等。塞德利（Sir Stephen Sedley）认为这是一大缺陷，它具有使所有的宪法问题沦为事实问题的效应。“英国宪法问题并未从事先一致同意的原则——无论是成文还是不成文的——得到回答，而是通过一堆描述性法律予以答复的，这些法律是通过（理想状态的）应当是什么沦为（现实状态的）是什么发挥作用的。”普罗瑟（T. Prosser）在作出下列抗议时也提出了类似看法：

英国有一个范围广泛和强有力的国家机器，不过国家是……“理性主义者在不断变化的社会中所追求的秩序”的工具这样一种概念却不存在，而且也没有国家是超越市民社会纷争的一类道德统一体这样一种系统发达的法律概念。反之，国家被看作是乔治·奥威尔书中所说的影影绰绰的危险巨石。

第二个攻击对象是“王权”这一法律概念。雅各布（J. Jacob）在使用“共和国王权”这一惊人的隐喻的同时，指出了让庞大的国家机器在像王室扩张一样的君主个人化形象幕后成长的危险性。君主的比喻是荒唐的，权力不是授予首相、内阁和现代国家的其他组织的，而是授予布莱克斯通的格言所说的，既不能行为错误，甚至也不能思想错误的皇家权贵的，这种法律神话是危险的。这使得政府从我们现代的既无政治权利亦局限于尊严作用的国家名义首脑的理念中受益。正如后面章节将揭示的，在塑造源于更早和更具独裁主义的君主的古代特权和豁免权时，真正的政治权力附属于王权的象征。但是，这一术语是“无知的恰当借口”，它掩盖了权力的真正之所在，使我们无法了解权力的真正性质，由此也造成对其控制更加艰难：

假定国家作为独立的实体出现，那么政府将脱离中世纪君主的外形，由此将会打开归属于英国观念核心的“主权等于特权”这一等式的评价之路……国家是一个社团实体，其建立的目的是提供公共服务，因此从理论上说是要承担责任，而不是不负责任。

三、公法与私法

此种主张的一种变体引入了“公法”与“私法”之间的界分。在下一章中，我们将对英国法如何形成公法的“私法”模式作出解释。由此，这意味着在英国不存在专门的行政法院，与国家和官员有关的案件由国内“普通法院”审理——这是戴西法治国理念的基本前提。然而，米切尔（J. Mitchell）这位敬慕法国行政法制度的大师，在一篇著名的文章中指出，由于没有系统性公法，普通法无法形成适于控制现代国家的原则。米切尔认为：专门行政管辖权的制度性缺失，与适用于国家规则的本质性不充分两种现象密不可分。

我们可以转向城镇投资公司诉环境部这一老生常谈的案件加以说明。此案的争议点是，某一政府部门是否有权依据 1972 年《反通货膨胀（商业租金）令》削减租金。房东提出（具有一定的正当性，因为财产被转租）环境部并非在执行公务，环境部的回复是承租人是王权，其执行的是“政府事务”，这一主张得到上议院的支持。上议院的判决是，尽管“公法领域的律师的用词”无法与变迁中的宪法“保持同步”，但“政府”一词适于“包括无论是作为集体还是作为个体的所有英王的大臣们，及在其领导下由公务员执行政府事务的议会大臣”。照理说，在此，上议院事实上努力推演出与现实相协调一致的政府理论。不过，这无助于其得出一个正当的结论。环境部提出，因为皇家特权的运作，王权享有从立法中获益的权力，即使在《反通货膨胀（商业租金）令》明确排除王权运作的情况下，也是如此。换言之，王权能够以商业价值租用财产，而同时又可以使其房东受反通货膨胀措施的约束。上议院表示同意。

这就涉及米切尔的观点。毫无疑问，独立的公法制度将提供不同的答案，它将国家的“政府”功能与其“商业”活动加以区分，前者允许存在特权，后者则不允许。上诉法院感兴趣的是结果而非逻辑，它通过对政府加以区分已获得了这一结果，因为此时无权主张王权豁免的大臣为出租人。概言之，解决王权与皇家特权问题的方法之一，是诉诸国家原则，而这就要允许发展公法规则，它是本世纪与时俱进的原则。因此，塞缪尔（S. Samuel）把对国家权力的弱控制归因于这一事实：普通法视国家官员为“普通公民”，并在国家权力与个人权利之间进行高度误导性类比。但是，这一问题也可以从相反的视角加以分析。尽管与大多数现代评论家的愿望相反，特权起着免除政府责任的作用，但特权毕竟是特殊的公法规则。人们可能认为，法官巧妙运用个人责任理念（容在第二章中加以解释），已不仅削减了政府特权，而且也限制了有权主张特权的机构。“私法”模式的真正力量因对所使用工具的厌恶而打了折扣。

近来，司法机关已开始对公法与私法之间作出界分，尽管正如我们在第六章将看到的，这一界分主要涉及程序和救济问题。司法机关已创立了“排他性”规则（rule of exclusivity），这一规则把所有针对行政行为的司法审查申请纳入高等法院专门分庭。这一变化因在公民前进之路上设置了程序障碍而受到了严厉批评。伍尔夫勋爵（Lord Woolf）以排他性规则为扩大了的司法审查制度提供了强有力的支持而予以赞同，凯恩（P. Cane）也认为如果不是太过僵化的坚持，此一区分是有用的分析工具。相反，笔者接受普通法及其结构和理念的功效，认为其为涉及国家的有关问题提供了正当的答案。或许更为重要的是，将于本章后面予以分析的后现代世界中，笔者认为无论是主张还是区分皆将很快变得不合时宜。因为“不存在公法制度”的后果在本文中始终显而易见，——例如，在第八章，我们将看到不存在专门的行政合同法；在第十八章，国家责任则受民法原则的规范——读者自会作出判断。

四、迈向社团国家（corporate state）

相反，国家理论是政治学的核心。政治学已勾勒出主权民族国家的崛起，注意到民族国家功能的变迁：从补缺或“夜警”国家到司法界与全灵委员会所描述的“从摇篮到坟墓”的福利国家。与委员会所暗含的意图相反，在19世纪末之前，“干预主义国家”（interventionist state）结构地位适中。戴西（A. V. Dicey）和梅特兰（F. Maitland）皆认识到了这一点，并得到现代历史学家的认可：

19世纪的大不列颠发生了国家对社会干预的一系列显著扩张。不仅通过了很多旨在对公民个人的行为产生重要影响的议会立法，而且设计实施这些法律的方式比先前更为有效。现代公务员的基础得以确立，地方政府得以改革，并且成立了多种有效的、专门的机构……这一时期的许多关键性改革皆与旧有的分权式政府制度的妥协相关。为在不剧烈地改变行政体制的前提下实施新法，检查和监督地方组织活动的机构应运而生。例如，1834年《济贫法》成立了济贫法委员会，负责监督地方贫困人员监护人的活动，并组织他们加入教区联盟。之后，在整个19世纪，中央干预程度日渐增加。济贫法委员会转型为济贫法局，尔后在1871年转型为地方政府委员会，并由一内阁大臣担任主席。就济贫救济的接受者而言，公民与行政之间的关系仍属地方性的。但即使在这一层面，日益出现的情形是，行政人员成为专职官员，而非专业的监护者则蜕变为背景。更多的富裕者感受到了对国家控制的猛烈冲击，他们被迫推动“济贫费”水平的不断提高，因为政府强迫监护人提高标准……公共卫生领域中的国家与公民之间类似的间接关系模式也得以发展。在此，最初的立法很大程度属容许性的。尔后，因被认为不具有功效，而要求地方机构采取规定措施控制对公共卫生造成的危险……在这一领域，也开始成立一组专业人员：医疗官员，在地方和国家层面发挥作用，处理和关注公共卫生问题……公共卫生立法是19世纪国家强制性权力扩张的最重要的推动者之一，其关键性特点是防止可能对他人造成伤害的行为的发生。工厂立法具有类似特点。为发挥作用，此类立法不得不把国家官僚制度最重要的扩张纳入其仿效之列。被任命保证此类立法得以实施的官员，不得不发挥一种新型监督作用。因此，维多利亚时代增加的一个重要的国家机构即是政府检察官。资本家有追求利润的自由，他们通过地方当局和各类特别机构参与分权政府，但在两个领域中必须在由中央政府制定并由一支检察官队伍实施的规则和限制的框架内运作。

我们开始看到，由于19世纪政府的扩张的要求，政府的面貌发生了多么急剧的改变。直到工业革命之时，人们一直认为国家的功能本质上是有限的且很大程度上是消极的，其作用是担当“警察”，为公民从事活动提供框架。按照洛克的看法，国家的功能以保护其国民的权利不受他人侵犯为限。每个人皆享有保护其人身和财产的权利，皆享有行动自由，只要其不用此项自由侵犯他人的权利。国家的任务是抑制所有运用武力侵犯这些权利的行为，阻止任何人伤害他人的人身、财产或自由，并在阻止不成功的情况下予以处罚。这即是国家的功能，仅此而已。如果国家试图超越此界限，那么它就逾越了正当职能。这一思想从未被抛弃过，今天，仍可以在许多现代著作中找到对它的支持，哈耶克（F. A. Hayek）和诺齐克（R. Nozick）的作品尤其如此。在司法界与全灵委员会的背后，看到的是对此简单图景的怀旧之情。但现代社会很难轻易遵从洛克模式，不变的是，它们更像希尔所描绘的情形，且不得不寻找所产生的问题的答案。

巴克（R. Barker）在中央集权到达顶峰的1978年著文指出，至19世纪末，所有的主要政党基于实际目的考虑皆放弃了有限政府理想，而接受了干预主义政府的必要性：

尽管旧的政府理念是静止的，但新的政府理论如果不是动态的，那么至少是流动的。旧的理念视政府的作用为实施法律、维持社会秩序和保卫边疆。但对社会施加影响并非政府功能的组成部分，人们也不期望立法超越支撑明确和既定习惯的作用。相反，新的理念视政府为运动的发起者。运动的概念不限于发展或变革的政党，尽管存有异议，20世纪初保守党和统一党日益被定性为承诺进行税收改革、为新军事和国家社会开支提供资金……实施有差别的贸易税，政府不仅仅要规制社会，而且也要改善社会。

这一观念变化是如何发生的呢？希尔（M. Hill）指出国家机器像“特洛伊马”一样，可以逐步而巧妙地使自己进入未料想到的社会：

第一阶段是，发现某些诸如使用童工等“难以容忍”的邪恶，并通过立法阻止此行为；然而，在第二阶段是，发现立法的失灵，制定条文具有更强效力的新法律，并使用检察官保证其实施；第三阶段是，许多被征召来执行法律的新的专业人员团体，自身成为增加其所在机关权力的游说者；第四阶段是，这一不断增加的专家队伍，使立法者意识到“问题不能被某些宏伟的、无所不包的行动一扫而光，而要求采取不间断的、缓慢的规制和再规制”；最后，因此形成了相当精细的法律框架，并有复杂的官僚机器去实施。专业人员帮助将行政体制转型为享有几乎无须议会认可的广泛权力的重要组织。

希尔的特洛伊马理论的变体常被用来说明英国行政法发展缺乏系统性。例如，在第十四章中我们将会发现罗布森教授对行政裁判所的描述，与希尔对现代行政法发展的看法完全相同。类似的解释——议会完全无法注意到正在发生什么——可以用来说明将规则制定权委任给政府各部的做法。正是对这一发展的认识，促成了对介于两次世界大战之间的时期的充分警觉，证明了成立多诺莫尔委员会（Donoughmore Committee）（下文第二章）的正当性。但是，该委员会的渐进式改革方法，因继续使负担过重而造成立法权的冲突。今天，正如我们将在第六章中看到的，这已成为现代政府最严重且无法解决的问题之一。然而，希尔本人也完全相信这一巧妙过程是偶然的，他怀疑社会工程是一个深思熟虑的过程。

在下面一段论述中，弗雷德曼（W. Friedmann）清楚地说明了他在1964年所目睹的国家在行政程序方面功能发展的本质：

行政程序的发展已成为当代社会的一个普遍现象，尽管其发展的速度和方式在国与国之间迥然有别。自然，最少的管理是政府理念的内在本性。即使是自由主义政策的最热情的支持者，也承认政府至少要具有防御、司法行政和警察职能。但是，不管是何种政治哲学，日益复杂的社会需求已迫使一个又一个的国家不断增加附加职能：为了保护一般公众和雇员最基本的卫生和安全标准——这构成了19世纪英国第一个重要的公共服务发展——迅速增加了大量的附加社会服务，从基本的公众援助措施到20世纪中期高度多样化的社会保障制度；对公共设施、劳动关系、其他许多经济和社会事业的监督，密切地影响到公共利益……当今构成许多国家的政治和经济制度的混合经济……已联合管理和规制双重的行政职能。特定的工业和公共事业皆由国家本身所运营——或通过政府各部或日益经常地通过半自治的公有公司，后者虽对政府负责，但或多或少具有深层的管理自主性……与此同时，大量仍由私人所有的工业和商业，仍不同程度地受到工业监督和规制，而另外的公共当局则管理着各种社会服务。

为满足增加的义务，国家需要更多的管理人员，具有自身思想形态的“官僚制”开始形成。对官僚制及其运作方式的研究，基本源于韦伯（M. Weber，1864—1920）的著作。在其开创性著作《经济与社会》中，韦伯对官僚的目标作了描述。（韦伯除将官僚制与公共行政相联系外，还审慎地将其与工业相关联，其后的研究者和政治学一直在此方面少有谨慎。）

最重要的是，官僚化为按照纯粹客观的考虑，贯彻实施专门化的行政功能原则提供了最佳可能性。由公务员承担具体的实施工作，这些公务员经过专门训练，通过不断实践，掌握的东西越来越多。“客观”执行事务主要是指按照可预测的规则和“无须考虑个人”的方式执行事务……上述第二个因素“可预测的规则”，对现代官僚制而言，同样也极为重要。现代文化，尤其是其技术和经济基础的独特之处，要求结果具有特别的“可预测性”……受到资本主义欢迎的（官僚制）的特殊性质越发达，官僚制的“非人性化”就越强，其将难以计算的爱、憎以及所有纯粹个人的、非理性的和情感的因素成功排除在公务之外就越彻底。这即是官僚制的独特性质，并因其特别的品质而受到赞扬。

韦伯对官僚制的分析可以从两方面加以理解：一方面，它起着现代社会行政发展方式的“理想类型”或模式的作用；韦伯第二方面的经验与官僚制作为不受外部意见影响的自律性制度的性质有关。然而，韦伯对官僚制能够通过形成民主制度加以控制持乐观态度。他看到或者他相信他看到，这一程序体现了英国部长责任制的宪法原则。可以认为，在19世纪由《诺斯科特－杜维廉报告》肇始的公务员改革与20世纪《富尔顿报告》引发的改革之间的这一时期中，中央政府的基本模式是对公务员进行政治控制并对其承担责任，而韦伯式公务员自认为是中立和公平的：就像一个雇员对任何雇主一样。

自工厂立法和埃德温·查德威克（Edwin Chadwick）大胆改革以来，计划社会已付诸实施，并在其后与费边社（Fabian）改革者和他们将公共行政视为一种科学的观点相关联。第二次世界大战对形成高度规制国家起着推动作用，战后，规制国家发展成为包含土地使用规划、国家住房和福利服务的更为复杂的制度。到20世纪70年代，当计划概念已扩展到包括从土地使用到国家经济的所有事务的顶峰时，计划者可以无可辩驳地称之为“操纵城市的舵手”。

到20世纪70年代，政治学家开始使用“社团主义”（corporatism）* 一词来描述此种政府模式：中央集权国家将巨大的现代资本主义事业联合起来，把权力纳入到了强大的精英手中。请注意赖克（C. Reich）在下面的论述中如何使个人面对巨大的社团，这是传统行政法对个人关注的一个有趣变体：

今天，美国的社团国家可以被视为单一的大型社团，每个人都是其自然而然的成员和雇员。它主要由大型工业组织组成，加上诸如基金会等非营利机构和教育体系，所有这些均与由某一商业公司各部分构成的整体有关。政府只是国家的一部分，但政府与其相互配合，并提供各种所需的服务。社团国家是对美国最初的理想和计划的彻底否定。是

* 对“corporatism”一词，国内有“法团主义”“统合主义”等译法，本书译为“社团主义”。

国家，而非市场或人民或任何抽象的经济法律，决定将要生产什么、怎样消费和如何分配的问题。例如，国家决定当公路繁荣时，铁路将要衰落；决定矿工贫穷，而广告经理主管人员富有。社会中的工作和职业被严格限定、控制，并按照报酬、地位和权力等级安排。个人可以从一个位置流动到另一个位置，但他因此获得的自由很少，因为在每个位置上他必须受对其限制的条件的支配；个人并不享有超越国家范围之外的自由、隐私或个人自主的受保护的领域，而国家既不受民主控制宪法限制，也不受法律调节。

传统的民主控制开始在驯服新计划这一庞然大物时显得力不从心，难以使其顺从。肖恩菲尔德（A. Shonfield）发表的看法集中于：

……西方民主制度的现存结构。谁控制计划者？这不仅仅是让议会批准宽泛的计划大纲：在确定的数年间将国家生活标准提高到一定量。一个计划是活生生的经济政策体，其自身要不断适应变化的环境，有时要经历其组成部分的巨大变化，以保证实现特定目标，及时获得新的优先顺序。传统的西方议会是一个非专家团体，出于本能，除非存在某种明显的滥用权力或需要立法，否则议会不进行干预，因此它几乎没有能力担当监督计划所暗含的系统性干预工作。这或许正是在计划者中间存在此种不言而喻的一致意见的原因：总体而言，最好是规避议会程序。

然而，按照希尔的看法，国家的扩张和集权更多归因于精心设计的“社会工程”程序，而不是视计划为科学的观念。国家干预可以且过去有意识地被用来重塑社会。例如，社会不会在禁止使用童工方面突然停止，而会继续对儿童的教育、福利、卫生和营养方面作出积极规定。最后，如果父母不履行其责任，儿童可以移交国家照顾。玩世不恭者可能愿意用“社会控制”一词替代更为积极的“社会工程”，因为其更适于表达极权主义的含义。因此，皮文（F. Piven）和克劳沃德（R. Cloward）认为，所有资本主义社会对贫困救济的主要目标是社会控制。那么，福利法是通过下列方面“控制贫民”的：

不同类型的人应要求从事不同类型的工作，（福利法）就是在界定和实施这样的规定。换言之，救济安排多与保持社会与经济不平等有关，救济的有失尊严和残酷不会在富人中间造成任何威慑；但对贫民而言，终止福利或居住在贫民窟的恐惧使他们从事不管支付多少工资的工作都是可取的选择。

人们经常认为计划是集体主义的必要组成部分，并与社会主义相关联（正如哈耶克在有影响的小册子《通往奴役之路》所述）。然而，无论是社会工程还是社会控制皆不局限于政治光谱的一端，事实上所有进行政治规劝的政府皆倾向于纵容。社会援助的历史是一部社会控制史，从《伊丽莎白济贫法》经由以“耻辱”“没有资格”和“应获得救济的穷人”等尖刻概念为基础的19世纪查德威克改革，到现代的儿童抚养局——由保守党政府建立起来的国家募集款项的机关，目的是重新确立父母抚养子女的责任——莫不如是。简言之，社会工程已成为只有像诺齐克这样的自由主义者才予以抵制的现代政府的基本和公认的技术，或许甚至是一项功能。肖恩菲尔德所描述的不情愿的立法者在今天完全不现实。

司法界与全灵委员会的报告中充满了对现代政府这些命令式技术的担心，同样的担心推动了保护人权的国际运动和现代的、富于原则性的行政法的发展。

五、回归边界

直到最近，行政官僚制和公共事业的发展仍被视为事关未来的要物……无人预测到私有化时代的到来，或者无人预测到英国在20世纪40年代国有化蒸蒸日上后仅仅一代，几乎所有的主要公用事业又重新回到受规制的私人所有权。罗兹（R. Rhodes）在回顾玛格丽特·撒切尔政府时期时，发现稳定的削弱过程：

“国家的空洞化”一语，表明英国正被削弱或侵蚀。我坦率地承认这一用语是有争议的，甚至可能是不准确的。然而，请注意，我论及的是促使国家空洞化的过程，且我没有表明空洞国家时代已经到来。我试图说明这是一个具有启迪作用的用语，会教给我们英国公共行政正在发生的一些事情，我运用这一用语包含四个相互关联的趋势。

1. 私有化与限制公共干预的范围和形式。

2. 中央和地方政府部门丧失替代性服务提供制度功能（如机关）。

3. 英国政府丧失对欧盟机构的功能。

4. 通过新公共管理限制公务员的裁量权，新公共管理强调管理者的责任，通过政治与行政更明确的区分进行明确的政治控制。

尽管我们已松散地谈及国家的发展，分析了国家与王权和中央政府的联系，但到目前为止我们并没有勾勒国家轮廓的尝试。许多人在界定国家时希望将地方当局也包括在内，我们会继续提供包括警察——其既未完全集权化也不是地方政府的组成部分——和国家卫生署等在内的更多的目录。我们已提到检察官和国家拥有"规制"功能的思想，而此"规制"功能可以通过至少拥有部分自治权的机关来行使。弗雷德曼对国家从事工业（钢或煤）和公用事业（水和汽）管理的描述，提醒我们国家的界限可以发生变化。弗雷德曼在作此描述时，许多工业是国有和国营的，虽在经营方面具有独立性，但在政策和资金方面与部长密切协作；而当今如此众多的工业已被"私有化"或从公营转型为私营，人们可能会因完全忽视了此方面的国家活动而被原谅。

在战后时期，现代政府的三大发展领域按递减顺序分别是地方政府、国家卫生署和执行机关。从技术上看，只有国家卫生署属国家服务，是以国家为基础进行资助和运作的，并主要是通过部长由中央政府部门对议会承担责任。因为这是战后克莱门特·阿特利（Clement Attlee）劳工党政府的认识，尽管许多组织一直卸载给地方和地区卫生当局。今天，我们需要为这一相对简单的图景再增加许多更小的单元，诸如医院财产托管会与普通医师的医业公债所有者。今天，国家卫生署仍属公共服务，但图景已变得更为复杂，而各种实体之间的法律关系已发生变化，并可能再次发生变化。

战后时期，地方政府作为服务提供者日显其能，在公共住房、教育和社会服务等其他重要功能中担负着责任。但当一直增加的地方政府开支成为政府份额时，中央政府对地方当局的控制明显在加大，很大程度上，地方当局成为实施中央政府政策的代理人。然而，自 1979 年以来，与其发展速度相比，地方政府作用的削弱甚至更快，有时是为了中央政府的利益，更经常的是为了诸如住房财产托管会这类小型“社区”实体的利益。例如，准许学校“脱离”地方政府的控制，获得有限的自主性，对教育部负责，并受其直接资助；学校课程和评估局确定统一的课程大纲，设置受检察官监督的标准。简言之，权力下放已导致中央政府权力奇异的扩张。在其他方面，地方当局通过服务的合同出租已丧失了对私营部门的作用（请参见第九章）。

如果实用经济学——减少开支、公共部门举债和征税与意识形态的大胆结合引发了地方政府功能的耗损和“规模缩小”，那么对政党政治的优点不能完全不予理会，尤其在废除大都市当局和大伦敦委员会时更是如此。蒙克（S. Monk）和克兰曼（M. Klienman）认为，在玛格丽特·撒切尔政府的前两个任期内，住房政策争取的是减少公共住房开支这一有限的经济目标。然而，自 1987 年起，“更彻底的意识形态方法”显而易见，从公共供给到私营部门的转换被认为是更经济和更高效的——“住宅所有权思想”（ideology of home ownership）开始形成。其后担任环境大臣的迈克尔·赫塞尔廷（Michael Heseltine）在下面一段话中附带说明了政治家醉心于社会工程的意愿：

在这个国家中，对住宅所有权存有一种根深蒂固的向往。政府认为此种精神应予以支持，它反映了人民的愿望，保证了财富通过社会的广泛流通，鼓励改善自立的家庭和使自立的家庭现代化的个人愿望，使人民为自己的需要而增加财富，激发自由社会基石的独立性和自主性态度。

削弱地方政府权力的思想之一，在于“新右派”思想，其倾向于将介于公民与国家之间的所有机构视为个人与资本主义生产者之间的自由市场的干预者。同时，因为新右派很少关注民主控制，而更多关注通过市场进行控制，由此存在着对被委以特定任务并以其绩效对消费者负责机关的偏爱。换言之，选择的是住房财产托管会而不是地方当局，后者的住房功能与其他本质上不同的职能相混合，消费者难以表明其选择。在此方面，通过民选委员迈向由消费者直接输出与机关的经营责任的结合，我们正游离出民主责任制。此种思想将在第五章中予以探讨。

机关或“半自治的非政府组织”（quangos）（为 quasi- 或 semi-autonomous non-government organisations 的首字母缩写）一点儿也不新奇。如果我们回到希尔的分析（原文第 9 页），我们将会看到独立局、委员会在 19 世纪时早已有之。开始对它们存在的最好解释可能是“特洛伊马”原则。机关存在的合理性，可以通过需要避免政党政治或部长控制加以说明：例如，因为它们行使着裁判职能，所以人们认为裁判所独立于政府是恰当的。然而，像其他许多享有被称之为“准司法性”许可权的机关一样，民航局却将这些权力与政策制定融于一身，并要就政策事宜接受部长指示和指导。事实证明，职能合一有时难以处理（原文第 83—90 页）。一些机关，例如其工作在于提高工业安全的卫生与安全局，享有政策制定职能与监督和控制的法定权力，其中包括发布与法院的禁令类似的“阻止”令（“stop” orders）。另外一些机关则只能向部长提出建议，如社会保障咨询委员会与裁判所委员会，它们仅享有在该领域中新法规发布前被征求意见的权力。咨询、和解和仲裁局处理的是有关工会与工业事务，有权就协议和行为准则进行谈判，并担当仲裁人。种族平等委员会和平等机会委员会享有规则制定权，但也有权进行调查，法院一直称此种调查的本质为起诉权（prosecutorial）。

人们认为，行政裁判所“就像蘑菇一样地发展”，且执行机关的职能分工既不一致，也不合逻辑，难以确定一个有代表性的机关，在这些选择背后不存在明显的规则或理由。广播即是一个典型例证。英国广播公司（BBC）是由皇家特许状（Royal Charter）设立，负责在英国境内提供广播专营商，特许状在通过时具体规定英国广播公司具有不受政府干预和议会日常审查的独立性。其后，此种国家垄断分为两个主要阶段。1954年，首次准许独立缔约人提供新的电视频道，并成立了独立电视局对这些“私营”广播进行监管。直到1990年，当其再度给有线和卫星电视、更多地方和地区广播及商用广播留下空间时，这项制度一直在延续，只有微小的变化。每一次，不受政府和下议院政治控制的独立性，皆会因设立任命的皇家委员会或调查委员会以保证对拟议中的改革有一定程度的一致意见而突出出来；每一次，皆会引入新的机构，直到今天，我们有了令人困惑的具有混合职能的机关网络。英国广播公司仍然存在，仍享有作为服务提供者的行政职能；相反，独立电视局首先成为独立广播局，其后增加的是有线局、独立电视委员会，后者的主要职能是授予和监督商用电视特许权：无线电管理局对商用无线电广播行使着同样的职能。独立电视委员会有义务保护品位和高雅，但新成立的广播标准委员会负责拟定品位和高雅的标准，并审查申诉；而广播申诉委员会则审查隐私与公正问题（这些很快可以合并）。结果，私营广播公司要接受两个监管者的管理，而英国广播公司则在广播申诉委员会的标准和自己的内部指示之下运作。这一非常简单的概述除已至少有五个委员会与调查委员会外，还要包括五个分设的半自治的非政府组织。当然，上述我们对国内复杂的机构安排说明尚不包括欧洲层面对媒体的控制。事情开始浮出水面。

早在1968年，富尔顿委员会就“热情地支持这一政府发展模式：即英国政府的核心仍保持官僚体制不变，而其外围按照从行政部门分离的非行政机构发展”。到玛格丽特·撒切尔执政时，她发布了“削减半自治的非政府组织”令。当时有一本书特别指出，由于部门职能的重复而造成的公共资金的浪费，并为下列事实而痛惜：“尽管削减（半自治的非政府组织）之取得进展，但仍有逾2400个官方机构存在，而单就其行政开支而言，比可靠研究预计的15亿英镑还多。”政府成立了Pliatzky委员会（Pliatzky Committee）负责对半自治的非政府组织进行调查：只有少数半自治的非政府组织遭到重创。

然而，正如其后我们看到的，半自治的非政府组织，作为在政府私有化计划之后被确定的“规制机关”，已获得了新生。它们承担着监管之责并代表公共利益，表明其从中央政府获得了新的自治权。到1994年时，据称这类机关所负担的开支逾470亿英镑，其中有50%是自1979年以来从地方政府转移过来的。1996年，有报告显示机关的数目已降至1194个，但开支自1979年以来已上涨了6倍，造成这一矛盾的原因在于下列事实：开支低廉的咨询机构（体育活动行动小组或国家母乳喂养运动委员会）大幅裁减，而行政机构（伦敦多克兰德开发公司或其他行政机关）和（煤气与电话）规制机关的开支却稳步上升。

因其不可避免地与“福利主义”和现已明显被认定为失败或无效率的前国家主义经济统治产生关联，玛格丽特·撒切尔将枪口对准了公务员，后者在工会、工资削减与一系列效率评估方面受到攻击。Ibbs报告（Ibbs Report）提出了“采用完全不同的执行政府事务方式”的建议，该报告的实施促使政府事务向一种新型的行政（或下一步骤）机关转移：

中央公务员应由服务于部长和管理各部门职能、相对小型的核心人员组成，这些成员将成为特定政府政策和服务的“负责人”。对这些部门作出回应的是一系列机关，它们雇有可以是也可以不是公务员身份的工作人员，并集中在特定服务的提供之上，在大臣和常任次官与机关主席或首席执行官之间有明确界定的责任。各部与其机关应有一个更开放和更简单化的结构。

到1993年中央公务员已削减至565000名，一年后，随着各部门职能被私有化或向机关转移，又降至524000名。保留“高级公务员”的目的是为了保障核心价值，为政策开发和实施做准备。为此，与在征召机关高层管理者所使用的做法相似，少数“值得尊重和有价值的”短期并与绩效相关的雇佣合同开始引入。各部和机关准备起草表明他们拟在未来三年中在其预算范围活动的“年度效率计划”。《白皮书》作为最高层的官方记录，在给予变迁中的结构正式认可的同时，也强化了由政府或代表政府实施的服务的多样性：

《白皮书》最终认可的是，存在两类（或者两类以上）公务员。基本上，一方面是我们所有人皆认为我们了解的，现大约有3500名称之为高级公务员外加其支持者的高级人员；另一方面是，大约有500000名的确在工作但看不到的人员。《白皮书》最终确认了数量多样的公务员体系的存在，这些公务员以可能做的最好方式，无论是公开还是私下，提供了必须做的服务。它最终埋葬了旧有的、统一公务员的思想，这一思想长期以来已抑制了人们的思考，让那些被称之为公务员者简单地受到下列因素的约束：独立、公平等司空见惯的理念，通过部长向议会承担责任，公共支出制度的高压手段。

这些“司空见惯的理念”的继续存在，能否对抗对公务员统一性和完整性的攻击？早在1982年，一位观察家即描述了“英国在上个世纪形成的代表制和部长制政府模式的土崩瓦解”。“半自治性”模糊了部长与机关重要官员之间的责任界分，破坏了部长责任制原则。更糟糕的是，非正式的、裁量式的“老同学关系网”任命制度，使政府任命权或与真正的自主性或与韦伯式的客观官僚制模式完全不相容。1979年，当劳工党掌权时，有逾200个半自治的非政府组织职位，由工会联盟理事会（TUC Council）成员担任；1994年时，40个最大型的半自治的非政府组织中的25%的成员属保守党知名成员，媒体也对许多被认为向保守党基金捐助的重要工业家担任众多报酬优厚的半自治的非政府组织职位很关注。1994年，由上议院贵族法官诺兰勋爵担任主席的一个委员会宣告成立，负责调查和就处理指控违反规制下议院行为的惯例提供建议。诺兰委员会现为一常设机关，享有对公共生活标准进行观察和报告的更为普遍的权力。

尽管中央政府职能的私有化和分化风起云涌，但人们却在某种程度上意识到：政府已逐步变得愈来愈集权化。此种看法可能部分源于醉心于社会控制和社会工程的强烈愿望。服务提供可能一直在卸载，但人们认为中央政府越来越具有侵入性：

探讨国家退缩的诸多问题之一是，我们没有测定国家在现代社会中的作用。巨大的国家预算和庞大的国家官僚体制绝不是影响社会行为的唯一方式。例如，规制已成为现代核心且成本低廉的政策。这给研究者在决定国家是否一直在退缩，或者通俗地说政府是否正在失去人们的支持时，提出了诸多问题。这一任务不仅难以用数量测定，而且难以从概念上把握——例如，当政府实施新的竞争规则，或者实施服务的合同出租，或者授予公用事业消费者新的法定权利时，我们是有了更少还是更多的政府管理？有时，中央政策制定者可能提出作为“更少的”政府；然而，从底层看，这可能似乎像国家对不监管或至多是自我管理的活动的更严厉的规制；有时，可以将“更小的政府”视为“更多的政府”，这取决于其立场！

政府、工业与工人三角伙伴关系可能已消亡，但许多人认为中央政府职能的分化或卸载只是掩盖了国家规制活动的程度，这些活动从集权化和分权化、私与公相互关联之中获得了新的动力。如果社团主义（见上文）的本质是集权化和公与私相互交织的国家，即这属于新社团主义。现代国家迈向现已不再被认为可行的集权主义和社团主义的征程，仅因行政机构这一中介机构而掩盖。

以多元主义替代中央集权主义的倡导者，必定视这一新的安排为广义上的社团主义。多元主义——简单定义为在社会及其政治制度之内“守卫多样性的”或认可多元化需要——为下列行为提供了一套不同理由：将“国家”分解为更小和更易接近的单元，或将国家职能分化和卸载到“基层”。

（选自哈洛、罗林斯《法律与行政》，杨伟东、李凌波、石红心、晏坤译）

第十九讲　保守主义的再生

[美] 方纳

埃里克·方纳（Eric Foner，1943—　），美国哥伦比亚大学德威特·克林顿历史学讲座教授，当代美国最有影响力的历史学家之一。

【编者按：20世纪60年代，保守主义在世界范围内赢得新生。埃里克·方纳的《美国自由的故事》一书，记录了他们为“降低税收，减少政府管制，削减政府的社会（项目）开支，以刺激商业投资和恢复生产力”所做的努力。对国家干预主义的批评，使他们与新自由主义者站在了一起，尽管哈耶克认为，自由的捍卫者与真正的保守主义者，“他们的理想实际上并不相同”。】

从20世纪末的观点来看，人们很难想象到在第二次世界大战结束时保守主义的艰难处境。当时在许多人心目中，保守主义与欧洲法西斯主义的罪行以及导致大萧条的经济政策有着千丝万缕的联系，与阴谋诡计、反犹主义和笃信等级制的精英主义观点也是一丘之貉。面对战后的种种问题，保守主义提不出任何有效的政策建议，陷于束手无策的地位。“此时在美国，”文学批评家莱昂内尔·特里林在他的《自由主义的幻象》中写道：“自由主义不仅是占主导地位的而且是唯一的思想传统。因为在当今通行的思想传播中，保守主义和反动的观点已经不存在了。这是再清楚不过的事实了。”显然，特里林在此有些言过其实；如同即将出现的麦卡锡主义所表明的，保守主义还远远没有被驱逐出美国的生活。但是对于特里林和他那个时代的自由派知识分子来说，既然所有不同种类的意识形态已被一种支持新政福利国家的共识所取代，保守主义如同激进主义一样，在当时都成为过去的遗迹。当保守主义思想的确开始复苏和流传时，自由派则将其视为一种由那些孤立无援、心理上有障碍或丧失了地位的人表现出的一种过渡性的反“现代性”的反应。

“我很不理解，”哈耶克在1956年写道，“为什么在美国保守派居然允许‘左派’来控制自由‘这个几乎不可或缺的词’的定义。”在20世纪50年代，一群保守派的思想家开始了重新夺回自由概念的主导权的工作。尽管除了在他们自己的封闭小圈子内，这些人并没有什么大的影响，但他们却建立了保守主义的主要思想纲领，这些纲领将成为直到20世纪末的保守主义思潮发展的主导思想。纲领中最重要的一条是反国家（干预）主义。这是一种来源于古典自由主义传统的世界观，因保守派对新政的切齿痛恨，这种世界观获得了政治上的新生。与此同时，哈耶克自己的写作为保守主义提供了思想上的合法性。根据反国家主义的观点，自由意味着非集中化的政治权力、有限政府和一种自由的市场经济。这种观点为1950年开始出版的《自由者》杂志所推崇和宣扬，同时也出现在诸如米尔顿·弗里德曼等人的著作之中。50年代的社会中存在着一种普遍的悲哀：认为个人的自由能力在一个大众社会中明显地减少了。在某种意义上，保守主义思想是对这种悲叹的回应。1956年，在一个名为“人的自由问题”的讨论会上，曾是大萧条时期激进的小说家，但后来成为保守派思想家的约翰·多斯·帕索呼吁“重新使用自由的语言”来批判流水线式的生产、社会趋同主义和具有侵犯性的政府。

但是真正将这些“自由至上主义”保守派与其他社会批评家区分开来的是前者将个人自由与不受约束的资本主义等同起来的做法。在1956年的会议上，弗里德曼坚持认为，保守派没有必要为资本主义道歉。他强调说，自由的市场是个人自由的必要基础。1962年也就是迈克尔·哈林顿的《另一个美国》出版和休伦港宣言发布的那一年，弗里德曼出版了《资本主义与自由》一书，对主流自由主义思想提出了毫不妥协的批判。弗里德曼呼应哈耶克当年的思想，坚持认为一个不受制约的市场是最真实的“自由的表达方式”，因为竞争“为人民提供了他们想要的东西”，而不是政府或经济计划家们认为人民应该拥有和需要的东西。但弗里德曼的观点超越了他的导师和其他计划经济的批判者的观点，他提出将下至国家公园的管理在内的几乎所有的政府功能统统私有化，废除最低工资法，废除递增式所得税法，以及废除社会保障体制。

保守的自由至上主义将市场选择的观点推进到几乎每个生活领域，在某些方面，它甚至预示了生活方式多元化的语言的到来，而这种语言将很快为新左派和妇女运动所采纳。弗里德曼写道："一个人如何处置他的自由……不应该由国家说了算。"政府不能对道德问题立法；在他看来，"道德问题"应该由每个人自行解决。弗里德曼实际上是在间接批判"新保守主义"，后者是在50年代迅速变得热门起来的第二股思潮。像拉塞尔·柯克和理查德·韦弗这样的作家坚信，为了与共产主义较量，自由世界必须在道德上和思想上武装自己，而不只是在军事上武装自己；他们坚决否定了那种好像腐蚀了西方自信心的"相对主义"，呼吁重新建立起一套基于宗教和永恒的是非标准之上的抽象价值观体系。韦弗的《思想是有结果的》（1948年）是一部杂谈体的哲学著作，它出乎意料地变成了这种新传统主义思想的最具影响力的表现。这部著作哀叹"西方的解体"，呼唤回归到一个主要基于"超验的"，但实际上是基督教价值观的文明中去。对差别的容忍——现代自由主义的基本宗旨——绝对不能取代这种对绝对真理的探求。

新保守派与自由至上主义者一样对现代自由主义国家持仇视态度。对哈耶克和弗里德曼来说，市场是个人自由的象征。对韦弗来说，商业世界的道德规范体现了现代社会的堕落，这种堕落将"物质利益置于精神追求之上"。他认为，自由是一种道德境况，自由并不仅仅意味着不存在强制，自由绝不能与对消费品和个人成就的一意孤行的追求相妥协。保守派历史学家克林顿·罗西特以一种呼应约翰·温斯罗普和其他基督教自由观的信仰者的笔调写道，美国人"为自由鬼迷心窍"，他们实际上应该去关心责任、职责和道德秩序。

从此时开始，保守派阵营中出现了分裂，这个过程一直延续到20世纪末期。保守主义的目的是将个人从侵略性的政府中解放出来，还是鼓励个人去过一种道德生活？保守主义的目的是像罗西特所说是为了创造一个"自由人"，还是创造一个"好人"？如果男人和女人不愿意以一种道德方式来规范自己的行为，已经从经济领域中被淘汰出局的政府是否还能被委以管理个人行为的职责呢？有些保守派作者，如M.斯坦顿·埃文斯，力图做到两全其美，在谴责政府在道德问题上过于“宽容放任”的同时，又谴责政府在公共政策方面太过于“国家意志主导化”。但保守派内部的分歧实际上更为深刻。这些分歧通过弗里德曼和埃文斯对麦卡锡时代政治的反应表现出来。弗里德曼对麦卡锡时代搞黑名单的做法予以强烈的谴责，认为这是一种极不合法的对个人追求生活的权利的干扰；埃文斯则支持（政府实施的）联邦忠诚安全计划，理由是爱国主义是超验价值观中的一种，政府有权支持和助长这种价值观的生长，哪怕是采取强制性的手段。这种哲学上的分歧最终都是基于现实生活中一个无法逃避的事实之上：一个人不能在为一个不受管制的市场和永恒的价值观进行辩护的同时，又保持逻辑上的一致性，因为资本主义本身就是一种深刻的反传统实践。资本主义的扩张按照自己的意图改组了家庭、社区、学校和教会，将人类所有的关系都置于账本底线的计算之下。如同卡尔·马克思在一个多世纪前指出的，资本主义市场“在人与人之间，除了自身的利益之外，什么也没有留下”，当然也不会留下一个道德社会的基础。

美德和不受限制的个人选择是讨论自由的有着两个天壤之别的出发点。其中一方将社会看成一个由道德约束联结起来的有机整体，另外一方却认为社会是具有自主性的个人组成的集合体。一方把现代社会的问题归咎于个人主义的泛滥，另一方则怪罪于对个人自由的过分限制。尽管如此，许多保守派仍竭力寻找能弥合这些思想潮流之间的分歧的途径，这种努力至今仍在进行之中。

在这方面，没有谁比《国家评论》的编辑威廉·巴克利发挥的作用更为引人注目。《国家评论》自1955年创刊起，每周都开辟一个专栏，供保守派思想阵营中的各种意见进行交流和表达。巴克利也因此很快在保守主义复兴的过程中成为最有影响力的人物。他小心谨慎地将保守主义的思想运动与一些偏激组织划清界限，包括自由游说集团和约翰·伯奇协会，前者是一个反犹太人的组织，公开否认（“二战”期间纳粹德国对犹太人的）大屠杀的事实，后者将德怀特·艾森豪威尔总统描述成为国际共产主义运动的一个自觉的代理人。巴克利也曾致力于在保守主义的两大流派之间进行疏通调和，但是并不成功。在60年代早期的一系列文章中，巴克利在《国家评论》中同弗兰克·S. 迈耶一起想展示自由至上主义者的自由与“道德权威”之间是可以兼容并包的。一种“自由经济”也许并不等于“具有美德的生活”，迈耶说，但是如果没有它，“自由之保存”将是不可能的。但到最后，迈耶的“调和主义”还是站到了反国家主义的自由至上主义者一边。他强调说，人们可能是自由的，即便他们没有“选择好的德行”。迈耶呼吁两派彼此之间相互尊重，以和为贵（埃文斯把传统主义者称为“权威主义者”，柯克则将否定一切道德权威的自由至上主义者称为“浪荡子”），劝说双方看清楚保守主义运动不需要有一条“大一统的党派路线”。

令保守派感到幸运的是，思想上的和谐连贯虽往往无助于一个政治运动的生长，却有利于识别一个共同的敌人。在这方面，保守派倒有许多共同之处。首先，两个强大的对手自动成为保守派一致的焦点——国外的苏联和国内的自由主义政府。当然，有的保守派分子，其中也包括赫伯特·胡佛自己在内，起初对杜鲁门主义持保留态度，担心增强政府权力，会导致美国变成世界警察。但到了20世纪50年代中期，几乎所有的保守派都同意这样的结论，如巴克利所说，既然只有一个强大的国家才能发动和领导一场政治上和军事上的反对苏联的运动，那么，只能接受“持续的大政府的”现实。的确，与弗里德曼不同的是，大多数保守派分子都是麦卡锡主义的坚决支持者，他们显然相信，个人自由决不能延伸至共产党人或共产党的同情者。在外交政策方面，保守派认为，杜鲁门和艾森豪威尔政府的问题并不在于他们反共产主义反过了头，而是在于他们做得远远不够。但反共产主义不能清楚地区分保守派和自由派，因为自由派的大多数也是冷战的支持者。保守派的特征在于它对国内“大政府”的反对和仇视。迈耶写道，“美国保守主义运动的明朗化”是一种对自1932年罗斯福当选开始的“美国的革命性转变的迟到的反应”。在

60 年代，又一批敌人出现，使得保守派可以更清楚地界定自己。

60 年代里，为意识形态驱动的年轻人以自由的名义改变了美国社会的面貌。这个时代既有其激进的一面，也有其保守的一面。保守派有他们自己的“自由学校”，由新闻报纸的编辑罗伯特·勒菲弗尔在科罗拉多州创办，专门教授自由放任经济学和不受制约的个人主义的学说；沃尔特·诺特在他的加利福尼亚浆果农场中建立了一个“自由中心”，专门鼓吹推进自由企业，谴责福利国家是共产党把“自由民族”打入“奴隶制”深渊的一个阴谋。随着“自由青年美国人”组织（YAF）在 1960 年的建立，保守派学生也以一种十分强悍的力量出现在美国政治舞台上。坦率地讲，聚在巴克利在康涅狄格州沙伦家中创建自由青年美国人组织的 90 多个保守派年轻人，与同年创建学生争取民主社会组织的青年学生之间，在 1960 年的沙伦宣言和休伦港宣言之间，有着惊人的相似之处。与休伦港宣言对社会弊病提出的冗长分析形成鲜明对照的是，自由青年美国人组织宣言只用了一页纸来宣示它的总原则。但两部宣言都认为，美国现在面临着一种危机，青年人是新的激进运动的先锋队，两者都宣称将提供通向更大自由的道路。沙伦宣言对过去十年在保守派圈子里流行的普遍原则进行了总结：自由的市场是“个人自由”的支柱；政府的权力必须被限制在维持秩序、主持正义和从事外交活动的领域之内；“国际共产主义”是对自由的最严重的威胁，必须予以消灭。

自由青年美国人组织的大部分活动是致力于把共和党的领导权从那些准备与新政休战和对共产主义采取绥靖政策的人的手中抢夺回来。自由青年美国人组织的成员很快成为巴里·戈德华特参加 1964 年共和党总统候选人提名活动的冲锋队。1958 年，戈德华特在亚利桑那州赢得了国会参议员的席位，从而确定了自己的全国最著名的保守派民选官员的地位。两年后，他出版了《一个保守派的良心》一书，该书卖出 300 万册，在大学校园中尤其受到欢迎。如同沙伦宣言一样，这本书带有反国家主义的观点，但又要求采取更有进攻性的冷战行动（他甚至建议说，核战争可能将是“自由的代价”）。但戈德华特的批判主要集中在反对来自“内部的”对自由的威胁，尤其是谴责福利国家，他认为，福利国家鼓励人们依赖政府，毁掉了个人的自主能力，其效果犹如作为社会主义制度的突破口。戈德华特认为，“一个依靠中央政府的资助和补贴而生活的人民不能称自己是自由的。”戈德华特承认他的计划对于“更为不幸的公民们的境地”也许有些“麻木不仁和轻视”，但他呼吁用私人慈善事业取代公共福利计划和社会保障，要求取消递增所得税制度。但与自由青年美国人组织宣言不同的是，戈德华特也采用了一种传统式的语言。他强调，保守主义的原则从根本上讲是一种“精神上”的内容，是从“人的本质和上帝所揭示的真理中”总结和推衍出来的。他声称，自由主义者完全采用一种纯粹的经济眼光来看社会，所以推动唯物主义的正是自由主义。

戈德华特在1964年的提名是保守主义运动的一个了不起的胜利，因为这个运动常被看成是由一群吵吵闹闹地要“否定整个20世纪”的狂热分子发起的运动。戈德华特将竞选集中在从约翰逊和新政政府手中重新夺回“自由的语言”的工作上。他在接受提名演说中提到，“捍卫自由的极端主义并非是一种罪恶。”这句话后来为人们长期记忆。他的演说也包括一个极为学术性的对自由和秩序之间的关系的讨论。这个讨论的其中一部分是由信仰自由至上主义的政治学者哈里·贾法写作的。戈德华特借用了一些在美国根深蒂固的观念和思想，坚持认为上帝的意图是要“这个强大的共和国……成为自由人的土地”，他描绘的图景是世界在美国的领导下，由“一个强大的”自由繁荣和相互依存的体制联合起来。

戈德华特被民主党人描绘成一个将要废除社会保障和冒险发动核战争的极端主义者，他在大选中遭到了严重的挫败，只赢得40%的选票。但这场大选却使保守力量动员和组织起来。1964年的选举使保守派的主张得以明朗化，并将成为今后若干年的保守主义的基础。在反共主义的基础上（在这一点上，共和党人和民主党人并无区别），戈德华特又对福利国家进行了指责，说它毁灭了“个人的尊严”，同时要求减少税收和政府管制，这些内容将为后来30年的共和党人不断重复使用。戈德华特展示了，当自由派控制着华盛顿时，保守派可以利用传统的反政府的民粹主义，以此来扩大他们的选民基础，消除他们过去那种精英势力的传统形象。在一次竞选集会上，他甚至宣称："我对华盛顿和集权政府的恐惧更甚于我对莫斯科的恐惧。"（戈德华特的几个追随者，包括他的演讲稿起草人卡尔·赫斯将遵循这个逻辑，在后来几年内谴责冷战导致了列维坦式的国家。）戈德华特也直接呼应不断增长的对社会稳定的希望，面对民权和学生运动的抗议活动，贫民窟的暴乱和正在上升的都市犯罪率，呼唤建立"法律与秩序"。

戈德华特为保守主义阵营征集了新的支持者。来自急速扩张的南加利福尼亚和西南部的郊区选民的支持，以及从"阳光地带"的石油工业和航空工业的新贵中滚滚而来的竞选基金，都预示着保守主义的一种新的人员和资金基础。他赢得了五个南部州的事实——他是20世纪第一个获得如此记录的共和党人——表明民权革命已经重新绘制了国家的政治地图，为"南部战略"打开了大门。四年后，这个战略将帮助共和党人夺回白宫。

早在黑权运动兴起之前，一种对黑人民权运动的强烈反击为保守派提供了新的机会，对民主党联盟的稳定造成了威胁。没有内在的理由能够解释，为什么保守派为种族主义所吸引——如文学批评家埃德蒙·威尔逊所挖苦的，为什么那些被"苏联无赖"排斥的人想到要"恢复奴隶制"？但是在美国的传统中，对联邦政府的敌意与捍卫奴隶制和种族隔离制度是联结在一起的。而与此同时，自内战起，黑人就一直是一个积极的、强有力的和坚定不移的全国政府的支持者。在20世纪50年代，当南部白人对布朗诉教育委员会案作出的解除公共学校种族隔离制度的决定进行谴责的时候，许多保守派对此种态度大为欣赏，表示赞同和支持。有的时候，保守派的写作也表露出一种毫不掩饰的种族主义思想，如弗兰克·迈耶把非洲称为"文明前的文化"；《国家评论》把南部白人称为"高等种族"，并以"文明的权利高于全民选举权"为由来为南部取消黑人选举权的做法辩护。

如果说更为极端的保守派倾向于把白人南部看成是传统基督文明的最后堡垒，自由至上主义者则对黑人被剥夺了经济和教育机会的现实表现出一种令人震惊的漠不关心。譬如，弗里德曼不顾所有的事实，坚持认为，因为自由的市场将自动惩罚那些实行种族歧视的公司，所以（联邦政府的）公平就业法是不必要的。他支持以由州政府资助的私立学校取代公立学校，尽管他承认许多私立学校的兴起完全是为了逃避“强制性的种族合校政策”。戈德华特自己虽然谴责法律上的种族隔离，却对1964年的民权法投了反对票，他坚持认为，种族平等必须通过自愿的途径来实现，而不是通过联邦政府的强迫命令来争取。他说，他的目的不是建立一个“种族融合的社会”，而是建立一个“自由的社会”，在这个自由社会中，个人有“不与那些他们不喜欢的人进行交往的自由”。对于自由青年美国人组织来说，它总是从有限政府的角度来看民权这个问题，从来没有提出一种可以取代联邦干预的方法，作为在面临地方抵制的情况下争取种族正义的途径。事实上，整个保守派阵营对地方社区自治的强调很少讨论到这些社区中的权力关系问题，没有就（这些社区中的）异见持有者和遭到歧视的少数人的权利如何受到保护的问题进行明确的讨论。1962年，自由青年美国人组织将一枚“自由奖章”授予南卡罗来纳州的参议员斯特罗姆·瑟蒙德，瑟蒙德是全国最有名的反对民权运动的人之一。

20世纪60年代初，巴克利逐渐摆脱他的早期支持者的种族隔离立场，毫不掩饰地谈论种族的优劣的保守派也越来越少，有的人甚至直截了当地否定了这种语言。但是，不可否认的是，在保守派喋喋不休的关于法律与秩序、地方自治、结社“自由”、福利的邪恶、私有财产的神圣性的陈述中，经常带有强烈的种族主义的口气。阿拉巴马的州长乔治·华莱士以一句“不仅现在要实行种族隔离，今后要实行种族隔离，将来也永远都要实行种族隔离”而臭名远扬于全国。但他在1964年民主党预选中的强劲表现显示出政客们可以利用白人社会对民权运动成就的不安感而在争取选民支持上大有斩获。这种不安感当然并不仅局限于南部。

同年，对未来的更为明显的预告在加利福尼亚州出现。加州以公决的方式通过的第14号提案废除了一条1963年制定的法律，该法律禁止在房地产销售业中实行种族歧视。拥有家庭住房现已成为自由思想的一个中心内容。对于白人来说，不受外界干涉随意处置他们财产的权利，也是同等重要的。在本州房地产商和房地产业主的支持下，加州的保守派在1964年反对公平住房法的运动中，利用了自由作为他们聚积力量的旗帜。房地产协会的月刊封面上将自由女神塑像重叠在一个郊区家庭的住房画面上，画面下的文字说明将反对开放售房与“维护自由”等同起来。尽管林登·约翰逊席卷了加州，第14号提案也得到了一个相当可观的多数的支持，白人中还是每四个人中就有三人投票支持了这项提案。当联邦最高法院在两年后重新恢复了开放售房的法律时，法院的决定反而加强了这样一种公众印象，即种族关系政策方面的改革是在违背民主的大多数的意愿的前提下得到推动的。这件事帮助前电影演员罗纳德·里根赢得了1966年的州长选举。里根公开为一个“自由社会”中的住房拥有者的权利进行辩护，认为，如果他们愿意（或选择这样做）的话，这些人有权“歧视黑人”。

加利福尼亚的住房斗争预示着随后发生的一系列冲突——如在波士顿发生的为争取种族合校、围绕法院命令的校车接送政策发生的冲突——在这些冲突中，种族主义思想、对社区稳定的忧虑和担心以及对犯罪活动的恐惧等混合在一起，为保守派在从前属于民主党的族裔工人阶级选民中动员和拉拢反对有为的自由主义政府的力量提供了肥沃的土壤。那些反对校车接送政策和开放售房政策的人，在波士顿南区、纽约的卡纳西和其他类似的社区中，经常以粗鄙不堪的绰号和语言辱骂黑人。这种行为显然加强了蓝领族裔是反动的种族主义者的公众形象。但住在富裕郊区的居民虽然学会了避免和放弃使用这种低级下流的语言，但如同加州的提案所示，在保持他们社区始终是白人化的居住区方面，他们的坚决程度一点也不亚于他人。

前民主党选民中出现的反对力量帮助理查德·尼克松分别在1968年和1972年入主了白宫。但保守派对尼克松的不满程度并不亚于对他的前任。尼克松可以对保守派在口头上进行呼应，尤其是在谴责反战示威者和呼吁建立法制与秩序方面，但当他进入白宫之后，他却是扮演了一个主流共和党派的角色，他扩大了福利国家的政策，继续寻求与苏联实行和缓战略，而不是战略对抗。在20世纪70年代，国内和国际事件进一步影响了美国国内政治的发展，为1980年保守派的胜利创造了先决条件。在这些事件中最首要的是1973年出现的“二战”后经济扩张和消费繁荣的长时期终止和一个增长缓慢和高通货膨胀期的开始。其结果是战后社会契约的分裂，大公司在面临利润下降、海外竞争力提高的情况下，要求获得合同上的让步和提高生产力的效益，这加速了已经开始的将收入很高的制造业转移到美国的低工资地区和国外去。劳工运动过去一直是民主党联合阵线中的一个小伙伴，现在不得不在公司保守主义的动员中处于守势。劳工运动从那时起便一直处于这种地位。这也是美国人的实际工资长期处于冻结状态的众多原因之一，美国人的真实工资从1973年起在20年中基本上没有增长过，经济危机和由此产生的普遍焦虑心情显然增强了保守派提出的要求的吸引力。保守派的呼吁包括，降低税收，减少政府管制，削减政府的社会（项目）开支，以刺激商业投资和恢复生产力。这些要求对强调道德的保守派和自由至上主义的保守派都有强大的吸引力，从而使这两个保守派群体在对自由定义有严重分歧的情况下，能够继续一起工作。

经济上的混乱显然助长了全国性的不安感的产生和蔓延。其中一个可以说明问题的例子是美国自由列车的命运。这部列车作为美国独立200周年纪念活动的一部分，于1974年发起。这列由通用汽车公司和其他四家大公司赞助的列车与其著名的1947年的前身有许多显著的不同。列车上的历史文献全是复制品，不是原件。车上还附加了其他一些展品，如喜剧演员杰克·本尼的小提琴、篮球运动员鲍勃·拉尼尔穿过的20码的球鞋、朱迪·加兰在电影《绿野仙踪》中穿过的服装和用过的一个呼啦圈，这些新加进的东西看上去是在将自由与现代消费文化和大众娱乐联系起来，而不是与美国的政治与思想传统联系起来。但是，当时的美国还未从在越南的失败和尼克松总统的水门事件丑闻的冲击中站稳脚跟，参观自由列车的观众人数之少，说明国家在自信自尊方面面临了一种危机。随后不久，几十名美国人在伊朗被捕捉为人质，更加强了一种公众感觉，即美国作为一个主宰世界力量的时代已经结束。1979年，吉米·卡特总统也警告说美国面临着一种“信心上的危机”。他把这种情形部分地归咎于美国“对自由的误解”，这种误解将“自我陶醉和消费”置于对全国性的共同目的的关心和投入之上。

所有这些新的发展都为保守主义的阵营增添了新的力量。其中一套新的人马是一群自称为新保守主义者的人，这是一个由前自由派知识分子组成的群体，他们指责60年代导致了道德标准和对权威尊重的下降。他们对这种保守主义思潮的接受很快导致他们对其他保守思想的全面拥抱，包括那种即便动机良好的政府社会计划给社会带来的坏处也是大于好处的说法。他们同时也否定了卡特对美国外交政策的方向进行重新定位的努力（卡特说，美国害了“一场对共产主义的恐惧症”），卡特想将外交政策从冷战转向为推动人权，包括在“自由世界”的国家内。新保守派重新利用了在60年代已经基本被抛弃的极权主义理论，认为由于卡特对苏联威胁视而不见，“自由的生存”已经受到了威胁。

作为一种群众运动，70年代的另一个现象更为引人注目，这就是宗教保守势力作为一种重要政治力量的兴起。推动这种力量兴起的是另外一种政治上的“反弹”，但造成这种反弹不是因为民权运动，而是出自于沃伦时期的法院的一系列决定，包括禁止在公立学校中进行宗教性祈祷仪式，将淫秽作品出版作为一种言论自由加以保护，使堕胎合法化。从更广泛的意义上讲，宗教右派对性革命和第二波女权主义的兴起甚为反感，他们认为女权主义破坏了家庭的稳定和妇女在家庭中的作用。福音派基督教派在美国的历史可追溯到殖民地时代，它本身及其卷入政治并不是什么新鲜事。在19世纪，宗教复兴曾引发了废奴主义运动以及其他一系列的改革运动。但在20世纪中，福音基督教教徒与那种看上去在轻视宗教和歌颂非道德化的文化越来越格格不入。当宗教福音派在70年代步入政治时，他们主要是与右派站在一起。

基督教保守派（他们中许多人在利用大众传媒筹集资金和传播思想方面身手不凡，做得得心应手）完全接受了自由至上主义保守派的自由市场经济学。杰里·福尔维尔牧师是自封的"道德大多数"组织的创办人。他宣称说，在旧约和新约全书中的"上帝的语言中"都为"资本主义和自由企业"提供了正名之说。但是，基督教右派的自由定义更多的是来源于这样一种思想，即自由意味着过一种有道德感的生活——如果可能的话，以自愿的方式接受；但如果必要的话，以一种强制实施的结果来实行。

如果基督教保守派对在市场上追求个人利益予以了宗教意义上的支持，他们对60年代提出的私生活领域的解放目标却予以全盘否定，尤其是否定了性革命和妇女角色的转化。许多妇女对自己成为拥有独立自主权利的个人这一新的定义也并不十分乐于接受。这一点在围绕批准平等权利宪法修正案的斗争中反映出来。平等权利宪法修正案最初是在20世纪20年代由艾丽丝·保罗和妇女党提出来的，后为第二波女权主义运动重新复活。在权利革命的尾声阶段，修正案所提出的"法律面前的权利平等"不能因"性别原因"而遭到剥夺这一思想，看来并无任何争议。1977年，这条修正案为国会所通过，没有遇到什么障碍，然后送至各州去批准。这条宪法修正案的初衷是消除一切阻碍妇女全面参与公共生活的障碍，但它却很快引起意料不到的一些人的强烈反对。反对者称，这条修正案将破坏家庭、贬低妻子和家庭主妇的角色；他们还用一种呼应20年代辩论的语调称，这条修正案将迫使一些专门优惠妇女的法律——如产假的规定以及在离婚时把孩子判给母亲一方的倾向等等——遭到废止。

围绕平等权利宪法修正案的辩论既反映出妇女内部的分歧，也反映出性别之间的冲突。对于修正案的支持者来说，修正案为妇女的自由提供了一种保障。对于它的反对者来说，妇女的自由仍然局限在上帝所指定的妻子和母亲的角色之中。反对者称，修正案将妇女看成是独立自主的个人，将毁掉家庭的有机整体，让男人“逃脱”责任，否认他们对妻子和孩子应负的责任。反对修正案势力的领袖人物菲利斯·施拉夫利写道，女权主义是在“牺牲婚姻结合和社会妥协的基础上”推崇“自身的自由”。民意调查始终显示，美国人大部分的男性和女性中都赞同平等权利修正案。但如同先前的禁酒运动一样，反对修正案的运动是以保护婚姻和家庭的名义发起的，因而将成千上万的妇女吸引到公共领域中来。这条修正案因为没有得到所要求的 38 个州的批准而失败，它的失败是保守派妇女所进行的基层动员工作的一个重大胜利。这个失败同时也显示许多妇女仍然对传统的性别分类持支持态度，尽管女权主义者将这些传统观念谴责为美国自由的障碍。

更具有分裂性的是围绕堕胎权进行的斗争。在保守派眼中，这是自由主义政府牺牲道德价值，推动性方面的不道德行为和自私的个人主义的又一例证。对于女权主义者来说，拥有安全可靠的合法堕胎权，对于控制自己身体的能力来说，是必不可少的。对保守派来说，尤其是对那些来自于主张“因信称义”的新教教派和天主教会的保守派来说，堕胎无异于谋杀生命。在这种极为对立的立场之间，妥协是完全不可能的。由于有了最高法院 1973 年在罗诉韦德案中的判决，妇女将继续享有终止孕期的权利，这一权利一直持续至本世纪（20 世纪末。——译者注）。但是，堕胎问题在美国政治中划出了一条充满仇恨的、有时甚至是充满暴力性的界线，在那些笃信宗教的妇女与较为世俗的妇女之间，家庭妇女与在家庭外工作的妇女之间，挑起了一场恶战。如同针对平等权利修正案的纷争一样，关于堕胎权的战斗在一定程度上也反映出一种关于妇女自由的辩论。维护堕胎权的人将“选择的权利”奉为自由的根本，这也是最高法院的大多数在 1992 年肯定罗诉韦德案的一个判决中支持的观点。法院的意见写道，“自由的核心是（一个人）界定自己生存的概念的权利”和在不受外界干扰的情况下作出“最隐秘的和最个人性的决定”的权利。那些反对堕胎的人倾向于将自由理解为是在家庭单位内部享有的东西，他们一般反对同性恋、婚前发生性关系、宽松的离婚法和避孕措施等。在根本上，他们否定整个性革命。但有讽刺意味的是，当反堕胎者谴责第二波女权主义将个人决定当成集体责任的对立面来过分强调时，却采用权利革命的现在看来无处不在的语言，把他们自己的运动称为“争取生命权”的运动，声称他们代表了“未出生的孩子”的“权利”。

从某种意义上，反对平等权利修正案和堕胎权的人所进行的是一场无望取胜的、反对性别关系上不可逆转的革命的战斗。事实上，尽管保守派重新将珍妮·亚当斯曾提出的“家庭权利”供奉在首要位置，参加工作的妇女人数（包括有幼年子女的母亲）仍在继续不断地迅速增加。两种不同类型的妇女是造成这种情况的主要原因：那些力图在从前只对男性开放的专业和技能性行业中寻求职业生涯的妇女和那些涌入传统的低工资、“粉红领”工种中的大批劳动妇女，这是由于男人工资停滞不动、家庭收入需要扩大的要求所导致的现象。但无论如何，反对平等权利修正案和堕胎权的运动为保守派联合战线的扩张加进了一股新的势力。在1980年，由于对经济混乱的普遍不满、美国在世界上影响的日渐衰落和传统的社会角色和价值观的明显衰弱，罗纳德·里根以风卷残云之势入主白宫。“里根革命”将完成美国自由的又一次转变，这一次是将它从左派的战斗口号转换为一种右派的所有物。

（选自方纳《美国自由的故事》，王希译）

第二十讲　论政府未来的治理模式

[美] 彼得斯

盖伊·彼得斯（B.Guy Peters，1944—　），美国匹茨堡大学政治科学系主任、教授，国际著名的研究政府治理与改革问题的专家、公共管理大师，其理论创新能力在美国公共行政学界享有盛誉。

【编者按：从20世纪80年代开始，围绕管理职能、管理方式、运行机制、自身管理等问题，西方国家掀起了一场规模空前的“政府再造”运动。美国著名公共管理学大师盖伊·彼得斯教授，从各国政府的革新主张和现有发达国家的政府改革实践中，梳理归纳出四种未来政府治理模式：市场式政府、参与式政府、弹性化政府、解制型政府。不论何种改革，都会产生架空政府、降低政府尤其是职业公务员的社会作用的相似后果。】

国家和政府治理的展望

在过去几十年中，很少国家的政府没有受到席卷政府部门的改革浪潮的冲击。对大多数的政治体制而言，改革所涉及的范围之广恐怕是前所未有的，至少在和平时期未曾有过类似的经历，但改革本身却是零散而无系统地进行的（B.Peters and Savoie，1994a）。缺乏明确的看法和完整的策略可以部分地说明为什么改革的结果令许多提倡改革的人士感到失望（Caiden，1990；Ingraham，1995b）。显然，政府常常选择从一套假设（不言明的或言明的）中推论出的“非专门设计的”改革方案，同时也选择建立在完全不同甚至相互对立的假设基础上的其他改革方案。政治家和行政主管们在选择这些方案时，总是期望这些改革方案能够一起发挥作用。但实际上，在许多情况下这些方案不仅没能一起发挥作用，相反，这些方案相互作用的结果有时却产生了负面的影响。

因此，在本文中，我将阐释几种更为完整的关于政府及其官僚体制前途的观点。假如这些观点中所提到的行政体制能够得以确立的话，那么每一种观点都将对治理的方式产生影响。我们不能脱离一个社会中发生的其他政治和文化运动而孤立地考察这些行政改革。例如，强调以市场模式来改革政府仅仅代表了一种思想，即有必要把市场方式引入所有像大学这样的社会公共机构之中（Tully，1995）。同样，促使更多的人参与行政这一运动也仅仅是强调在同一社会公共机构内有更多的参与机会这样一个普遍理想的一部分（这一点与市场模式有很大的矛盾）。

如果能对这些新的观点的内涵进行更为全面的探讨、理解，并与传统的治理概念相互比较，那么将有助于政府更有效地按计划推行变革。当然，即使政府采取了更连贯一致的改革方案，也不能保证其改革必然会获得成功。此外，完全按计划进行的行政改革也不可避免地存在着偏向或被推翻的可能性（March and Olsen，1983）。

本文的实践意义是次要的，因为我的主要目的是加深人们对这些年中政府的治理究竟出了什么问题的了解，以及对未来新的治理概念含义的了解。想要对当代的政府改革有一个清晰的认识并非易事。正如休·理查兹在谈到英国政府改革时所说："这是一幅由变化中的行为方式、非正式的和突然出现的规则，以及转变中的权力游戏等交织而成的混乱的图画。我们需要更多的透明度，以协助公共管理者及其他公共服务机构的人员了解政府改革，也让更多的公众更好地理解这些改革。"（1992，15）

几乎可以肯定的是，以前的状态已不再是英国或其他国家的政府部门在进行改革时的优先选择，因此有必要了解这些正在出现的新治理模式。学术界和实际工作者及有关的分析人士都必须探索有关这些模式的假设，以及从这些假设中推论出来的特定的改革方案。如果我们对这些模式不进行任何的分析或解释，那么我们将难以了解工业化社会和体制转换中社会正在出现的国家形式，也将难以对21世纪有关政府治理的基本问题进行思考。

对这些新模式进行探讨，并不意味着任何一个新模式都优越于传统的治理模式。我个人倾向于认为，尽管传统模式确实有失完善，但我们可以对其进行改造以便使其能够更好地发挥作用，那种认为新模式就一定优越于传统模式的看法显然不是事实。我也认为继续进行政府改革在当前的政治气氛下是不可避免的，如果改革能够有组织、有计划地进行，那么这样的改革更可能产生有效的结果。人们也应该认识到这些治理方法所固有的内在矛盾。否则，就像H.西蒙所论述的“行政谚语”那样（1947），会出现一些相互矛盾的“改革谚语”（Kaufman,1978；B.Peters，1996）。当前我们在思考政府部门的复杂性时趋向于采取情景治疗法而不是系统化的治疗法，即使在受到一套相当有说服力的理论假设的引导时也是如此。这可以从改革的循环中最清楚地看到这一点：人们在权力下放之后又追求集权化，而集权化之后又追求新一轮的权力下放。

然而，采取任何一个特定的治理模式都必须考虑到与之相适应的背景。对中欧和东欧那些体制转换中国家而言，也许韦伯式的非常有约束力的行政体制最有助于恢复其政府的合法性（Hesse，1993；Derlien and Szablowski，1993）。这些国家在采取更市场化的行政体制之前，需要先将其固有的价值观念制度化。在一个权力更为分散的行政体制能够得到法律认可之前，不得不先清除人们头脑中残存的政治化的和极端专制的旧体制。

和工业化国家一样，一些官僚体制（此处是用该词的贬义含义）长期占主导地位的第三世界国家可能也会发现这些新的治理模式是可施行的和可取的（Grindle and Thomas，1991）。在改革的过程中可能会遇到的困难之一是改革的倡导者往往设想“一种适合所有政府的模式”，并且认为任何政府只要将其所选择的新模式制度化，便可以有效地改善政府工作成效。这种基于有关政府的设想而进行的改革确实带来了一些问题，例如在美国的“政府再造”（Osborne and Gaebler，1992），因为这些设想是从规模较小的地方政府的经验中得出的，可能并不适用于中央政府。

随着这四个有别于传统治理模式的新模式的提出和发展，每一种关于政府治理的看法的含义和所提出的解决治理问题的方法都能够得到验证。其中最基本的是对问题的诊断。任何改革的尝试都意味着人们对变革的期望，每一个新的模式本身就说明了人们对政府部门存在的问题的根源有一个清晰的认识。因此，这些新的模式都试图将公民对其政府感到焦虑和不满的模糊感觉，转化成一组具体的因果关系。当然，任何将复杂的社会和政治制度结构化的尝试都不免过于简单。然而，在进行错综复杂的政府改革时有必要了解问题存在的原因，以帮助我们对有关的问题有一个清晰的认识。

其他四个方面的分析是针对有关问题尤其是针对解决过去状况的方法提出更为明确的概念。其第二个方面是结构，亦即应该如何组织政府部门。各国政府一般趋向于采取分级分层的方式来组织，其主要的形式是重要的政府部门由内阁成员领导。今天，尽管大多数的政府仍然选择这种组织方式，但差不多所有的国家都或多或少成功地开始采用其他一些不同的结构方式来组织政府。这样，政府的结构不再是一成不变的。面对这种情况，学者和实际工作者都应该考虑如何选择合适的政府结构以及政府结构与几个新的治理模式之间的关系问题。虽然组织论者趋向于认为结构与一个组织的有效运转并没有太大的关系，但我认为，政府部门的有效运转有赖于结构和治理的其他方面协调配套。

第三个方面是管理，亦即应该怎样聘用、激励和管理政府部门的工作人员，以及应该如何有效地控制政府的财政资源？政府部门长期以来形成了一套清晰明确的人事管理制度，这套人事管理制度是建立在陈旧的认识基础上的。虽然这些陈旧的认识仍然大量存在，但在人事管理上却出现了很大的变革。这些变革摒弃传统的人事管理方法，转而仿效私人部门的人事管理制度，并逐渐减少政府对其工作人员所承担的长期义务。就目前来看，在政府部门工作与在私人部门工作并没有太大的区别，而我们应该思考这些变革所代表的含义。

同样地，占主导地位的管理特征趋向于强调由强有力的中心机构通过制定预算和购买规则的办法来实施对资源的预先控制。根据这一观点，管理主要是中心机构的职能，其他机构和人员须遵循中心领导的指令行事。一个组织中的领导可能有一些自主权，但是他们在执行重要的管理任务时必须遵守有关的规定而不能自作主张。新的治理模式倾向于改变这种管理思维，赋予低级官员更多的自主权和决定权。

第四个方面的重点集中在政策和政策过程的概念上，亦即职业公务员在政策过程中应该起什么样的作用？以及政府应该如何对私人部门施加更广泛的影响？这些问题涉及许多有关政府决策程序及其内容等方面难以处理的问题。而决策程序和政策内容的问题又常常和这样的假设掺和在一起，即有什么样的人员（公务员）就会制定出什么样的政策（干涉主义者）。因此，采取更多的以市场为基础的手段（如担保人制度）以排除决策过程中官僚们的影响显然是更可取的。不仅如此，而且在政策过程中有必要检查国内法规条例如公务员法的影响和作用，因为这些法规条例是立法机关和司法机关用以确保决策正确的工具。

这四个方面的有关治理问题的看法都各自包含公共利益的概念以及一个全面的关于如何缔造一个好政府的想法（见表1）。这些概念往往是蕴含在治理模式之中的，但凭借下表可以让它们更显而易见。每一个模式都回答了这样的问题："政府应该如何来治理，以及政府应该做什么？"对公共利益的关注也许是整个改革运动最重要的组成部分，政府工作人员在改革过程中应该思考的基本问题是，所采取的改革方案以及政策过程的结果能否使公众受益，而不是能否革除那些旧有的体制。所有改革人士都相信他们所推行的变革可以获得最佳效果，尽管他们对公共利益的看法完全不同。

表1　四个新治理模式的主要特征

	市场式政府	参与式政府	弹性化政府	解制式政府
主要的诊断	垄断	层级节制	永久性	内部管制
结构	分权	扁平组织	虚拟组织	没有特别的建议
管理	按劳取酬；运用其他私人部门的管理技术	全面质量管理；团队	管理临时雇员	更多的管理自由
决策	内部市场；市场刺激	协商；谈判	试验	企业型政府
公共利益	低成本	参与；协商	低成本；协调	创造力；能动性

通过表 1 我们可以清楚地看到这四个治理模式的主要特征以及对这四个模式的评价。仔细审视这些改革模式的特点，可以使读者更加了解这四个模式以及由其引导出的改革的优势、劣势、内涵和彼此间的相互影响。同时也可以揭示出为什么当代所进行的许多改革令改革的倡导者感到失望，为什么这些改革能证实对改革持批评态度的人士的怀疑。政府部门的改革或其他规模庞大的组织的改革，都不是一件容易的工作。也许只有通过更全面、更客观的调查，我们才能更清楚地看到改革中存在的困难和改革的前景。

市场式政府

如果让现在的政治家、学术界人士和公众选择一个可以取代传统公共行政模式的治理结构，其结果一定是选中市场模式。有太多实施了市场模式的例子或宣告实施了市场模式的声明，以至于在这里难以一一列举。[①]市场模式的基本观点是，当前有关政府改革的时代思潮是利用市场并接受这样的假定，即私人部门的管理方法（无论是什么样的管理方法）几乎可以说是与生俱来地优越于传统的公共部门的管理方法。不管最富裕的西欧各国或最贫穷的非洲国家是否考虑进行行政变革，[②]人们普遍假设提高政府组织效率的最佳甚至唯一的方法是用某种建立在市场基础上的机制代替传统的官僚体制。

从市场的观点来看，传统官僚体制存在的主要问题在于它们无法提供充分的激励机制以鼓励其组织成员有效率地做好分内工作。由于缺乏积极性，组织成员通常会充分利用工作上的各种特性。其中的一种特性可能是寻找“工作中的空闲时间”（Peacock，1983），而这很容易

① 莱特（1991）对此有很好的评论。

② 总的来看，这些国家并不是自发的实行市场模式，而是在世界银行、国际货币基金组织等组织的要求下被迫实行市场模式，这些组织强制这些国家实行市场模式的目的是为了确保他们的资金援助能够得到有效的利用。

给人留下懒散、怠惰的官僚形象。第二种观点认为，官僚常常通过将其机关预算增加到最大限度的方法来扩大自己的权力并提高个人的收入（Niskanen，1971；McGuire，1981）。而这一点又会给人留下激进的、妄自尊大的官僚形象——这一形象正好与怠惰的官僚形象相对立。此外，这一观点也进一步臆断行政官员可以从增加的预算中谋求私利。

第三，官僚和他们的组织有时也会表现得过分热情，其所热衷的倒不是个人的报酬，而是公共政策的执行，尤其是执行那些被认为会危害产业和强迫社会接受官僚片面裁定的公共政策（Wolff，1988；Booker and North，1994）。一个组织一旦被创建并受命管理一定的政策领域，那么这个组织就可能变得难以控制。当一个组织越来越远离其最初由法律所规定的目的、转而由自己来界定所谓完善的政策时，就可能出现官僚放任自流的现象（Shepsle，1992）。虽然管制活动常常出于良好的愿望，但对于被管制的产业而言，这种积极的作为通常不受欢迎。

市场模式被假定为能够解决传统公共行政中存在的问题。然而，问题的关键在于这些诊断是建立在对传统行政模式不足之处的相当不同，甚至完全相反的认识的基础上的。不过，人们还是期望着能够用这一改革模式来解决传统模式存在的问题。从某种程度上讲，市场模式本身具有明显的差异性，并且是由几个组成部分所构成的，因此对其内在矛盾的特性进行描述也许并非易事。有关的观察确实暴露出在几乎所有致力于改善政府行为的尝试中都蕴含着强烈的意识形态成分，因此任何改革主张都必须尽可能全面地加以评估。热衷于各种改革模式的人士并不总是依据其经验主义的改革理念行事，这一点不仅适用于市场模式，也适用于其他改革政府的模式（R. Moe，1993；1994），甚至包括传统模式的倡导者所提出的意识形态方面的主张（Goodsell，1995）。

参与式国家

有关治理改革的第二种方法——参与——从观念形态上讲，几乎可以说是与市场方法相对立。该方法所倡导的用以证实其思想的政治意识形态是反对市场的，并致力于寻求一个政治性更强、更民主、更集体性的机制来向政府传达信号。参与是20世纪90年代的主要政治议题之一。比尔·克林顿（Bill Clinton）通过到镇公所与公众会面和乘车到全国各地访谈获得了相当多的政治支持。英国首相现在发现只有深入到人民中才能制定出合理的政策，这正是他们在政治上的追求，而不应该总是去征询有关政策应该是什么的建议。[①] 协商和公民参与决策已成为加拿大政府的中心工作，包括预算过程也需要协商和公民参与（Lindquist, 1994）。这些例子都清楚地显示出，在这样一个时代里，如果没有公众的积极参与，政府很难使其行动合法化。

虽然参与方法与市场方法在观念上存在差异，但在某些情况下，两种方法所提出的分析与建议却有明显的相似之处。它们的共同点在于，二者都认为传统官僚体制是政府良好运作的绊脚石，并认为要用新的方法来提供服务。然而，这些相同的思想却是行政改革在学术上和实践上陷入混乱的根源。我的主要目的之一是更清楚地阐述这四种变革公共部门的方法之间存在的差异性，以及在什么时候和什么情形之下，这四种方法可以相容和不可以相容。

如同垄断是市场模式的主要障碍一样，参与模式的倡导者认为层级节制是最直接的罪恶。此种假定是基于传统官僚体制这种层级节制的、由上而下的管理形态限制了员工对其所从事工作的参与。缺乏参与让他们产生距离感，也降低了他们对组织的承诺。市场和组织经济的倡导者也反对层级节制，他们倾向于订立一套契约来规范组织的行为（G.Miller, 1992）。他们认为科层体制增加了政府很多自愿性契约所没有的执行成本。但单个组织内部的层级节制比存在于大多数组织的垄断更能为学术界所接受。

---

① 保守党在1995年春季竞选中获胜后，梅杰首相（Major）进行了一次环绕全英国的旅行，以探求民意（Baggott, 1995）。

我把这第二种方法叫做参与式国家，但它还有其他名称①，如授权式国家。在授权式国家中，部分组织和社团在高度层级节制体制下，获准有较多的组织参与（Kernaghan，1992；M. Clarke and Stewart，1992）。如同市场方法和解制方法一样，参与方法也把公共部门中所常见的层级化、规则化组织视为有效管理和治理的严重障碍。然而，参与方法和市场方法不一样，市场方法注意公共组织中较高的管理阶层，这些人一向被看作是政府的原始企业家。而参与方法则是关注较低阶层的员工和组织的服务对象。

这种方法的基本假设是，大量有能力、有才华的低级员工不能得到很好的使用，而且员工和顾客与公共部门所提供的产品及服务关系最为密切，对于相关的计划他们认识较深、掌握的信息也较多。这种方法也进一步假设，那些被埋没的思想与才华如果能得到适度的发挥，那么政府将会表现得更好。因此，要使政府的功能得到更好的实现，最好的方法就是鼓励那些一向被排除在决策范围外的政府组织成员，使他们有更大的个人和集体参与空间。

对于某些参与方法的倡导者来讲，参与除了指直接从某一政策获益的个人之外，更应包括广大的公众群体。这种论点认为，官僚化产生了公共组织的部门化，只有在特定政策范围内的顾客与生产者对该项政策及其执行才具有影响力（Muller，1985；Tonn and Feldman，1995）。而且，官僚化与政策的部门化限制了协调计划的能力和制定跨越多元政策领域的一致性政策的能力。这样也就很少去关注公众作为公民和纳税人的角色。②参与模式的支持者认为，参与不可能导致出现共同的利益，但它的优势在于在民主国家，它可以根据需要决定由哪些人参与。

可以预见的是，参与方法的倡导者倾向于与政治左派相结合（Bachrach and Botwinick，1992）。但是，某些政治右派理论家也将授权、

① 或许另一种较为重要的描述是公有社会主义，虽然那种模式缺少某些能直接激励这种特殊概念化的参与风气。

② 就像市场方法一样，这种观点与将公众视为公共服务消费者的概念形成强烈的对比。

社团和顾客自我管理等作为提高效率的手段，因而他们也倡导参与方法。[①] 在大众政治领域，参与方法的具体表现形式常来自右派。除了真正的杰出人物之外，参与可以说是一种价值，这种价值属于政治民主的意识形态范畴。参与概念被广为接受之后，却产生了一个难题，那就是要区分出不同政治阵营对参与概念的界定

弹性化政府

弹性化政府是改革传统政府模式的第三个选择方案。在当代的政府改革中，该方案最受关注。在四个政府模式中，这个模式的概念最含糊不清。就基本层面而言，弹性化政府是指政府有应变能力，能够有效回应新的挑战。不过，很多东欧、中欧以及发展中国家的政府在这方面的尝试却均告失败。更准确的理解认为，弹性化是指政府及其机构有能力根据环境的变化制定相应的政策，而不是用固定的方式回应新的挑战。

近年来，弹性化政府被看作是公共部门管理模式的对立面。很多国家都把在政府机关任职视为终身雇用（Walters，1992a），假如员工想留在政府的话。[②] 同样，在公共部门设置机构，不管当初设置的理由是不是临时性的，传统上也常常将它当作是一个永久性实体（Kaufman，1976）。虽然政府任职和政府组织的永久性经常被过分强调，但这种看法仍然是公共部门组织的管理和形成的定论。而实际上，政府领导人、媒体、知识分子早已建议缩减公共部门的预算、组织和改进任用制度。[③]

---

① 当过美国住宅及城市发展部部长的肯普（Jack Kemp）是一个主要的例子。他是致力于住宅计划非官僚化并允许租户自我管理的先锋。有关住宅计划的非官僚化运动参见 Hula（1991）。

② 阿伯贝克、帕特南和洛克曼（Aberbch，Putnam and Rockman，1981，67—71）发现，发达民主国家的公务员几乎没有将他们的工作生涯用在中央政府之外。不过这个发现在各国也有差别。英国的公务员几乎未曾在其他地方任过职，而德国则只有半数的公务员有这样的经验。在其他国家，如法国和日本，公务员转到私人部门从事赚钱的工作是司空见惯的事，但从私人部门转到公共部门工作则甚为少见。

③ 这一趋势有一个很有趣的现象，那就是要求美国的公务员有任期的限制。而政治家在当选前往往比当选后更热衷于这个话题。不过，始创提案在 1995 年时被众议院封杀。

政府在人员任用上的铁饭碗和公共组织永久性的负面影响已经受到广泛注意。政府也已开始着手处理这些问题。弹性方法成为改变公共部门现状的可行方案。与前两个模式相比，弹性方法的意识形态较弱。而且，许多政府已提出针对公共部门永久性问题的改革设想和建议。

批评者对政府永久性问题的产生和改进，有着各种各样的看法。一方面，政府永久性不仅被看作是保守政策的渊源，而且也成为员工服从组织的原因。[①]员工更关心预算期间能否保住工作以及组织是否存在，至于政策能否有效执行就另当别论。另一方面，组织的永久性也可以使以前那些宽大的社会计划得以制度化。

除了引起管理问题之外，对既存结构的认可也会使通行的政策概念甚至是政策问题趋向制度化，进而使政策变革更加困难（Hogwood and Peters，1983；Rochcfort and Cobb，1993）。即使组织及其政策所处的客观环境瞬息万变，但这种以不变应万变的习性却依然存在。而组织所提供的概念透镜以及稳定而充裕的资源，更使组织成员拒绝变革。

在军事和国际事务方面，还有一些更极端的做法。例如，20世纪仍保留骑兵队，无法从外交事务中进行学习等(Etheredge,1985)。而(美国）国内的组织也有类似的情形，例如农业政策不像其他产业那样已经走向民营化和解制式，却仍然固守高度管制和市场补助机制（Skogstad，1993)。此外，很多公共组织也继续执行劳动市场政策，而无视全球化的发展趋势（King，1995)。由于组织提供的概念透镜已经扭曲了大家对组织存续的知觉，所以很少有组织（公共部门或私人部门）愿意在组织变革方面进行投资。[②]

虽然传统上认为组织永久性是创意和主动性政策的不朽基业，也是

---

① 有趣的是，有关公共选择的文献企图去寻求保守的组织设计方法，以保持相同的政策（McCubbins，Weingast，1989）。

② 这种自欺的活动并不限于公共部门组织。有些私人部门公司即使面对有如排山倒海而来的证据，也坚持己见。这种情形通常见于组织表现良好的时候，但他们却没有能力对环境的变迁做出反应。

渐进变革的保证（Hayes，1992），但政治右派批评者却认为组织永久性不同于政策效力。他们甚至认为所有公共组织都有大政府的倾向，而且必须承认前自由主义政权所提出的计划也有永久性（甚至应加以扩张）（Aberbach and Rockman，1976）。这些延续不绝的计划扩大了公共支出，并成为当代混合型经济福利国家的特征（Cook and Barrett，1992；Taylor-Gooby，1985）。此外，这些计划也必须为其他问题——如公共部门赤字——负起责任。

官僚主义的批评者认为，组织为其政策的辩护，是出于组织要维护其自我利益，而非维护服务对象的利益（Egeberg，1995）。在这种对官僚体制耳熟能详的负面观感中，政府结构的制度化已经造成了政策优先顺序和治理风格的永久性，而且对社会已经产生了严重的消极后果。批评者认为这种自视永久的结构已经与当代多数工业化民主国家的想法脱节——这些想法是大众希望有一个机制能够减少公共部门的规模和影响力。

这种保守的政府概念和尼斯卡宁以及其他市场倡导者的看法极为类似。但在此状况下，主要的动态力量也给公共部门永久性带来了困难。[1]在预算期间，即使经费只是渐进性的增长，但永久性组织仍旧是支出扩张的根源。早期一些改革政府的方法，如零基预算（Schick，1978），就企图消除此种经费不断增长的压力，但却由于各种原因而徒劳无功。因为只要有政府组织存在，它们就需要供养；而如果政治家无法做出裁撤组织的决定（Bothun and Comer, 1979），那么公共预算的增加就不可避免。

因此，从批评者的观点来看，要让公共部门及其政策优先顺序发生重大转变的最容易、最有效的方法，就是针对组织本身进行大力改革。比如说，英国的“下一步”计划和新西兰的政府公司化运动虽然着重于市场概念，但也能迫使政府体制进行变革（Boston，1991；Hogwood，

① 就尼斯卡宁及其同事而言，永久性只是部分的论证而已，而最主要的动态力量则是垄断和对经费提供者隐瞒真实生产成本的能力。

1993）。有些主张行政重组和私人部门组织重组的倡导者认为，变革会使组织本身更有活力（Hult，1987）。从新西兰和英国变革的例子中可以看到，明确的政策目标与组织力求变革的欲望有相辅相成的效果。

解制型政府

改革者的第四个选择是凭借“解制型政府”的方式发挥公共部门潜在的能力与创造力（J.Wilson，1989；Barzelay，1992；Dilulio，1994）。解制一词（如同其他我们讨论过的词汇一样）在不同的地方有着不同的意义。在我们所讨论的内容里，解制与经济政策无关，而是指政府本身的内部管理。解制型政府与20世纪80年代寻求减少并严格限制政府活动的政治主张是完全相反的。20世纪80年代的政治家们对于官僚组织非常厌恶和不信任，并试图限制公共官僚组织制定政策的权力。有关解制模式的基本设想认为，如果取消一些限制和制约，政府机构就可以将目前的工作处理得更有效率，而且还可能从事新的创造性工作，以促进社会的整体利益。这就是耐克（Nike）公司的管理理念：“就这么办。”

霍纳（Constance Horner）清楚地阐明了通过解除对公共部门的管制而进行改革的观点。他说：“公共部门的解制与私人部门的解制一样重要，而且也是基于同样的理由，即为了释放员工的创新活力，我们需要坚决果断的公务员，有能力作出决定与开展行动，而不是一味等待观望。”（1994，87）

霍纳是里根政府的高级官员。我们很难想象一位高级官员会向政府提出如此积极的看法。解制方法的含义是，释放公共部门蕴藏的能量，以提高政府行动的水平。也就是指解除内部繁文缛节的限制，使政府的活动更具有创造力、效率及效能。另外，保守派人士有时认为，任何通过解制所创造的活动，都将会集中在他们所愿同意的方案上，而不是帮助穷人而限制企业的社会性或管制性方案。

第二种观点认为，解制型政府是市场模式与管理主义的另一种说法。市场化观点的解制，主要目的在于解除内部控制，以提高公共管理者的管理能力。因为公共管理者长期受到人事、预算等法规的限制，想要通过管理主义以提高效率几乎是不可能的。所以，解制与市场模式被视为是改造政府的互补方法。尤其是解除人事管理、采购等相关的内部限制，将使公共管理者的行为如同私人经理一样，从而促使公共部门更有效率。

有关解制的第三个方面的含义包含有参与模式的部分内涵。参与模式倾向于使员工在组织决策上更具有影响力，因此解制模式的倡导者相信运用裁量权将比运用规则、管制更能产生有效的公共行为（J. Stein，1995；Howard，1994）。威尔逊（James Q. Wilson）——解制方法的知识之父——指出：多数人不喜欢在每个行动都被预期、每个方案都受到监督、每个相反的决定都被指摘为不当的情境下工作（1989，369）。解制模式与参与模式的差异在于：解制几乎只强调提高效率，而参与模式注重的则是自我实现、参与等价值。

有关解制的三个含义及理由，所反对的对象本质上是相同的，即公共部门逐渐官僚化的结果，从贬义的观点来讲，将陷于内部规则及繁文缛节的泥沼中。倡导解制方法的人士认为，政府内部的管制措施阻碍了政府实现效率和效能的目标。由于政治家通常不信任公共组织，他们的选民甚至更不信任公共组织，因此加在公共管理者身上的控制越来越多。其结果自然是，公共管理者认为他们缺乏足够的自由空间以有效地开展工作。

在大多数情况下，过多的内部控制并不是官僚体制本身所造成的，而是公众及民选代表对官僚体制及其功能失调的看法所造成的。官僚机构的员工与他们的服务对象一样，经常对强加在他们身上的内部管制措施感到灰心丧气，这些行政官员很难说服其政治领导相信，加在他们身上的控制措施，事实上是反生产力的。的确，我们必须承认，强加于官僚体制的规则与限制是非常糟糕的选举政治，任何过分谨慎地对待公务员制度的政治家，在当前反政府的政治气氛下，也会受到怀疑。

公共行政规则约束的本质，使得它在许多领域行动缓慢、缺乏弹性。公务员制度本身变成了规则的迷宫，它被设计成“防止公务员滥用权力、确保更公平的雇佣政策、避免政府职位私相授受及政治剥削”的体系。但是，其他规则，如美国有关退伍军人的优惠措施，可能使政府为了达到其他目的及为其他选区的选民服务而不能雇用最优秀的候选人（U. S. GAO，1995b）。除了能实现上述值得赞扬的目标外，有关公务员制度的规则还被设想为有助于管理者雇用、奖励、提升与解雇员工。但现在许多公共管理者却发现，这些规则实际上是一种障碍，其他的管理方法似乎能产生更好的结果（Feller et al.，1995）。

战后所制定的采购法规甚至比人事法规的限制还多。即使是小额的采购，也要求制订出详细的投标程序，最终反而阻碍了政府以省钱的方式进行采购。[①] 由于存在着贿赂及选择性签约等弊端，最初可能使这些采购法规的制定具有了正当性，但是这些法规本身存在的时间可能比其有效期还要长。用以节省经费的预算法规，同样也对行政机关有着诸多限制，例如，这些法规要求行政机关在预算年度终结时，将没有花完的钱缴回国库。这种法规长期运作的结果，势必助长了不正当的支出，并限制了公共管理者的主动权，反而不可思议地增加了公共经费的支出。[②]

受规则约束的政府官僚体制，对于人民所造成的影响，各国明显地有不同程度的差异。在英美语系国家，人民的抱怨最为普遍，或许其中有一些是好的评价（参见 Reichad，1994；Gibert and Thoenig，1992）。部分原因是这些国家的公民不太关心公共服务部门（Goodsell，1995：49—75；B. Peters，1995b，chapter 2），以至于立法机关和中央行政机

① 军事采购规则的滥用是最臭名昭著的，例如，价值 800 美元的马桶坐垫。但部分有相同限制（与明显的愚蠢行为）的规则，在国内事务的政策部门，也同样遭到滥用，例如烟灰缸的例子。副总统戈尔在《政府再造》中，也清楚地指出许多采购控制的副作用。

② 预算规则使管理者无须节省，以免在下一个预算年度上，让人觉得不需要那么多的额度（或更多）。因此，在预算年度终了前数周，通常可发现许多考虑欠周的支出，而这些花费只是为了将预算花完。

关在行政规章之外还制定了大量的规则，用以控制公共部门。对于美国的公共行政来说，立法机关一直是一个特殊的问题。国会对单个的方案（Gilmour and Halley，1994；J. Wilson，1994b）以及对整个公共部门采取“微观管理”的方法，限制了联邦政府方案的弹性与适应性。

另一方面，德语国家和受拿破仑传统影响的国家，较少以复杂的法规来控制公共组织的行动（B. Peters and Loughlin，1995）。在这些尊重法律的国家中，一般法律就已经足够了。此外，这些大陆国家的公众比英美国家的公众，更关心公共服务部门。其结果是，对这些国家来讲，法令规章不会形成太大的负担，效率低下的情形也比英美国家少。[①]因此，解除管制的行动主要是在美国和其他英美语系的国家中进行的，尽管有关解制的一些理念已经散播到包括北欧国家在内的其他国家，这些国家通常对政府介入社会没有多少敌意（Olsen，1991）。

解制方法正在持续推动，而且已经取得相当的进展。例如，加拿大的格拉斯科委员会（Glassco Commission），在数十年前就已开始提倡解除管制（Canada，1962）。最近，美国联邦人事管理局（OPM）也大肆夸耀其所取得的成就，即将数十年来累积的人事法规裁减了一万页以上。目前该局正尝试着以高度分权、弹性的人事制度，取代依靠规则进行管理的制度（参见 Perry，1993），并尝试将大量的人事政策转交给各个机关去执行（Feller et al.，1995）。其他许多国家也在推行改革以解除对人事制度的管制（OECD，1990）。

尽管许多国家的政府部门仍受到审计规范及其他事后监督，但这些国家已经放弃了部分采购法规，转而允许各部门自行购置大部分的用品与服务（Kelman，1994；Haves，1993）。预算制度方面也有越来越多的解制情形，澳大利亚、新西兰与瑞典的中央财政机关，允许各部门采用“宽额预算”或“总体预算”的方式，对于如何使用预算给予了相当大的自由空间，并由各部门自行承担行动的责任（Schick，1988）。这种灵活

① 当然，任何国家的公民都会抱怨，但或许其强度不如近几年来英美语系国家所遭遇到的状况。

性措施给予了管理者较大的行动自由，但同时也引发了许多责任问题。

可能并不令人惊讶的是，许多政府组织发现解制后的新世界，也存在着一些问题。以前，内部法规与程序给予员工及顾客以确定感和可预测性，单个的公务员无须承担太多的责任，只要依赖层级节制、法规与管制的指导即可，于是逃避责任成了公务人员的典型行为，而且容易发展成为一种病态的和自我保护的情形（Crozier，1964）。因此，许多组织寻求重新建立陈旧而安逸的体制，并不令人感到意外。在联邦人事管理局废止许多过时的人事法规后不久，许多联邦政府机关却在自己的部门中批准施行同样的法规。可以预见的是，每当有新的需求与问题出现时，这些政府机关就会以不同的方式增加各自的人事法规，其结果是联邦政府在解除管制之后反而更多地受到了法规所带来的负面影响。这是因为缺乏足以指导各部门行为的共同规则，同时也不能让有关人员了解已有的规则。

在英国，以市场为基础而进行的改革与公共部门的解制做法产生了一些明显的冲突。尽管财政部宣称它在持续不断地进行分权与解制，但在财务管理与政府采购上，许多情况显示，现在比过去受到更多的法规限制（HMSO，1995）。这种管制随着节省公共支出的良善意图而扩展。而解制的目的也在于节省公款，并使政府在采购及提供服务方面更有效率和创意。英国的经验是一个自相矛盾的案例，因为该国解制的意图是通过更多的管制机制来实现。

（选自彼得斯《政府未来的治理模式》，
吴爱明、夏宏图译）

选文书目

《雅典政制》［古希腊］亚里士多德著，日知、力野译，商务印书馆（1959）

《国家篇　法律篇》［古罗马］西塞罗著，沈叔平、苏力译，商务印书馆（1999）

《利维坦》［英］霍布斯著，黎思复、黎廷弼译，商务印书馆（1985）

《政府论》［英］洛克著，叶启芳、瞿菊农译，商务印书馆（1964）

《论法的精神》［法］孟德斯鸠著，张雁深译，商务印书馆（1961）

《社会契约论》［法］卢梭著，何兆武译，商务印书馆（2003）

《自由与传统》［英］柏克著，蒋庆、王瑞昌、王天成译，商务印书馆（2001）

《联邦党人文集》［美］汉密尔顿、杰伊、麦迪逊著，程逢如、在汉、舒逊译，商务印书馆（1980）

《政治与行政》［美］古德诺著，王元、杨百朋译，华夏出版社（1987）

《公法的变迁·法律与国家》［法］狄骥著，郑戈、冷静译，辽海出版社、春风文艺出版社（1999）

《就业、利息和货币通论》［英］凯恩斯著，高鸿业译，商务印书馆（1999）

《通往奴役之路》［英］哈耶克著，王明毅、冯兴元等译，中国社会科学出版社（1997）

《政治中的理性主义》［英］欧克肖特著，张汝伦译，上海译文出版社（2004）

《资本主义与自由》［美］弗里德曼著，张瑞玉译，商务印书馆（2004）

《民治政府》[美] 伯恩斯、佩尔塔森、克罗宁著，陆震纶、郑明哲等译，中国社会科学出版社（1996）

《在事实与规范之间》[德] 哈贝马斯著，童世骏译，生活·读书·新知三联书店（2003）

《民营化与公私部门的伙伴关系》[美] 萨瓦斯著，周志忍等译，中国人民大学出版社（2002）

《法律与行政》[英] 哈洛、罗林斯著，杨伟东、李凌波、石红心、晏坤译，商务印书馆（2004）

《美国自由的故事》[美] 方纳著，王希译，商务印书馆（2002）

《政府未来的治理模式》[美] 彼得斯著，吴爱明、夏宏图译，中国人民大学出版社（2001）